KB123299

서구와 동아시아의 조우

근대전환공간에서 만들어진 사회문화현상

메타모포시스 인문학총서 12

서구와 동아시아의 조우

근대전환공간에서 만들어진 사회문화현상

윤정란 외 지음

보고사
BOGOSA

간행사

숭실대학교 한국기독교문화연구원은 1967년 설립된 한국기독교문화연구소를 모태로 하고 1986년 설립된 〈기독교사회연구소〉와 통합하여 확대 개편함으로써 명실공히 숭실대학교를 대표하는 인문학 연구원으로 발전하여 오늘에 이르렀다. 반세기가 넘는 역사 동안 다양한 학술행사 개최, 학술지 『기독문화연구』와 '불휘총서' 발간, 한국기독교박물관 소장 자료의 연구에 주력하면서, 인문학 연구원으로서의 내실을 다져왔다. 2018년 한국연구재단의 인문한국플러스(HK+) 사업 수행기관으로 선정되며 또 다른 도약의 발판을 마련하였다.

본 HK+사업단은 "근대전환공간의 인문학−문화의 메타모포시스"라는 아젠다로 문·사·철을 아우르는 다양한 연구자들이 학제간 연구를 진행하고 있다. 개항 이래 식민화와 분단이라는 역사적 격변 속에서 한국의 근대(성)가 형성되어온 과정을 문화의 층위에서 살펴보는 것이 본 사업단의 목표다. '문화의 메타모포시스'란 한국의 근대(성)가 외래문화의 일방적 수용으로도, 순수한 고유문화의 내재적 발현으로도 환원되지 않는, 이문화들의 접촉과 충돌, 융합과 절합, 굴절과 변용의 역동적 상호작용을 통해 형성되었음을 강조하려는 연구 시각이다.

본 HK+사업단은 아젠다 연구 성과를 집적하고 대외적 확산과 소통을 도모하기 위해 총 네 분야의 기획 총서를 발간하고 있다. 〈메타모포시스 인문학총서〉는 아젠다와 관련된 연구 성과를 종합한 저서나 단독 저서로 이뤄진다. 〈메타모포시스 번역총서〉는 아젠다와 관련하여 자료적 가치를 지닌 외국어 문헌이나 이론서들을 번역하여 소개한다. 〈메타모포시스 자료총서〉는 숭실대 한국기독교박물관에 소장된 한국 근대 관련 귀중 자료들을 영인하고, 해제나 현대어 번역을 덧붙여 출간한다. 〈메타모포시스 대중총서〉는 아젠다 연구 성과의 대중적 확산을 위해 기획한 것으로 대중 독자들을 위한 인문학 교양서이다.

동양과 서양, 전통과 근대, 아카데미즘 안팎의 장벽을 횡단하는 다채로운 자료와 연구 성과들을 집약한 메타모포시스 총서가 인문학의 지평을 넓히고 사유의 폭을 확장하는 데 기여할 수 있기를 바란다.

2020년 11월

숭실대학교 한국기독교문화연구원 HK+사업단장

장경남

머리말

2018년 5월에 출범한 숭실대학교 인문한국플러스(HK+) 사업단은 연구성과의 확산을 목표로 〈메타모포시스 인문학총서〉 시리즈를 기획하였다. 『서구와 동아시아의 조우: 근대전환공간에서 만들어진 사회문화현상』은 열두 번째 성과물이다.

이 책은 2020년 10월 「근대전환공간에서의 서양, 동아시아, 그리고 한국」이라는 주제로 개최한 국제학술대회의 발표문을 수정하고 보완한 다섯 편의 논문과 이 주제와 관련된 두 편의 논문을 한데 묶어서 완성한 것이다. 본 사업단에서는 미국, 뉴질랜드, 이탈리아, 일본, 그리고 국내학자들을 초청하여 1차년도부터 축적한 연구성과를 공유하고 사업단의 아젠다인 "근대전환공간의 인문학, 문화의 메타모포시스"를 국제적인 연구주제로 심화하고 확산하기 위해 국제학술대회를 개최하였다. 이 국제학술대회에서는 19세기 말 이후 한국이 서양, 서구 문명을 받아들인 동아시아 각국들 특히 중국과 일본과의 조우를 통해 서구 문명을 어떻게 수용, 변용, 그리고 내면화했는지에 대해 다각적으로 조명하였다. 특히 한국적 근대 형성과 기독교의 역할, 근대전환기 지역공동체의 문화변동과 한국의 근대(성), 그리고 근대초기 동아시아의 문화번역과 문화권력 등에 대해 집중적으로 논의하였다.

이 책은 그 중 다섯 편과 본 사업단의 아젠다에 적합한 두 편의 논문을 한데 모은 것이다. 전체 구성은 총 3부로 이루어져 있다. 제1

부에서는 근대전환기 기독교의 유입과 사회문화적 역할을 다룬 세 편의 논문들로 구성되어 있다. 세바스찬 김의 「근대전환기 기독교의 공적 역할에 대한 이해」에서는 근대화의 격동기에 서구의 기독교가 한국인들에게 수용됨으로써 한국적인 기독교로 발전하게 되는 역사적 과정을 고찰하였다. 케네스 웰즈의 「초기 한국 기독교 지도자들의 변혁 열망 속에서 나타난 문화적 갱신과 파괴의 긴장」에서는 철학적 비판의 관점에서 조선 후기와 식민지 시대의 종교사회학적 변혁을 탐구하였다. '효', 결혼과 젠더, 그리고 '전통적인 조선문화' 등의 사례 연구를 통해 전통적인 종교인 유교와 새로운 종교인 기독교의 상반된 관점을 살펴보았다. 이철의 「서구 근대 물질문화의 유입과 경험의 공간으로서 초기 선교사 사택」에서는 서구의 기독교가 조선인들에게 어떤 계기를 통해 부와 풍요의 종교로 인식되었는지를 살펴보기 위해 조선에 입국한 초기 선교사의 사택이 조선인들에게 소개되고 경험되는 과정을 추적하였다.

제2부에서는 서구과학과 철학의 도입, 그리고 변형 등과 관련된 논문들을 묶었다. 이성현의 「기이한 근대: 『점석재화보』에 나타난 '격치'의 시각적 재현」에서는 1884년부터 14년간 중국 상하이에서 발행된 그림 신문, 『점석재화보』에 실린 서구 과학기술에 관한 기사들을 토대로 중국인들이 낯선 외래의 문화를 수용하는 방식을 분석하였다. 허지향의 「이노우에 데츠지로 외 2, 『철학자휘』에 관한 고찰」에서는 이노우에 데츠지로 외 2, 『철학자휘』(1881년 초판, 1884년 개정판, 1921년 3판)에 관해 논하였다. 지금까지 연구에서는 신한어의 창출과 전파에 초점을 맞춰왔다면 이 논문에서는 좀 더 근본적으로 한자 번역어에 관한 문제를 다루었다.

제3부에서는 근대 주체로 등장한 여성과 백정에 대한 논문들로 구성되어 있다. 윤정란의 「근대전환공간에서 새롭게 부상한 여성주체: 여권통문을 선언한 여성들」에서는 한국 최초의 여성권리선언문인 '여권통문'을 선언한 여성들이 정치 사회적인 상황에 따라 어떻게 대응하면서 자신들의 주장을 관철시키려 했는지에 대해 재조명하였다. 윤영실의 「1910년 전후 장지연과 이인직의 여성서사와 식민지적 굴절」에서는 1910년 전후 장지연과 이인직의 여성서사들을 중심으로 여성-국민담론이 초과되고 균열되는 양상들을 살펴보았다. 여성을 국민으로 호명하는 내셔널리즘에 대한 일면적 비판을 넘어 젠더와 계층, 식민지적 모순이 복잡하게 교차하는 상황과 여성들의 다양한 탈주 전략에 주목하였다. 성주현의 「형평운동과 천도교, 그리고 고려혁명당」에서는 형평운동과 천도교의 관련성에 대해 형평운동의 모태라고 할 수 있는 신분차별 철폐를 주장한 동학(천도교)의 평등사상, 형평운동의 전개 과정에서 참여한 천도교 및 천도교인의 활동, 형평사와 천도교, 정의부가 결성한 고려혁명당에 대해서 살펴보았다.

이와 같이 근대전환공간에서 만들어진 사회문화현상을 다각도로 분석한 이 책은 본 사업단 아젠다 연구의 지평을 확장한 의미있는 연구성과물이라고 할 수 있다. 향후에도 본 사업단에서는 「메타모포시스 인문학 총서」를 지속적으로 발간함으로써 학계에 기여하고자 한다.

2021년 3월
숭실대학교 인문한국플러스(HK+) 사업단
HK교수 윤정란

차 례

제3부
근대 주체로 등장한 여성과 백정

근대전환공간에서 새롭게 부상한 여성주체: 여권통문을 선언한 여성들 __ 윤정란

제1부

근대전환기 기독교의 유입과 사회문화적 역할

- 근대전환기 기독교의 공적 역할에 대한 이해
- 초기 한국 기독교 지도자들의 변혁 열망 속에서 나타난 문화적 갱신과 파괴의 긴장
- 서구 근대 물질문화의 유입과 경험의 공간으로서 초기 선교사 사택

근대전환기 기독교의 공적 역할에 대한 이해

세바스찬 김

1. 머리말

기독교[1]의 도래와 성장은 한국 근대사에서 가장 격동이 심했던 한 시기에 일어났다. 이 기간 중 여러 가지 주요한 정치적 위기들이 있었는데, 몇몇 예를 들자면 다음과 같다. 갑신정변(1884), 청일전쟁(1894~1895), 러일전쟁(1904~1905), 그리고 일제의 보호국과 한일합방(1905~1910, 1910~1945)이 그것들이다. 이러한 불확실성과 혼돈의 이 시기에, 사람들은 필사적으로 안정과 안전을 희구했고 기독교는 영적이고 종교적인 이유들 뿐만 아니라, 사회-정치적 보장의 수단으로서 많은 이들에게 수용되었다. 한반도에 기독교의 유입은 한국의 역사에 상당히 큰 영향력을 주게 되었고, 또한 한국의 기독교는 한국인들 자신들에 의해 독특한 양상을 갖추며 발전했다. 기독교에 대한 이해, 즉 이데올로기, 조직, 사회 및 정치와의 관계 등은 외국 선교사들의 영향을

1 이 논문에서 특별한 언급이 없으면, 기독교(Christianity)와 개신교(Protestant Christianity)는 동의어를 사용한다.

지대하게 받았지만, 더 중요한 것은 기독교를 수용하고 그것을 자신의 목적과 필요에 맞게 해석한 한국인들에 의해 선택되고 형성되어졌다는 사실이다. 다시 말해 기독교의 가르침과 실천들에 대해 선택과 재해석의 과정이 계속 있었고, 이런 과정이 전 세계의 기독교와 비교하여 공유되는 점이 많은 동시에 한편 독특성을 지닌 한국 특유의 기독교를 만들었다.[2] 본 논문에서는 이를 규명하기 위한 일환으로, 다른 무엇보다도, 초기 한국 기독교의 독특한 두 가지 특성들을 살펴볼 것이다. 첫째, 성경에 대한 열렬한 헌신과 영적 체험의 추구가 있었는데, 이는 성경공부와 부흥회에서 나타났다. 둘째, 교육, 사회-정치 조직 같은 개혁적인 활동들과 항거와 소요를 통해 불의, 압제, 그리고 빈곤을 다루려고 했는데, 이는 개화 운동과 3·1운동 때 부각되었다. 이 두 가지 특성들은 한쪽은 영적이고 내향적이며, 다른 한쪽은 사회적이고 외향적인 것으로 구분할 수 있으며, 이 두 가지 차원은 오늘날까지도 줄기차게 한국 기독교에 큰 영향을 미치고 있다. 이런 두 가지 특성을 토대로 하여, 필자는 한국의 독립 이전 '근대적 전환 공간들'을 살펴봄으로써, 한국 기독교인들이 영적 열망들과 사회-정치적 투쟁을 위해 기독교를 수용했고 선교사들의 도움과 지원 여부에 상관없이, 문화적으로도 사회적으로도 근대 한국에 의미 있는 기여를 했다고 주장할 것이다. 또한 이 두 가지 특성들은 계속 공존하게 되며, 두가지 사회개혁을 이루는 변혁적인 신앙과 성경과 부흥을 갈망하는 내면적인 요소는 서로 영향을 주며 분리될 수 없는 한국 기독교의 특성으로 자리잡게 되었다고 주장하게 된다.

---

2 김창환·김컬스틴, 정승현 옮김, 『세계기독교동향』, 주안대학교대학원출판부, 2020.

2. 성경과 부흥을 통한 변혁적 기독교

한 민족에게 기독교의 수용은 개종의 동기와 과정 그리고 지역교회의 설립이 뒤얽힌 사회-정치적 종교적 요인들로 인해 복잡하다. 한국인들이 개종 과정에서 기독교를 어떻게 해석했는지 는 기독교의 발전의 특성들을 이해하는데 있어 중요하다. 개인들이나 집단들이 그들의 종교를 왜 바꾸고 기독교를 받아들이는 지의 문제는 수많은 연구들, 특히 사회학적 인류학적 시각에서 나온 연구들의 주제였다.[3] 이 연구들은 개종 운동들에서 주요 동기들을 확인하고 기독교의 역할이나 개종 과정에서의 사회적, 경제적 그리고 정치적 열망들에 대한 비평적 평가가 주된 관심사였다. 이것은 선교사들의 역할을 강조하고 현지인들을 단지 선교의 수동적 수용자로 바라본 개종에 대한 해석을 거부하는 것을 의미했다. 어떤 상황에서든, 기독교의 성립에서 선교사들의 기여와 사회-정치적 맥락을 인정할지라도, 개종 과정에 대한 최근 연구들에서 지역 기독교인들의 역할과 인식은 기독교의 모습과 발전을 이해하는데 있어서 절대 필요한 것이다. 그런 연구들은 그들의 개종 이유가 정확히 무엇이고, 개종 방식, 그리고 사회에 끼친 영향이 무엇인지에 관한 결론이 학자들 사이에 크게 다르긴 해도, 개종 과정에서 그 사람들 스스로의 동기와 적극적 참여에 초점을

3 Lewis R. Rambo, "Current Research on Religious Conversion", *Religious Studies Review* 8, 1982, pp.146~159; Lewis R. Rambo, Understanding Religious Conversion, New haven: Yale University Press, 1993; Larry D. Shinn, "Who Gets to Define Religion? The Conversion/Brain-washing Controversy", *Religious Studies Review* 19:3, 1993, pp.195~207; Robert W. Hefner ed. Conversion to Christianity: Historical and Anthropological Perspectives on a Great transformation, Berkeley: University of California Press, 1993.

맞추고 있다.

개종 과정에서 '단절'(discontinuity)과 '전환'(transformation)을 강조하는 이들은 문화적 변화를 초래함에 있어서 기독교의 건설적인 역할을 강조했다. 막스 베버(Max Weber)는 기독교의 체계화된 교리가 기독교에 대한 선호도를 높였다고 주장했고[4] 이와 유사하게 로버트 헤프너(Robert Hefner)는 '개종의 합리성'을 강조하는데, 이것은 기독교가 가지고 있는 여러 면의 긍정적인 요소들이 현지인들이 개종에 이르도록 유도하게 되었다고 보는 견해이다.[5] 험프리 피셔(Humphrey Fisher)[6]와 칼 모리슨(Karl Morrison)[7]은 사람들은 하나의 제도화된 종교로서의 기독교뿐만 아니라, 믿음과 초 자연적인 측면들에 대해서도 매력을 느꼈다고 주장한다. 한편, 또 다른 이들은 개종을 주로 근대성을 향해 나아가는 진보의 과정에서 새로운 사상들과 가치들에 대한 사람들의 동화라고 간주하며 '개혁(reformation)과 수용(assimilation or incorporation)' 과정의 일부인 개종 이전과 이후 사이에 연속성에 대한 것을 강조하게 된다. 로빈 호튼(Robin Horton)[8]과 잔·존 코마로프(Jean and John Comaroff)[9]

---

4 Max Weber, *The Sociology of Religion*, trans. Ephraim Fischoff, Boston: Beacon Press, 1956, pp.60~74.

5 Robert W. Hefner, "Introduction: World Building and Rationality of Conversion', *Conversion to Christianity*, pp.7~14.

6 Hemphrey Fisher, "Conversion Reconsidered: Some Historical Aspects of Religious Conversion in Black Africa", *Africa* 43:1, 1973, pp.27~40.

7 Karl Morrison, *Understanding Conversion*, Charlottesville: University Press of Virginia, 1992.

8 Robin Horton, "African Conversion", *Africa* 41:2, 1971, pp.85~108. 또한 호튼의 다음과 같은 논문들을 보라. "On the Rationality of Conversion: Part I", *Africa* 45:3, 1975, pp.219~235; "On the Rationality of conversion: Part II", *Africa* 45:4, 1975, pp.373~399.

는 아프리카에서 종교 개종은 그 사람들 속에서 일어나는 보다 더 큰 사회-문화적 이데올로기적 변화들의 한 과정으로서 현지인들을 기독교를 그 과정을 돕는 도구라고 여기고, 자신들의 목적과 현대 사회로서의 도약을 위해서 기독교를 수용하게 된다고 보았다. 이런 의미에서 기독교 개종은 개종자들에게 영적이나 종교적인 의미로서는 제한점을 가지며, 기독교로의 개종은 광범위한 사회-역사적 운동에 있어서 기여하는 하나의 촉매제라고 생각한다.

한국 기독교의 경우, 단절과 연속, 전환과 개혁의 양면성이 기독교 수용에 역할을 했다고 필자는 주장한다. 한편에는, 종교적으로, 영적으로 과거의 개념에서 획기적인 전환을 동반하는 성경의 가르침에 대한 매력이 있었고, 다른 한편에는, 한국 사회의 사회-경제적 진보와 정치 권한을 위해 민족적 위기에 대응하기 위한 하나의 촉매제로 기독교를 활용하려는 열망이 있었다. 즉, 한국의 경우, 전통적 신앙으로 부터의 단절과 새로운 종교-문화적 전환의 메시지인, '복음'을 수용한 측면이 있었고, 또 한편으로 나라의 지속적인 사회-정치적 개혁과 근대화의 일환으로 자치와 독립을 추구하는 의미에서 신앙적인 혹은 개념적인 연속성을 유지하며 기독교를 그 요구에 도움이 되는 도구로서 수용하려는 의미가 있었다. 기독교에 대한 '영적'이고 '세속적'인 이해는 초기 한국 기독교인들에 의해 모두 받아들여졌다.

미국에서 온 선교사들의 대부분은 복음주의 부흥의 산물이었고 교회와 국가 사이에 분리(정교분리)에 대한 이해를 갖고 있었다. 그럼에

---

9 Jean·John Comaroff, *Of Revelation and Revolution: Christianity, Colonialism, and Consciousness in South Africa* I, Chicago & London: University of Chicago, 1991.

도 불구하고, 한국인들은 기독교가 그들의 탐색에 영적, 정치적 자원들을 제공할 것이라고 보았다. 이는 성장과 부흥의 핵심 토대였던 성경을 수용하고, 3·1일 운동을 주도한 사회개혁 운동과 정치적 독립을 위한 자원으로 기독교를 수용한 데서 입증된다.

1) 성경 번역과 성경공부

성경이 가지는 기독교 신앙에서의 중요성을 믿었기 때문에, 성경 번역과 배포는 19세기 개신교 선교사들에게 중대한 관심사였다. 스티븐 닐(Stephen Neill)은 '개신교 선교사의 첫 번째 원칙은 기독교인들이 가능한 최대한 속히 자신의 모국어로 된 성경을 그들 손에 쥐게 하는 것이다'라고 논평했고, 그 반면 가톨릭 선교사들은 대부분 교리문답서와 기도서를 번역하는데 전념하고 있다고 지적했다.[10] 기독교 선교 사업이 19세기와 20세기에 급속히 증가하자, 성경의 번역과 배포는 세계의 많은 지역들에 대단히 중요성을 갖게 되었다. 영국과 외국성서공회(British and Foreign Bible Society) 그리고 여타의 성서공회들은 여기에 핵심적인 역할을 했다.

수기타라자(R. S. Sugirtharajah)는 그의 책 『성경과 제3세계(The Bible and the Third World)』에서 아시아와 아프리카 대륙이 개신교 국가들에 의해서 식민지가 되기 이전에 성경이 가톨릭 선교사들에 의해 소개되었다고 지적했다. 이 시기에 성경은 신자들의 생활에 중요한 역할을 하지는 않았고 주로 전례와 설교를 통해 구어로 알려졌으며 비 문자적 수단이 하나님의 계시와 존재의 최고의 매체로 여겨지게 되었다.[11]

---

10 Stephen Neill, *A History of Christian Mission*, London: Penguin, 1963, p.209.

이와 대비해서, 수기타라자는 개신교 선교사들이 가졌던 성경의 권위에 대한 강조와, 교회 전통에 대해 성경의 권위 또한 무오성을 주장하는 교조적인 태도를 보이는 경향에 대해서 비난한다.[12] 그가 주장하기로는 그 결과 기독교 선교의 형식은 토착민들의 우상숭배 관행에 대한 비판과 토착민들의 비참한 상태에 대한 해답으로 성경의 제시와 전파에 동반하는 설교들로 가득 차게 되었다고 여겼다. 그는 한 걸음 더 나아가 성서협회들의 사역에 대해서 성경을 통해서 현지인의 종교와 전통을 지배하는 '성경 제국주의(scriptural imperialism)' 라고 부르기에 이르렀다.[13]

여기에서, 수기타라자는 번역 할 때 적절한 어휘를 찾는데 겪는 어려움에 대해 불평을 토로한 몇몇 사람들의 사례를 들어 제국주의적인 태도를 입증하는 예를 보여줌으로써 조직들과 선교사들의 노력들에 강한 비판을 가했고, 또 성경을 식민지 확장의 기반으로 보다 광범위하게 배포하려는 협회들의 노력들로 인해서 서구 열강의 식민지 확장의 일환으로 사용되었다고 주장한다. 수기타라자의 논지는 성경이 식민지 담론의 핵심 부분으로 사용되었고 서양의 제국주의 열강들, 특히 영국이 성경을 그 민족들 속에 파고들어가 그들을 통제하는 주된 수단으로 사용했다는 것이다. 그러나 수기타라자의 논지에서 빠진 중요한 것은 성경을 받아들인 사람들과 번역 작업에 참여한 현지인들의 증언들에 대한 설명이다. 그들이 단지 식민지의 주인

---

11 R.S. Sugirtharajah, *The Bible and the Third World*, Cambridge: CUP, 2001, p.37.

12 op.cit., p.52.

13 op.cit., p.56.

의 거대한 목적에 맹목적으로, 수동적으로 참여 했을까 하는 질문이다. 혹은 그들은 우리에게 어떤 할 말이 있었을까? 그들은 자신들의 전통들을 무시하고 어떤 가치판단도 없이 성경을 받아들인 그저 소극적인 참여자였을까? 하는 질문이 있어야 한다.

필자는 성경 번역이 주로 선교사들에 의해서 착수되고 서구의 성서공회나 선교단체들의 지원을 받았다고 할지라도, 현지의 기독교인들이 소극적인 수신자나 단순히 협력자 정도에 그친 것이 아니라, 그 작업에 적극적으로 관여했다고 주장한다. 다시 말하면 초기 기독교인들이 성경의 중요성을 인지하고 적극적으로 번역과 보급에 참여하게 되었으며 더욱이, 그런 배경에서 현지의 기독교인들이 성경과 상호작용하는 방식을 통해서 기독교의 한국적 특별한 성격을 낳게 되었다. 이런 의미에서, 성경은 기독교인들의 삶과 한국 기독교의 형성에 핵심적인 역할을 했다. 따라서 그것은 기독교인들을 더 넓은 사회에 공적인 참여를 하도록 인도하는 데에 매우 중요했다. 게다가, 성경은 일단 번역되면, 사회 전체에 다가가기 쉬웠고 기독교인들은 폭넓은 공동체와의 대화 속에서 그것을 해석했다. 한국에 있어서 성경의 도입은 선교사들의 지대한 노고가 있었지만, 한국 기독교인들은 성경을 주도적으로 수용하고 한 걸음 더 나아가 성경을 일상 활동에 적용하고 기독교인의 생활에 열쇠로 만들었다.

한국어 성경 번역은 1872년 스코틀랜드 성서공회가 만주로 파송한 존 로스(John Ross)와 존 맥킨타이어(John MacIntyre)가 시작했다. 한국인 번역가인 이응찬(Lee Eung-Chan)와 백홍준(Baek Hong-Jun)의 도움을 통해, 로스와 맥킨타이어는 마침내 신약 『예수셩교젼셔』를 완역하여 1887년 중국에서 간행했다. 권서인들은 쪽 복음서와 신약성서를 들고 마을을 돌아다니며 한국 뿐만 아니라, 만주와 일본에 있는 한국인들에게도 배포했다.[14] 이 연구에 한국의 초기 기독교인들의 활동들이 갖는 의미는 그들이 중국과 한반도에 있는 동포들에게 기독교의 메시지를 설교하는 동기를 부여 받았고, 성경이 그들 활동에 핵심 매체였다는 점이다.[15] 한국 교회의 성장은 단순히 성경의 이용 가능성만이 아니라 19세기 후반 한반도의 사회-정치적 상황에 비추어 이해되어야 한다.[16] 하지만 특히 성경이 한국어 문자로 번역되어 여자들과 민중들이 널리 이용이 가능했기 때문에, 성경이 널리 보급되고 그에 따라서 성경공부가 한국 교회의 특성과 부흥에 기여했던 것은 분명하다.[17] 실제로, 성경공부의 전통은 초기 한국 기독교의 가장 전형적인 특징이어서 어느 한 선교사는 그것을 '성경 기독교' 라고 불렀다.[18]

한국 여성들 속에서 선교사들의 처음 접근은 두 가지 독특한 공적 사적 영역의 분리라는 전통적인 유교식 모델과 일치했다.[19] 그럼에도

---

14 한국기독교사연구회, 『한국기독교의 역사』 I, 기독교문사, 1989, 142~148쪽; Lak-Geoon George Paik, *The History of Protestant Mission in Korea: 1832~1910*, Seoul: Yonsei University Press, 1929, pp.148~153; 민경배, 『한국기독교회사』, 대한기독교출판사, 1982, 147~148쪽; 이만열, 『한국기독교와 민족통일운동』, 한국기독교역사연구소, 2001, 175~211쪽; 이만열, 『한국기독교 수용사 연구』, 두레시대, 1998, 60~94쪽.

15 민경배, 앞의 책, 168~174쪽.

16 Bong Rin Ro · Marlin L. Nelson eds. *Korean Church Growth Explosion*, Seoul: Word of life Press, 1995.

17 William N. Blair · Bruce Hunt, *The Korean Pentecost and The Sufferings Which Followed*, Edinburgh: The Banner of Trust, 1977, p.67.

18 The British · Foreign Bible Society, *Report of British and Foreign Bible Society*, 1907, p.70.

19 Choi Hyae-weol, *Gender and Mission Encounters in Korea: New Women, Old Ways*, Berkeley: University of California Press, 2009, p.25, pp.177~179.

불구하고, 기독교인이 된 한국 여성들은 그것이 초래한 사회적 변화를 증언했다.[20] 먼저, 그들은 세례를 받을 때 세례명을 받았고, 독립적인 정체성을 받았다. 그들은 집 밖으로 외출할 수 있는 지위를 얻었고, 만일 집안에서 학대를 받으면 그것을 용인할 수 없는 이유가 있었고 그 문제를 처리할 수 있게 도와주는 지원망을 갖게 되었다. 게다가 그들은 성경 읽기를 배우도록 기대되었고, 또한 글을 읽고 신문도 읽을 수 있게 되었고 남성들의 공적 세계를 접하게 되었다.[21] 여성 교육은 가부장제의 형식들과 성적 도덕성의 이중 잣대들에 의문을 제기함에 따라 전통적인 경직된 유교 질서를 도전하는 요인들 중에 하나였다.[22] 기독교는 여성들을 교회 안에서 새롭고 보다 강력한 연결망으로 끌어들였다. 그들은 문맹퇴치 캠페인을 벌이고, 금주 운동을 시작하였으며, 그리고 축첩제도에 반대하는 시위를 벌였다.[23]

남성과 여성의 세계 사이에 구획은 기독교의 메시지가 공적 생활에 대한 고려에 방해 받지 않고 여성들 사이에서 확산될 수 있게 해주었다. 여성들은 지역 기도모임이나 가정에서 드리는 '가정예배'의 리더들이었다. 개종자들은 다른 여성들에게 신앙간증을 하고 그들에게 교회에 나가도록 이끌었다. 기독교인으로 첫 세례를 받은 세 명의 여성

---

20 Martha Huntley, *Carting, Growing, Changing: A History of the Protestant Mission in Korea*, New York: Friendship Press, 1984, pp.73~80.

21 Chou Fan-Lan, "Bible Women and the Development of Education in the Korea Church", in Mark R. Mullins·Richard Fox Young eds. *Perspectives on Christianity in Korea and Japan,* Lewison, NY: The Edwin Mellen Press, 1995, pp.35~38.

22 Choi Hyae-weol, op.cit., pp.179~182.

23 Lee Yeon-ok, *100 Years of the National Organization of the Korean Presbyterian Women*, trans. Park Myung-woo·Hong Ji-yeon, Seoul: Publishing House of the Presbyterian Church of Korea, 2011, pp.42~54.

중에 한명인 전삼덕은 600명을 예수 그리스도에게로 인도하여 자자한 명성을 얻었다. 한국 여성들은 여자 선교사들을 도와준 것 외에도, 성경과 기독교 서적을 판매하는 권서인과 초보적인 전도사(전도부인)로 선교회에 고용되기 시작했다. 이런 능력으로 그들은 성경을 큰 소리로 읽어주고, 읽고 쓰기를 가르치고 그리고 개인적인 상당한 위험을 무릅쓰며 상당히 먼 거리를 여행하는 교역자들이었다.[24] 김강은 나이 52세의 나이로 1900년부터 감리교의 전도부인이 되어 1,450마일의 산간지역을 순회하는 임무가 주어졌다. 노상에서, 그녀는 지방민들에 의해 비방을 받기도 하고, 구두상으로 폭언을 당하기도 하고, 음식을 거절당하고, 한번은 감옥에 갇히기도 했다.[25] 일찍이 1898년, 평양의 장로교 첫 교회(장대현 교회)의 여성들은 최초로 부인전도회를 조직하여 전도부인들이 먼 거리에 있는 시골마을을 전도하도록 후원했다.[26] 그들은 그 곳에 살면서 지역 여성들과 접촉하며 기도회와 성경공부 그룹으로 그들을 데려오도록 기대되었다. 마침내 그들의 남편들이 관심을 갖게 되고 제도권 교회가 설립될 수 있었다.[27] 결국, 전도부인들이 교육과 공동체를 선도해 나갔고, 심지어 상임 목사가 없는 교회들을 조직화함으로써 현지 교회 지도자들을, 나중엔 목사들을 지원하고 있었다.

전도부인 대부분은 과부들이었고, 또 다른 이들은 20살을 갓 넘긴

---

24 Chang Sung-jin, "Korean Bible Women: Their Vital Contribution to Korean Protestantism, 1895~1945", Ph.D thesis, University of Edinburgh, 2005.

25 Huntley, ibid., pp.126~127.

26 Choi Hyae-weol, ibid., p.71.

27 Lee Yeon-ok, ibid., pp.344~367.

미혼 여성이거나 버림받은 부인들이었다.[28] 그들은 상당히 활동적이었지만 인정된 권위는 없었고 위계 사회에서 공식적인 역할이 주어지지 않았다.[29] 다른 사람을 이끌 때, 그들은 성경에서 읽은 것과 선교사들을 본보기로 하여 배운 것뿐만 아니라, 한국 사회의 전통적 방식의 지도력에도 의지했다. 여러모로 그들은 곤란을 겪고 있는 영혼들에게 상담을 해주고, 조언을 해주고, 치유를 해주고, 그리고 그들을 다룰 때, 전통적인 한국 사회에서의 조언자의 역할을 다했다.[30] 전도부인들이 이끈 기도회는 당시 영적인 갈급을 충족시키며, 영적 세계를 두려워하는 이들에게 문제 해결을 위해 더 큰 힘, 즉 성령을 제시했다.[31] 세례교육 이후에, 전도부인들은 선교사들이 운영하는 특별 성경학교에 다녔다.[32] 그 다음엔 전국에 각자 나름의 과정과 학교를 조직하여 다른 여성들의 교사가 되었다. 논쟁의 여지는 있지만, 한국에서 여성교육의 토대를 놓은 것은 전도부인들이었다.[33]

성경의 가르침에 담긴 열망은 한국 기독교인들에게 깊은 영향을 주어 이들은 이 복음을 그들의 사적 공적 생활에서 영적, 도덕적, 그리고 윤리적 행동의 주요 지침으로 다른 사람들에게 전파했다. 그 영향은 한국인들에게 근대 시기로 진입할 준비를 시키고, 사회-정치

---

28 Chang Sung-jin, ibid, pp.165~170.

29 Chou Fan-Lan, ibid., pp.30~35.

30 Lee-Ellen Strawn, "Korean Bible Women's Success: Using the Anbang Network and the Religious Authority of the Mudang", *Journal of Korea Religious* 3:1, 2012, pp.126~129.

31 Huntley, ibid., pp.123~125.

32 Chang Sung-jin, ibid., pp.170~176.

33 Chou Fan-Lan, ibid., pp.37~42.

적 위기에 대응할 수 있도록 문어, 문해력, 여성교육, 그리고 정의, 화해, 희망, 평등의 메시지들 같은 광범위한 분야들을 받아들인 것에서 입증되었다. 이러한 전환은 일련의 부흥회를 통해서 가장 생생하게 표출되었는데, 이런 점이 한국 기독교의 독특한 특성을 이루었다.

2) 부흥 운동

부흥은 한국교회의 핵심 특징으로 기술되어왔다. 한국교회를 이해하고자 하는 사람이라면 한국교회의 부흥을 이해해야 한다. 20세기 초부터 길선주와 다른 전도자들이 주도했던 일련의 부흥들은 한국 기독교인들이 진정한 회개와 용서를 체험하는 한국교회의 관행에 몇 가지 역동성을 가져왔고, 이것이 그들에게 어려운 시절에도 복음을 전하고 믿음을 지킬 수 있는 자신감을 주었다. 부흥회는 죄 사함, 개인과 민족의 구원 같은 축복을 구했고. 설교자들의 메시지와 회중들의 기대는 이 세상 너머에 그 무언가로 향했다.

1903~1907년의 한국의 대부흥 운동은 성결운동에서 비롯되어 확산된 19세기 말과 20세기 초에 있었던 전세계적인 부흥 현상의 일부였는데, 이것은 또한 오늘날 오순절운동과 카리스마적 형태의 기독교를 낳은 것으로도 보인다.[34] 대부분의 선교사들은 신앙적 부흥과 정서적 회심의 산물이었고, 그들은 한국인들에게 동일한 경험을 하도록 기도하고 격려하게 되었다.[35] 일부는 '성령충만' 또는 '성령세례'에 초점을

---

34 Allen Anderson, *An Introduction to Pentecostalism: Global Charismatic Christianity*, Cambridge: CUP, 2004, pp.136~139.

35 Ryu, Dae-young, "The Origin and Characteristics of Evangelical Protestantism in Korea at the Turn of the Twentieth Century", *Church History* 77:2, 2008, p.393.

맞춘 부흥의 새로운 물결에 영향을 받았고 평양 대부흥에 앞서 몇 달 전에, 한국 기독교인들은 1904년 웨일즈와 1905년 인도의 카시 힐(Khasi Hills)에서 있었던 그 같은 부흥들에 대한 이야기를 전해 들었다.[36] 그러나 전세계적인 운동에 속한다 할지라도, 한국의 부흥은 20세기 초 민족적 위기 대한 영적 문화적 반응으로 이해되어야 한다. 이런 맥락에서, 서양 선교사들과 한국 교회 지도자들은 그들이 예상했던 바 결국은 일본의 주도하에 결론이 날 것이라고 예상했던 정치적 투쟁보다는 영적 문제들에 교회 구성원들이 관심을 돌리도록 노력했다. 이것은 부분적으로 교회를 보호하기 위해 정치에 휘말리지 않도록 하기 위해서였고 또 교회는 민족주의적인 조직이 아니라 종교 조직이라는 정교분리의 개념을 가지고 있는 대다수의 선교사의 의견을 반영하는 것이었다.[37]

한국인들에게 부흥은 나라에 닥친 고통과 공포를 쏟아낼 수 있는 카타르시스의 기회가 되었지만, 그것은 또한 네 가지 이유에서 큰 의미가 있었다. 첫째, 그것을 통해 교회는 두드러지게 한국적이 되었기 때문이다. 여러 면에서 한국 교회와 한국 교회의 종교적 관행들을 형성시킨 것은 '한국의 오순절'이었다.[38] 대부흥은 선교적 복음주의 전통과 한국교회를 민족종교로 주조하는 민족구원을 향한 한국인의

36 Timothy S. Lee, *Born Again: Evangelicalism in Korea*, Honolulu: University of Hawaii Press, 2010, pp.14~18, pp.24~27.

37 Choi Young-keun, "The Significance of Protestant Nationalism in Colonial Korea", *Korea Presbyterian Journal of Theology* 44:3, 2012, p.139.

38 William Blair · Bruce Hunt, *The Korean Pentecost and the Suffering which Followed*, Edinburgh: banner of Truth Trust, 1977.

희망의 융합이었다.[39] 둘째, 부흥은 다른 종교들과 가톨릭이 할 수 없었던 방식으로 시대정신의 어떤 것을 포착했고 한국문화와 연결시켰기 때문인데, 이런 점이 기독교에 대해 대중적인 호소력을 가져다 주었다. 부흥을 통해, 기독교는 지적이고 사회적인 개혁운동일 뿐만 아니라, 영적으로 또한 감성적으로 깊이 표현하는 종교운동으로 드러났다.[40] 구약과 복음서의 언어는 한국의 시골사람들에게 호소력이 있었고 기독교가 방언을 사용하는 것은 대중적인 믿음과의 연속성을 용이하게 했다. 더욱이, 부흥회의 영성은 공동 노래, 황홀한 기도, 일상의 기도 형식 그리고 금주와 같은 전통적인 문화적 형태들과 연결되었다.[41] 기독교인 민족주의 작가인 최남선은 훗날 한국인들이 그 정서의 특성으로 보아 기독교를 받아들인 것은 당연했고, 이 때부터 계속해서 부흥회가 정기적인 특징이 되었다고 보았다.[42] 셋째, 부흥회는 서로 다른 배경을 가진 한국인들을 하나로 끌어 모았다. 유교 엘리트들이 생각하는 종교의 개념에서는 신앙의 뜨거움을 경험하는 부흥은 생각하지 못하였는데 부흥을 통해 유교를 믿는 이들은 물론, 불교, 전통 종교 그리고 새로운 종교 운동들의 배경을 가진 사람들과의 교차를 가능하게 했다.[43] 감정주의에 대해 걱정했던 이들은 특별히 1905

---

39 Choi Young-keun, ibid., p.145.

40 Min, Kyoung-bae, "National Identity in the History of the Korean Church", *Korea and Christianity*, Seoul: Korean Scholar Press, 1996, p.130.

41 Lak-Geoon George Paik, ibid., pp.367~478, pp.420~421.

42 Park Chung-shin, *Protestantism and Politics in Korea*, Seattle: University of Washington Press, 2003, p.14.

43 Kenneth M. Wells, *New God, New Nation: Protestants and Self-reconstruction Nationalism in Korea, 1896~1937*, Honolulu: University of Hawai'i Press, 1990, pp.25~26, pp.35~37.

년에 비해 권서인들의 성경과 서적 판매가 100배 증가했다는 통계에 중요성을 부과한다.[44] 다시 말하면 부흥운동은 단지 감성에 호소하는 일시적인 현상이기 보다는 이로 인해서 성경을 더 깊이 접하게 되고 개인의 윤리적 변화, 사회적 책임을 동반하는 영향을 끼치게 된다. 이런 점에서, 기독교는 이전에 한국에서 서로 다른 종교들과 철학들로 분리되어 있었던 것을 하나의 운동 속으로 끌어들이고 민족을 하나로 통합하는 세력이었다. 대부흥은 서양인들과 아시아인들에게 종교가 다르다는 인식을 무너뜨렸고, 한국인의 지도력에 대해 선교사들의 신뢰와 진정한 상호관계를 구축하는데 기여했다.[45] 넷째, 영성과 고백이 표면적으로는 고백하는 이들의 부도덕한 행위에 국한되었다 할지라도, 개인적인 회개와 의는 신학적으로 민족의 재난과 정의를 위한 투쟁과 연결되었다.[46] 대부흥회는 그런 상황에서 자연스럽게 천국에 대한 희망을 장려하게 되었다.

3. 한국을 개혁하고 해방시키는 촉매제로서 기독교

가톨릭과 개신교의 경우 모두, 교회들은 주로 재정, 교회 운영 그리고 서양의 지식에서 선교사의 지원에 힘입어 열성적인 한국 기독

---

44 Charles Allen Clark, *The Nevius Plan for Mission Work in Korea*, Seoul: CLS, 1937, p.149.

45 Huntley, ibid., pp.132~138.

46 Suh David Kwang-sun, "American Missionaries and a Hundred Years of Korean Protestantism", *IRM* 74:293, 1986, p.11.

교인들에 의해 시작되고 설립되었다. 당시의 정치적 맥락을 살펴보면, 최초의 가톨릭 기독교인들은 정부에 의해 심한 박해를 겪었지만, 개신교는 한국이 외부의 영향들에 보다 더 개방적일 때 도래하여, 거의 처음부터 대체로 환대를 받았음을 알 수 있다. 개신교 선교사들의 신학적 이해는 경건한 생활방식으로 보수적이라는 것이 기정 사실이었지만, 그들의 사역은 교육, 의료사업, 청년사업, 여성단체들, 그리고 가난한 사람들을 위한 사회복지도 두루 망라했다. 이러한 폭넓은 사역들은 주로 그들의 선교사업에 있어서의 제약들, 일반 대중에게 비교적 쉽게 접근할 수 있고, 그리고 정치 지도층들 사이에서 호의를 얻어야 할 필요성에서 비롯되었다.

1) 기독교 조직들과 교육기관들을 통한 한국 개혁

선교사들이 한국에 입국하자, 한국의 엘리트들과 교육받은 개혁가들은 기독교를 서양식의 학교, 병원, 신문 그리고 출판물을 통해 한국을 근대화 할 수 있는 수단으로 보았고, 그래서 적극적으로 선교사들에게 호의적인 대우를 해주었고 필요한 허가들을 승인해주었다. 많은 저명한 개혁가들과 정치 지도자들이 기독교인이 되었고, 지식인들과 일반인들 속에서도 기독교의 수용과 정치적 독립 및 사회개혁의 추구 사이에 깊은 연관성이 있었는데, 이들은 억압적인 통치계급과 외세로부터 어떤 보호를 받기를 원했다. 기독교인들이 모범적인 윤리적 삶을 선도하고 있는 것으로 보고되었다. 그 안에 한국인 최초로 의학박사 학위를 취득한 서재필(필립 제이슨)과 윤치호가 포함되어 있었는데, 이들 모두 감리교인이었다. 그들의 개종은 개인적인 종교적 용어로 표현되었지만, 양반 개종자들은 기독교의 메시지를 중국과 유교적 전통에 대한 의존이 종식된 지금 한국을 재건하려는 사회개혁의 하나로, '준-정치적 교리'로 이해했다.[47] 진보주의자들은 자립이라는 의미에서 '독립'을 주된 목표로 옹호하며 외세에 대한 한국의 전반적인 의존성에 대해서 이의를 제기했고 기독교 지도자들은 이제 폭력에 의지하지 않고 교회, 학교, 언론을 통해 서구적 가치들과 사회적 책임에 관한 자유로운 발언과 교육으로 사람들을 각성시켜 근대적인 민족국가를 가져오는 것이 바람직하고, 또 그 가능성을 엿보았다.

이 기독교 민족주의, 혹은 '자기 개혁적 민족주의'는 한국이 직면한 문제들이 주로 한국 자체의 내부적인 약점에 있다고 확신하게 된 윤치호의 비전이었다. 그는 인간의 악에 대한 성향을 인정하지 못하는 자기 수양적인 유교의 덕목보다는 기독교가 악을 극복하고 선천적인 도덕성을 심어주는 초월적인 힘을 제공한다고 보았다. 정치적으로, 윤치호는 유교의 자식의 효도보다는 그가 미국의 기독교에서 목격했던 시민적 도덕성이나 공적 책임을 옹호했다. 경제적으로, 그는 산업과 공기업에 대한 투자를 통해 기독교적인 공적 정신의 확장으로서 자본주의를 장려했다. 윤치호는 1896년 정부 관료들을 끌어들인 배재학당에서 매우 영향력 있는 토론회(협성회)를 조직했다. 1896년 서재필은 자신이 의장이 되어 최초의 근대적인 민족주의 운동 조직인 독립협회를 결성했다. 독립협회는 민주적으로 조직되었고 곧 기독교 교회들, 특히 감리교 교회들과 밀접하게 연결된 지부들이 전국에 생

---

47 Kim Yong-bock, "Messiah and Minjung: Discerning Messianic Politics Over Against Political Messianism", *Minjung Theology: People as the Subjects of History*, NY: Orbis Books, 1981, pp.113~116.

겨났다.[48] 활동의 중심에는 Trilingual Press의 도움을 받아 발간된 최초의 한글 신문인 『독립(The Independent)』(독립신문)이 있었다. 그는 그것을 일간지로 만들어 약 3천부의 부수를 찍었고 두드러지게 기독교의 논조를 담았다.[49]

사회 계급이 어떠하든, 개종자들은 기독교의 메시지를 개인적 변화뿐만 아니라, 사회개혁의 하나로 이해했고 이를 바탕으로 기독교는 여러 면에서 근대화에 기여했다고 말할 수 있다. 첫째, 기독교는 특히 개종, 개인적 양심 그리고 개인적 책임을 강조하여 기독교인들은 출생에 의해 결정된 인생의 신분을 받아들이기 보다는 개인의 인생에서 다시 태어나 선을 행하고 발전하도록 권장되었다. 더군다나, 장로교의 정치는 한국 민주주의의 토대를 놓았다.[50] 둘째, 선교사들과 기독교 지도자들은 한국사회의 엄격한 위계와 군주에 대한 절대 복종에 대안을 제시하였다. 기독교의 의료시설은 부자도 가난한 자도 모두 다 치료해주었다. 초기 가톨릭처럼, 개신교 또한 백정을 해방시키려고 시도했는데, 사회에서 받아들여지지 않는 그들의 신분은 1895년의 개혁으로 폐지되었다.[51] 셋째, 학교의 설립과 한글의 진흥을 통해 여성을 포함한 문맹자와 이전에 학력이 부족한 사람들이 그들의 문화, 역사, 글씨를 알게 해주었는데, 이는 교육뿐만 아니라 민족의 자부심에도 기여했다. 이런 식으로, 기독교는 정치적이고 교육적인 활동들에 깊은 영향을 미쳤다.[52] 넷째, 교회를 통해 제공되는 광범위

48 Park Chung-shin, ibid., p.127.

49 이만열, 앞의 책, 52~61쪽.

50 Kenneth M. Wells, ibid., pp.85~86.

51 Huntley, ibid., pp.66~73.

한 교육, 기독교 기관들 그리고 신문들은 서양의 과학기술 지식, 역사 의식 그리고 도덕성을 전달해주었고, 유교적 아카데미를 지배하는 경직되고 관료적인 사회보다는 무한이 열린 탐구를 장려하고, 미신을 무너뜨렸으며, 전통 의식에 대해 의문을 제기하고, 또 사회개선을 위한 사회적 양심과 운동들의 성장으로 이어지는 인간의 자유와 사회 정의에 대한 사상을 발전시켰다.[53] 정치적 상황이 급속히 변하는 와중에, 교회들은 근대적 생활방식과 규율의 형태, 조직과 회계 시스템, 그리고 토론방식들을 도입함으로써 근대화로의 이행에 하나의 촉매제로서 작용했다. 기독교의 성장은 또한 학교의 성장을 의미했고 곧 평양이 서구식 교육의 길로 이끌었다. 교회는 새로운 시민사회의 한 요소를 형성했고 학교는 함께 네트워크로 연결된 새로운 엘리트의 형성을 촉진하게 되었다.

기독교의 지도자인 이상재, 이승만 그리고 남궁억이 선교사들과 함께 1903년 서울에 설립한 YMCA는 정치적 행동주의의 중심이 되었고 곧 민족주의 정서의 집결 장소가 되었다.[54] 기독교인들은 일제의 보호국에 반대하는 청원서를 제출하고, 세금 납부를 거부했으며, 사람들에게 기념물을 나눠주고 애국적인 연설을 한 서울과 다른 도시들에서 시위를 벌였다. 망명 중에 기독교인이 되었던 도산 안창호와 독립협회의 전 회원들은 1907년 한국에 위기가 닥치자 한국으로 돌

52 Carter J. Eckert, et al. eds. *Korea, Old and New: A History*, Seoul: Ilchokak, 1990, p.249.

53 민경배 앞의 책, 241~242쪽.

54 Andrew C. Nahm, *Korea: Tradition & Transformation: A History of the Korean People*, Elizabeth, N.J.: Hollym, 1989, p.211.

아와 '자기-수양' 또는 '자강'(수양)과 여타 '자조'와 자기-개조 조직들을 통해 '한국식 계몽운동'을 재개했고, 많은 이들이 기독교로의 개종을 요청했다. 많은 경우, 귀국자들은 재외 한인 교회들의 격려와 재정적 지원을 가지고 돌아왔다.

2) 3·1독립운동

1905년 일본이 한국을 일제의 보호국으로 만들었을 때, 한국 기독교인들은 일제의 진출에 반대하는 운동에 관여했다. 즉 민족을 위한 구국 기도회를 조직하고, 그 조약에 반대하는 시위를 조직하였으며, 심지어 항거의 표시로 자결까지 하고, 일본과 한국 관리들의 암살을 시도하였으며, 일본 군대에 맞서 싸울 수 있는 군대를 조직하였다. 또한 총독부가 징수하는 세금에 대해 방해공작을 벌이고, 정당들과 사회집단들을 결성했다. 기독교의 정치 참여의 절정은 1919년 전국적인 규모의 3·1운동이었는데, 이것은 약 1년 동안 지속되었다. 3·1운동은 종교운동은 아니었지만, 관련된 주요 집단들이 종교단체들, 주로 기독교와 천도교였음은 의심의 여지가 없다. 그 운동의 배경과 기독교와의 연관성에 관한 폭넓은 연구들이 있었다. 통계를 통해서 기독교인들이 민족의 독립운동과 독립 투쟁에 많은 기여를 했음을 알 수 있다.[55]

일제의 보호국을 시작으로 10년이 넘는 일본의 통치 후에, 한국인들은 많은 불만이 쌓였다. 주권 상실에 더하여, 한국인들은 일본 경찰

---

55 독립선언문 서명자 33인 중에 16인이 기독교인이었고, 그 운동을 준비한 48인 중에 24인이 기독교인이었다. 투옥된 수감자 9,458인 중에 2,087인이 기독교인이었다(22%). 그 당시 기독교인(200,000명)은 전체 인구의 1.3%였다.

의 손아귀에서 학대를 받았고, 교육과 일터에서 차별을, 종교와 다른 자유들에 있어서 제약을 받았다. 이 억눌린 억압은 35년간의 병합 기간 동안 가장 중요하고 광범위했던 시위에서 분출되었다. 3·1 독립운동은 주로 해외 민족주의자들의 독려를 받아 한국의 학생들, 교육자들 그리고 종교 지도자들이 조직했고, 기독교인들이 주요 선동자들 가운데 들어있었다. 청소년, 학생들, 교사들, 도시 노동자들 그리고 상인들은 몇 주 동안 시위를 계속했고 귀가한 후에도 곧바로 그 운동을 도시로부터 농촌지역까지 퍼뜨려서 3·1운동을 진정한 전국적인 규모로 만들었다. 전국적인 기독교 네트워크는 확산에 중요한 역할을 했다. 비록 교회들이 제도적으로 관여하지는 않았다고 해도, 교회 재산이 시위를 위해 빈번히 사용되었다.[56]

독립운동의 가장 놀라운 양상들 중에 하나는 여성들과 소녀들이 주도적인 역할을 했다는 점이다. 기독교인의 수가 겨우 전체 인구의 1.3%에 불과한 20만 명에 불과할 때 기독교인들의 참여는 매우 높았으며, 특히 기독교 여성은 체포된 471명 중 60%를 차지했고 이 운동에서 가장 두드러진 여성들인 김마리아, 황에스더, 유관순, 최화복, 권애라, 오윤희 등은 모두 기독교인이었다. 선교사 교장은 이들이 학교를 떠나는 것을 막으려 했지만, 이화학교 학생들은 서울에서 벌어졌던 행렬의 맨 앞에서 행진했고, 여러 명이 사망하고, 부상당하고 투옥되었다.[57]

3·1운동은 더 나아가 교회와 민족주의 사이에 연결고리를 재확립

---

56 Kang Man-gil, *A History of Contemporary Korea*, Folkestone: Global Oriental, 2005, p.157.

57 Timothy Lee, ibid., 2010, p.43.

했기 때문에 한국 기독교에 매우 중요했는데, 그러나 이것은 교회의 무력저항에 대한 반대와 또한 정교분리 정책, 그리고 일본식민정부와 유대관계를 유지하려는 선교정책에 의해서 선교사들의 지지를 받지 못하였다. 이 사건 이후로 선교사들과 그들의 본국 정부와 교회는 한국교인들의 저항에 동의를 하며 지지하는 경향을 보이게 되었다. 설령 그것이 정권의 차후의 정책 변화와 관계가 있었다 할지라도, 감소하고 있던 교인의 수가 1919년 이후 다시 증가했다는 사실은 사회에서 기독교의 지위가 회복되었다는 하나의 신호였다. 또한 한국에서 일본의 회중교회는 실제로 1919년 이후 쇠퇴하였다.[58] 기독교와 민족주의 사이에 연결고리는 한국인 관찰자들뿐만 아니라, 특히 일본인들에 의해서도 만들어졌다. 당국이 기독교인들을 주요 선동자들로 간주했다는 것은 고의적으로 그들을 체포의 표적으로 삼은 방식에 의해서도 알 수 있었다. 체포된 489명의 성직자 중 절반이 기독교 목사였다. 서울과 평양의 거의 모든 목사들이 투옥되었고, 다른 많은 교회 사역자들도 투옥되었다.[59]

4. 맺음말: 기독교의 공적 역할에 대한 인식

한국의 부흥을 향해 비정치적이거나 현실로부터의 도피라는 비판

---

58 Kang Wi-jo, *Religion and Politics in Korea Under the Japanese Rule, Lewiston*, New York: The Edwin Mellen Press, 1987, p.31.

59 Hugh Heung-woo Cynn, *The Rebirth of Korea: The Awakening of the People, Its Causes, and the Outlook*, New York: Abingdon Press, 1920, pp.178~180.

은 역사가들 사이에서 충분히 논의되었다. 한편 서정민은 부흥이 한국 기독교인들의 삶에 미친 부정적인 영향을 인정하면서도, 몇 가지 대안적 해석들을 제시하고 있다. 가시적인 어떤 영적 체험에 대한 열망을 가져온 기독교인 수의 증가, 한국 기독교의 지도력의 상승 및 그들과 선교사들 사이에 긴장들, 그리고 성경공부 그룹들의 급속한 증가가 거기에 들어있는데, 그는 이런 요인들이 부흥의 건전한 기반을 제공하는데 기여했다고 본다. 다시 말해, 부흥회는 감성적이거나 주로 한국 기독교인들을 민족적인 정치적 현실에서 멀어지게 하려는 선교사들의 시도에 의해 이끌린 것이 아니라, 이러한 긍정적인 요인들의 자연스러운 결과였다. 더욱이, 성경공부와 부흥은 3·1 독립운동을 비롯하여, 여러 면에서 기독교인들이 민족적 투쟁에 참여하는 것을 막지 못했다. 대신 내면의 영적, 윤리적 쇄신을 강조하고, 신앙에 대한 이원론적 접근을 극복하였으며, 한국 기독교의 지도력을 강화함으로써, 전인적 신앙을 유지하는 것이 기독교가 성숙하는 과정이었다고 그는 주장했다.[60] 이어서 필자는 기독교 메시지의 내용, 특히 이스라엘 백성 이야기와 예수님의 말씀과 사역이 지혜와 영감을 주었기 때문에 공적 생활에서 기독교인의 공적 생활의 토대를 마련했다고 주장한다. 20세기 초, 한국인들에게 천국은 하나님 나라의 도래 안에서 민족의 회복이었다.[61] 비록 부흥은 제도권으로서의 교회를 현실도피적으로 유도한 경향이 있었지만 중요한 것은 부흥은 기독교의

60 서정민, 「초기 한국교회 대부흥의 이해－민족운동과의 관련을 중심으로」, 『한국기독교와 민족운동』, 종로서적, 1986, 233~283쪽; 민경배, 『한국 민족교회 형성사론』, 연세대학교 출판부, 2008, 41~62쪽.

61 Kenneth M. Wells, ibid., pp.38~39.

민족화를 초래한 것 뿐 아니라 민족에 대한 영적 의미를 부여함으로 교회를 민족주의와 깊이 있게 연결시켰다.[62]

부흥운동은 단지 현상적인 상황변화에서 떠나서 전체적으로 기독교의 한국적 수용과정으로 이해할 필요가 있다. 즉 영적-문화적이기도 하고 사회-정치적이기도 하며, 또 '저 세상적(=내세적)'이기도 하고 '이 세상적(세속적)'인 적용이 모두 들어있는 기독교의 전체론적 차원을 구현하면서 복합적으로 이해되어야 한다. 필자는 당시 초기 기독교인들이 성경을 받아들인 것은 기독교인들의 삶의 영적이고 종교적인 영역에만 국한된 것이 아니라, 오히려 그것이 그들의 공적 생활의 토대를 제공했다고 주장한다. 부흥운동은 표면적으로 기독교 생활의 영적, 종말론적 차원에 머무는 것으로 보였지만, 기독교 진리를 받아들이고 성장하는 기독교 공동체로서의 빛과 소금의 역할을 담당하는 토대를 마련하였다고 본다. 특히 3·1운동 기간에 참여한 여러 지도자들이 부흥운동을 주도하였고, 이 운동의 기본을 이루는 비폭력 운동도 기독교가 그리스도의 가르침에 의해서 지켜온 평화적인 데모를 이끌어 온 면이라고 할 수 있을 것이다.

한국의 기독교 수용은 이 논문의 시작 부분에서 논의 했듯이, 단절과 연속, 전환과 개혁의 두 가지 차원을 모두 가지고 있다. 그것은 영적이기도 하고 정치적이며, '세속적'이기도 하고 '내세적'이었다. 민족의 위기 때, 한국인들은 기독교를 어려움을 극복하는 하나의 촉매

62 Choi Youn-keun, "The Great Revival in Korea, 1903~1907: Between Evangelical Aims and the Pursuit of Salvation in the National Crisis", *Korean Journal of Christian Studies* 72, 2010, pp.131~132, pp.140~145.

제로 보았고 근대화 개혁을 지원하기 위해 받아들였고, 또 민족-건설의 명분으로 기독교를 구체화했다. 기독교인들이 행한 여러 활동 중에서도, 이것은 3·1운동에서 강조되었다. 하지만 이것은 적어도 기독교인들에게는 많은 사람들이 생각하는 것처럼 순전히 정치적 운동은 아니며, 이것은 기독교 공동체로서 기독교 복음을 따르는 것이 무엇을 의미하는지에 대한 가시적인 표현이었다. 겉으로 보기에 '독립선언문'에 분명한 기독교 메시지가 없었기 때문에, 기독교인들의 참여가 매우 '세속적'으로 보일 수 있지만, 공적 담론을 위한 기독교 신앙의 비전을 통합적으로 표현한 것으로 간주되어야 한다. 그런 의미에서 3·1 독립선언문은 한국의 공적 영역에서 기독교의 최초의 표명이라고 볼 수 있다. 그 분수령이었던 3·1운동 시위 이후, 실제 항거활동은 약화되었지만, 억압과 불의에 도전하는 정신은 기독교의 전통에서 계속 구현되었고 그 후로도 한국의 역사에서 수시로 표면화 되는 것을 잘 알 수 있다.

케네스 스콧 라토레트(Kenneth S. Latourette)는 그의 기념비적인 작품『기독교 확장사(A History of the Expansion of Christianity)』에서 기독교의 확장을 세 가지 관점에서 해석했다. 지리적 팽창(기독교인과 교회 수), 특정 시대의 기독교의 활력(새로운 운동들과 교파들), 인류에 대한 기독교의 영향이 그것이다.[63] 그러나 라토레트의 책을 포함해서 대부분의 연구들은 앞의 두 관점으로 연구되었고, 마지막 세번째 관점은 불가능하지는 않지만 평가하기가 어렵다고 본다. 그러나 주어진 맥락

63 Kenneth S. Latourette, *A History of the Expansion of Christianity* VII, London: Eyre and Spottiswoode, 1945, pp.416~418.

에서 우리가 기독교를 어떻게 평가할지의 문제는 수적인 확장과 교파나 기독교 운동의 특성 등을 연구하는 그 이상의 것이 포함될 필요가 있다. 필자는 어느 사회에서든 기독교의 존재성과 기여를 평가하는 것은 기독교 교회의 온전함 혹은 성숙성(integrity)과 더 관련되어 있고, 이것은 지속적으로 재평가되어야 한다고 제안하는 바이다.

사회의 이행기에, 한국 기독교는 정치적, 경제적, 민족적 갱신 뿐만 아니라, 그 지역에서 일어나는 문화적, 이데올로기적 변화에도 적극적으로 기여했다. 이런 영향은 의미 있는 삶에 대한 한국인의 영적인 추구를 만족시키고, 윤리적이며 도덕적인 행위에 대한 영감과, 존엄성과 자유를 위한 투쟁의 촉매제의 원천으로 기독교를 주로 수용했기 때문에 가능했다. 기독교는 한국의 역사에서 가장 격동의 시기 동안에 교회지도자들뿐만 아니라, 개혁운동의 수많은 핵심 지도자들에게 강한 영향력을 끼쳤기 때문에, 그들은 한국 교회의 토대를 선별하고, 독특한 한국교회 형성을 주도하였다. 한국의 기독교는 한편으로, 성경에 대한 열렬한 헌신과 영적 체험을 갈망하면서, 다른 한편으로, 불의와 억압 속에서도 회복력과 항거를 그 특징으로 한다. 기독교인들이 자신감을 갖게 되면서, 그 다음엔 민족에 대한 그들 나름의 기독교적 이해를 바탕으로 한국사회에 기여했다. 앞에서 보았듯이, 필자는 정치적 개혁과 영적-문화적 전환이라는 이 두 가지 외견상 상반되는 차원들이 초창기 기독교 교회의 설립과 실제로 깊이 연관성을 갖고 있다고 주장했다. 부흥운동은 비정치적 도피주의가 아니라 괴로움을 당하는 민족 안에서 개인 또는 공동체라는 자아 정체성을 찾기 위한 민족적 투쟁의 일부로 이해되어야 한다. 절망적인 상황 가운데 이스라엘을 인도하였던 야훼 하나님에게 절대적인 갈망을 표현하고 신앙적인 도움을 구하는 표현으로 보아야 할 것이다. 또한 동시에, 3·1운동은 단순히 정치적 행동주의가 아니라 성경의 가르침에 따라 말씀과 행동으로 진정한 신자의 삶을 받아들이기 위한 깊은 열망의 표현으로 바라볼 필요가 있다. 한국의 기독교는 마치 이념적 신학적인 차이들로 인해 분리된 것처럼 보여지고, 때로는 너무 급진적이고 진보적이거나, 아니면 너무 보수적이고 근본주의적이라고 비판을 받고 있지만, 대다수의 초기 한국 기독교인들은 민족의 위기 속에서 이 두 가지 차원의 기독교 신앙을 함께 유지하려고 노력했다. 초기 한국 기독교인들은 격동의 시대를 지내면서, 그들의 모든 부족함, 실패, 그리고 약점에도 불구하고 새로 받아들인 종교인 기독교를 나름대로 온전하게, 신실하게, 그리고 깊은 헌신을 통해서 기독교가 한반도에 자리잡는데 기여하였다.

초기 한국 기독교 지도자들의 변혁 열망 속에서 나타난 문화적 갱신과 파괴의 긴장

케네스 웰즈

1. 머리말

문화적 인습 타파란 무엇을 의미하는가? 나는 문화적 인습 타파를 다음과 같이 개념정의 한다. 즉 전통 종교와 윤리의 몇몇 주요 특징들을 잘못되었거나 해로운 것으로 거부하고 완전히 새로운 종교적 도덕적 문화와 관행으로 대체할 것을 옹호하는 것을 의미한다. 나는 오늘 유교의 핵심적인 사회-정치 윤리, 전통 결혼과 젠더 문화, 그리고 문학의 역할과 본질에 대한 초기 기독교의 입장에 한정하여 살펴볼 것이다. 나의 기본적인 주장은 이렇다. 한국의 종교적, 윤리적 전통들에 대한 급진적 개혁 요구와 인습 타파 사이의 경계는 정의하기 어렵지만, 그럼에도 불구하고 한국의 문화와 가치에 대한 대대적인 개혁을 위한 열심에서, 문화적 인습 타파자로 분류될 만큼 아주 일관되게 행동한 사람은 아무도 없었다 해도 일부 한국의 기독교 지도자들은 때로는 그 경계를 넘어 인습 타파로 나아갔다.

기독교가 그 자체로, 또는 역사적으로 그 실천에서 다른 신념체계들에 대해 인습 타파적으로 행동할 수 있는지 그 질문에 대한 간략한 검토와 함께 한국의 사례를 살펴보는 것으로 시작하는 것이 좋겠다. 역사적으로, 그 대답은 기독교의 힘에 달려있다고 할 수 있는데, 기독교 초기에 사역했던 바울 사도는 그 시기 예루살렘과 로마를 대면하여 그의 입장이 위태로울 때, 바울은 그리스인에게는 그리스인이 되고, 로마인에게는 로마인이 되라고 주의를 주었다. 4세기경에, 그것은 다른 이야기였고, 기독교 역사는 정치적 힘에 따라 끊임없이 변동을 거듭했다.

그러나 우리는 또한 기독교가 '기독교' 국가에서 '비기독교' 국가로 확산될 때, 특히 그러한 확산이 제국주의 또는 식민주의와 일치할 때, 상대적으로 인습 타파의 방향으로 가려는 충동의 증거를 찾아볼 수 있다. 그러나 이것은 기독교로 개종하는 토착 문화 구성원들의 특징이라기보다는 '외국' 선교 구성원들의 특징이다. 확실히 한국의 경우, 많은 한국의 초기 기독교 지도자들은 일부 뿌리 깊은 습관들과 가치들에 대한 교정책으로 특정 기독교 교리들을 제시했지만, 이 경우에 문제는 그들이 갖고 있지 않았던 힘의 문제가 아니라 기독교 안에 내재해 있는 요소들의 문제였다.

사실상 그리스도는 인습 타파자였는가 라고 당연히 물어볼 수 있다. 그리스도는 신성모독 혐의로 기소되었는데, 그 당시 유대교의 종교적 권위와 도덕성의 촘촘하게 짜여진 체제의 전복을 옹호함으로써 '기성질서'의 분노를 샀다. 바울은 그리스도의 길과 마음을 이 세상 밖에서 온 것으로 묘사하고 내면으로부터 인간의 완전 탈바꿈을 요구하며, 유대인과 이방인 모두의 당대의 전통과 관련하여 그리스도를 인습타파적으로 표현하는 사례도 있었다. 이런 의미에서 이방인에게는 이방인이 되고, 유대인에게는 유대인이 되라는 바울의 충고조차도 전통과의 단절이었는데, 이는 민족들 사이에 장벽을 약화시키기보다 강화시켰다.

물론 성경 기록은 그리스도도 바울도 유대 경전들과 원칙들이 잘못된 것으로 폐기되어야 한다고 주장하지 않으며, 대신 복음의 메시지가 약속의 성취라고 선언한 것을 분명히 보여준다. 이런 식으로만 보면 인습 타파의 여지는 없다.

하지만 그 시대의 종교적 기성질서와 관련하여 우리는 그리스도와 바울이 인습 타파적이라고 말해야할까? 그리스도와 바울은 모두 유대교 지도자들의 가르침과 이러한 가르침의 결과로 일상적인 유대문화에서 주류가 된 관습들을 완전히 해롭다고 비난했다. 실제 바울은 그가 이전에 종교 지도자들의 가르침에 동의하여 그 결과로 그리스도의 초기 추종자들에 대한 박해 사실을 고백했을 때, 자신을 죄인 중에 괴수라고 말했다. 종교 지도자들은 열성적이었지만 "지식에 근거한 것이 아니었다"라고 인정했다.[1] 그러므로 그리스도를 따르기 위해서는 당시의 종교적 가르침과 문화를 거부해야 했다.

그리스도의 핵심 가르침에 관하여, 한국의 유교는 「누가복음」 14장 26절의 그리스도의 이 말씀을 어떻게 생각할까? "무릇 내게 오는 자가 자기 아버지와 어머니를 미워하지 않으면... 그런 사람은 내 제자가 되지 못하고."

물론 이 구절은 하나님과 그의 뜻과 길을 자기 아버지보다 더 우선

1 「로마서」 10장 1-2절.

시 하지 않는 사람은 합당하지 않다는 의미로 대개 해석한다. 하지만 그렇게 해석하더라도, 이 구절은 성리학에 대해서는 여전히 인습 타파적이다.

더욱이, 「누가복음」 6장 20-26절에 나오는 그리스도의 팔복(八福)은 유교의 오복(五福)에 어떻게 맞설 수 있을까? 부유하고, 건강하고, 좋은 평판을 얻고, 장수하고, 아들이 많은 것이 복일까?

> 20 가난한 자는 복이 있나니,
> 21 지금 주리는 자는 복이 있나니,
> 22 인자로 말미암아 사람들이 너희를 미워하며
> 멀리하고 욕하고 너희 이름을 악하다 하여 버릴 때에는
> 너희에게 복이 있도다...
>
> 24 "화 있을진저 너희 부요한 자여,
> 25 화 있을진저 너희 지금 배부른 자여,
> 26 모든 사람이 너희를 칭찬하면 화가 있도다...

사실상 산상수훈을 읽을 때, 예수님께서 세상이 괜찮고, 그 가치체계가 칭찬할만하다거나, 그 도덕적 격언이 건전하다고 말씀하셨다는 인상은 받지 못한다. 예수님이 가르친 것은 우리가 언제 어느 곳에서 살든지 모든 인간 세상을 뒤집어엎는다. 존 스톳(John R.W. Stott) 목사가 성경의 산상수훈에 관한 222쪽짜리 연구서의 제목을 『기독교의 대항문화(*Christian Counter-Culture*)』라고 아름 붙인 데는 이유가 있었다.[2] 스톳 목사는 기성 영국 국교회의 교구목사였음에도 불구하고,

2 John R. W. Stott, *Christian Counter-Culture: The Message of the Sermon on the*

기독교가 어떤 식으로든 영국 문화를 긍정한다는데 동의하지 않았다. 밑바닥부터 철저한 수정이 필요했다.

문화의 철저한 수정을 문화적 인습 타파라고 생각할 정도면, 그 때는 기독교의 메시지가 문화적으로 인습 타파적이라고 말해야한다. 철학자 버트란트 러셀(Betrand Russell)은 한때 유교의 윤리체계는 인간에게 부자연스럽거나 동의할 수 없는 것은 아무것도 그 추종자들에게 부과하지 않는다고 지적했다. 하지만 기독교는 그렇지 않다. 적을 적극적으로 사랑하는 것은 인간에게 자연스럽지도 동의할만한 일이 아니라는 것이 사실이며, 누군가를 490번(70×7)이나 용서해주고, 다른 사람을 부인하고 십자가를 지라는 명령도 그러하다. 우리는 한국의 초기 기독교 지도자들의 입장을 살펴보면서 이점을 기억할 필요가 있다.

2. 유교 전통에 대한 비판

19세기 말 자강운동은 주로 개화파 인물들 사이에서 일어났다. 이들은 경제와 군사력에 주로 관심이 있었다. 하지만 이 개혁가들에 합류한 기독교인들 가운데는 외부의 물질적 힘을 얻기 전에 내부적으로 영적 윤리적 강화가 요구된다는 생각이 널리 통용되었다. 1890년대 서재필과 윤치호는 기독교로 개종한 후 기독교 신앙을 토대로 한국의 사회, 믿음, 그리고 정치에 대해 윤리적이고 영적인 비판을 전개했다.

Mount, Westmont: Intervarsity Press, 1985.

한국의 물질적 허약함은 도덕적, 영적 쇠퇴의 증상으로 간주되었고, 자강은 개인과 사회의 종교적, 윤리적 갱신으로 재해석되었다. 교회 예배와 가르침 외에도 그들은 이러한 갱신이 시민적 덕목, 또는 공공 도덕에서의 근대적인 교육과 훈련을 필요로 한다고 믿었다.

기독교 비판을 자세히 살펴볼 시간이 없으므로, 나는 주로 효도의 사례를 다룰 것이다. 효도와 관련하여 기독교는 확실히 신자들에게 부모를 공경하고 가족에 대한 높은 사고방식을 가르친다. 그래서 유교 윤리와 겹치는 부분이 있었다. 하지만 성리학 전통에서 효도는 모든 도덕성의 기본이었고, 가정을 넘어 모든 사회적 관계의 양식과 심지어 사람들과 국가 행정과의 관계로까지 확장되었다.

한국의 기독교 개혁가들은 이러한 입장을 가지지 않았다. 이승만, 서재필, 윤치호 그리고 안창호 등은 모든 관료는 국민의 종이라고 주장했다. 이것은 효도 전통을 고의적으로 거부한 것이었다. 아마도 자기수양 사회는 하나의 도덕을 연마한다는 신유교적 사상에 뭔가 빚을 지고 있고, 율곡과 같은 사람들의 찬성을 얻을 것이다. 그러나 안창호가 홍사단을 조직했을 때, 효도 전통은 또 다시 민주주의 원칙들의 실천과 그것의 훈련 방법을 장려하기 위해 고안되었다. 그 훈련 방법은 그가 속한 장로교 교리문답 수업을 완전히 모방했다. 안창호가 주장한 영감은 그가 미국에서 망명하는 동안 관찰한 지역연합제도(local association system)였다. 하지만 기독교 교육의 내용과 목표는 교육에 대한 전통적 관심에 의해서 촉진되었으며 신유교에 반하는 것이었다. 특히 남성이든 여성이든 가장 겸손한 사람이 도덕적 위상을 가질 수 있다는 사상이 부상했다.

효의 윤리가 폭넓은 유교적 적용을 벗어던지고 가정에 국한되었으며, 성(誠) 또는 충성(忠誠)의 윤리도 왕정과 군신들로부터 이웃 민중에게로 방향을 돌리게 되었다. 이러한 입장은 자연스럽게 자본주의 노선을 따라 일어난 상업 및 산업의 근대화와 함께, 특정 형태의 민주적인 정치를 선호하게 되었다. 하지만 자본주의가 공공선을 위한 자원의 이타적 헌신이라는 것이 초기 기독교의 시각이었다. 이것은 매우 순진한 것이었다.

기독교 개혁가들은 유교적 배경으로부터 몇 가지 핵심적인 강조점과 방법들을 계승했지만 사실상 새로운 것을 옹호하였다. 그들은 기독교 가치관을 중심으로 한국의 개인적, 사회적, 그리고 민족적 정체성을 재구성하기를 기대했다. 그들은 유교적 기성제도의 '사대주의'와 부패에 반대하여 기독교 정신을 자립과 공공 이타주의의 정신으로 여겼다.

이와 관련하여 안창호의 지식 개념과 그것이 지닌 개인의 자유, 개인의 힘과 사회적 변화와의 관계, 그리고 한국 사회질서의 근본적인 변화는 지식혁명에 달려 있다는 그의 사상을 우리는 고찰할 수 있다. 그의 사상의 실질적인 적용은 연속성과 혁신을 모두 드러내며, 혁신은 20세기 초에 일어난 지식과 사회의 전통적 틀과의 단절과 결정적으로 관계가 있다.

안창호의 인생 좌우명은 "나는 생각한다, 고로 존재한다"로 요약할 수 있고, 그는 무실역행(務實力行)이라는 문구를 만들어 낸 인물로 잘 알려져 있다. 이 말은 거짓 없는 진실에 힘쓰고 옳은 일을 힘써 행한다는 의미이다. 사소한 일부터 중대한 일까지 개인적 완전함은 그의 좌우명이었다. 그는 성실함, 또는 진실을 알고자했기에 공허한 허영심과는 대조적이었다. 진실에 대한 지식, 즉 행동에 대한 책임을 지려고 했다. 이것은 공허한 교리, 헛된 사색과 헛된 공상과는 반대였다. 안창호는 이러한 공허한 사상을 조선 왕조의 사변적인 유교 철학의 전통적인 특징이라고 주장했다.

안창호는 무실역행을 기독교 사상에 근거를 두었다. 그것은 책임감 있는 시민권에 관한 것이었다. 그가 명명한 '진리의 정신'은 시민들의 기본 심성을 형성하여 건전하고 유용하며 효과적인 인성을 발전시키게 되는 것이었다. 또한 무실역행은 교육의 윤리적 기반이었다. 이 새로운 지식은 확실히 자연과학, 사회과학, 그리고 경제학 등 서양과 관련된 학습이 포함되어 있었다. 그럼에도 불구하고 무실역행이라는 문구의 의미는 한국인의 마음을 지배한 주자학파에 대한 양명학파의 반박, 즉 '지행일치(知行一致)'와 관련지어 고려되어야 한다. 다시 말해, 안창호는 인습 타파자라기보다 개혁가였다.

안창호에게 지식은 아는 것 그 이상이었다. 어떻게 하는가가 아닌 아는 방법을 아는 것이 중요했다. 금세기 가장 위대한 한국의 연설가 중 한 사람인 안창호는 한 번에 최대 3시간 동안의 연설로 청중들의 마음을 사로잡았다. 그는 실천에 대해 강조를 했는데, 연설을 잘했다는 것은 다소 역설적이다. 그는 유교 고전을 교묘하게 인용하였다. 역설적으로 고전을 예로 들어 넌지시 말했다. 전통적인 요소들을 기독교 교리로 종합하였다. 엄격하고 분석적이며 일관된 방식으로 대체하였다. 지식이 세상을 어떻게 바꾸는지에 대한 이해를 의미했다. 실제적인 표현을 찾지 못하고 사회질서에 구체적인 변화를 가져다주는 영향력을 미치지 못하는 사고방식이나 금언이나 격언은 전혀 유효하지 않다는 것이 핵심 사상이었다. 변화는 내부에서 외부로 향하는 역동적인 운동이었다. 진정한 외적인 변화는 내적, 도덕적, 그리고 정신적 변혁으로부터 시작되었다.

그러므로 전통은 개혁되어야 했다. 실제적인 행동으로 나아가지 못하는 의식(ritual)에 대한 집착은 바로 잡아야했다. 그것은 부정적인 의미에서 유교적 방식에 대한 거부였고, 긍정적 의미에서는 훈련된 개성에 대한 용인이었다. 그 방법의 실제적인 구현은 시범 공동체들(pilot communities)이었다.

1905년 을사늑약으로 일본이 한국을 보호국으로 만듦으로써 윤치호, 안창호, 그리고 이승훈 등과 같은 주요 기독교 지도자들은 '민족성 개혁'을 위한 '시범 공동체'를 설립했다. 이들 시범 공동체들은 한국의 미래의 모습이었다. 그것들이 성숙해짐에 따라 한국인들에게 기독교 문명의 살아있는 적극적인 본보기들이 되는 것이다. 1920년대에 민족을 기독교 문명으로 재건하려는 그들의 사명은 특별히 조만식, 길선주, 김활란, 그리고 김교신 등의 지도력 하에서 서로 다른 방식으로 더욱 집중받았다. 기독교인들의 수가 증가함에 따라 기독교 개혁가들의 비전은 보다 널리 알려지고 영향력을 갖게 되었다. 그러나 1937년 중일전쟁이 발발하자 모든 적극적인 개혁주의 운동은 축소되었다. 하지만 그 기독교의 비전은 제2차 세계대전이 끝날 무렵 일본이 한국에서 축출된 후에 강력하게 부활했다.

3. 결혼과 젠더 문화

한국에서 초기 기독교가 명확히 어떤 영향력을 미쳤는지, 적어도 일제 강점기 동안은 어떠했는지에 대해 학자들 사이에 상당한 의견

차이가 있다. 예컨대, 최해월은 결혼과 젠더 관계에 대한 선교사들의 가르침이 적어도 전통만큼이나 여성들을 구속하고 제한했다고 주장하였다. 선교사들과 그 개종자들이 일본인들의 소위 '현모양처' 윤리의 부과에 전폭적인 지지를 보냈다고 비난했다.[3]

나의 입장은 외국 선교사들이 사실은 여성이 현명하지 못한 어머니와 나쁜 아내가 되어서는 안 된다고 가르쳤다. 그들은 19세기 말 서양 민족들 속에 통용되는 결혼에 대한 표준적인 기독교의 입장을 가르쳤으며, 일부일처제, 혼외 금욕, 결혼 생활에 대한 충실 등과 같은 동일한 윤리가 남성에게 똑같이 적용된다고 가르쳤다. 이것은 전혀 전통적인 것이 아니었다. 더욱이 미혼 여성 선교사들이 많았을 뿐만 아니라 그들 스스로 자활했고 일과 삶에 대한 결정을 스스로 내렸다는 사실은 한국 여성들에게 분명 영감을 주는 일이었다. 여성 선교사들은 또한 소녀와 여성을 위한 학교를 열었는데, 이것은 여성들이 그 어느 때보다 훨씬 더 많은 정보원에 접근 할 수 있게 되면서 젠더 관계에 대해 좀 더 광범위하고 종종 의도하지 않은 결과를 초래한 조치였다. 기독교 여성들이 가족이나 교회와 상관없이 공적인 여성단체와 행사를 조직하는 것은 자연스러운 발전이었다.

그러나 실제적인 쟁점은 주도하는 기독교 여성개혁가들의 입장이었다. 그들의 입장은 결혼과 사회에서 여성의 지위에 대한 전통적 개념을 분명히 거부했다.

나는 김활란을 하나의 인습 타파자로 묘사하고 싶다. 그녀는 당대

---

3 Choi Hyae-weol, *Gender Politics at Home and Abroad: Protestant Modernity in Colonial-Era Korea*, Cambridge University Press, Online publication date: July 2020.

의 젠더 문화를 유해한 것으로 노골적으로 묘사했기 때문이었다. 그녀는 결혼을 거부했을 뿐만 아니라 머리를 짧게 깎아 전통적인 여성 다움의 아이콘을 폐기해버렸다. 게다가 어머니와 함께 가족 조상들의 위폐를 없애자며 아버지를 설득했다. 이것은 전통적인 가부장적 혈통문화에 대한 말 그대로 인습 타파 행동이었다. 사실상 수십 년 전만 하더라도 이런 그녀의 행동은 목숨을 위태롭게 하는 것이었다.

김활란은 여성의 결혼에 반대하지는 않았지만 한국에서 여성의 사회적, 경제적, 그리고 정치적 개선을 위해 직업을 가진 여성에게 유일한 선택은 독신으로 사는 것이라고 믿었다. 그렇지 않으면, 그녀는 남편, 시부모님과 자녀를 섬기는데 모든 시간을 받쳐야만 했을 것이다. 그녀는 자신들의 사명과 원칙을 찾았다고 믿었고 결혼하기로 결정한 여성 동료들에게 매우 비판적이었다.

결혼 문제와는 아주 별개로 김활란과 사회에서 활동하는 수많은 한국 기독교 여성들은 남성과 부모로부터 여성의 경제적 독립을 위한 캠페인을 벌였다. 그들은 기존 사회에 대한 일반적인 담론에 대해 근본적인 질문을 제기하였다. 종교는 사회를 관성에서 벗어나게 하는 지렛대 역할을 했다. 이와 마찬가지로 기독교 교육자인 박인덕은 일본 당국이 여성이 이혼 소송을 제기 할 수 있도록 법을 개정 한 이후 불성실한 남편과 이혼한 최초의 여성이었다. 기독교인 김활란과 박인덕은 한국인의 지배적 사고에 도전 할 수 있는 연단, 즉 기존 질서에 대한 비판과 그것을 변화시킬 이론적 근거를 제시하는 연단을 구축하려고 노력했다.

4. 한국의 기독교와 문화

한국 기독교의 문화에 대한 관점은 어떠한가? 신약에는 '문화'에 대한 언급이 없는데, 이는 그 개념이 영성에 중요하게 여겨지지 않고 있다는 것을 시사한다. 이것은 영성이 문화와 무관하다는 의미는 아니지만, 문화와 문명이 그 자체로 목적이 아니며 문화적 잠재력에 대한 신앙 채택에 적대감을 표시하는 것을 강하게 내포하고 있다. 종교개혁의 관점은 신앙이 문화를 초월하여 '문명을 의심하게 만든다'는 것이다.[4] 문화가 인간 조건에 대한 해결책으로서 신앙과 경쟁 할 때는 언제나 거부되어야 한다. 그리스도가 문화를 모두 판단하면서 문화보다 상위에 있다는 생각은 종교개혁 신학에서 하나의 강력한 흐름이다.

한국의 기독교는 대부분 신앙과 문명 사이에 내재된 어떤 긴장도 밝히지 않았고, 문명이 '자연'에 속한지 '은혜'에 속한지 그에 대한 질문에도 신경 쓰지 않았다. 그들은 지식과 덕목의 분리가 가능하다는 것을 인정했지만, 그것을 일탈로 간주했고, 그런 이유로 문명화된 사람을 영적으로 세련된 사람이라고 정의했다. 그들의 인습 타파는 말하자면, 문명에 대한 높은 사고방식을 겨냥한 것이 아니라, 한국 문화에서 특정한 '우상'을 겨냥한 것이었다. 그들은 매우 긍정적인 중국의 문명 개념에 관해서 논쟁도 하지 않았다. 한국의 기독교인들은 결국 서양의 기독교인들이 아니라, 그들 자체의 문화유산을 가진 한국의 지식인들이었다. 최고의 문명은 가장 진실한 윤리적 영적 이상에 토대를 두고 있다는 믿음을 그들은 갖고 있었다.

4 Richard Kroner, *Culture and Faith*, Chicago: University of Chicago Press, 1951, p.239.

기독교인으로서 어떤 행동의 가치는 보편적이고 영원한 윤리적 기준들과의 관계에 토대를 두고 있다고 그들은 여겼다. 마치 개인의 삶이 부활을 통해 약속된 완전성을 지향해야하는 것처럼 한 사회와 민족은 '하나님의 왕국'을 지향하는 한 정당성을 획득했다. 전통적으로 유교 경전에서 양반의 고급 문예 훈련이 문명화의 핵심이었던 반면 기독교의 진정한 문명은 이제 기독교 교리 안에서 '계몽'과 '새로운', 즉 민주적으로 열린 교육제도 안에서 학교교육에 달려있었다.

한국 기독교의 새로운 문명화 운동은 어떤 의미에서 인습 타파 운동으로 기술될 수 있다. 그것은 그 시대의 유교적인 심성, 문화, 그리고 사회제도의 근절에 전념했다. 새로운 문명의 내용도 바라는 통일의 기초도 유교적으로 상상되지 않았다. 젠더 관계의 경우, 과거와의 확실한 단절이 있었다. 특정한 전통적 사상이나 도덕적 계율은 한국에 도입된 기독교의 실질적인 형태와 겹치는 곳에서 전통적 가치는 강화되었고 새로운 사상이 채택되는 방식에 확실히 영향을 미쳤다. 그러나 그렇다 해도 전통 사상들은 전통 안에서 상상할 수 없는 방식으로 기독교인들에 의해 빈번히 재해석되어 유교에 대한 비판의 공세를 취하는데 사용되었다.

5. 맺음말: 전영택의 사례

나는 문학과 문화의 관계 그리고 신 아래 문화의 위치에 관한 전영택의 관점을 간략하게 설명하면서 결론을 맺고자한다.

전영택(1894~1968)은 1910년대에 단편소설을 쓰기 시작했다. 이 시기는 19세기 말의 계몽주의 단계를 뒤이어 한국근대문학이 형성되는 초기 단계였다. 이 때는 자연주의, 사실주의, 휴머니즘, '신경향'의 작가들 등 다양한 운동들이 나타나는 시기였다. 그러나 전영택은 이런 용어들과는 차이가 있었다. 그의 글쓰기는 달랐다. 전영택은 의식적인 기독교 문학가였다. "나의 종교적 태도뿐만 아니라, 내가 누구인지 글쓰기에 직접적으로 반영되는 것은 자연스러운 일이다"라고 그는 썼다.[5] 그러므로 그것은 글쓰기에서 자신의 신념을 표현하는 것이었다.

전영택의 부친 전석영은 전통적인 유교 제도에 대해 일찍이 반대했던 인물이었다. 개화당(개혁당)과의 관련으로 한동안 중국 상해로 도피했다. 그는 고향 진남포에 학교를 설립했고, 어린 아들을 평양으로 보내 기독교 동료였던 이승훈과 안창호가 세운 대성학교에 1908년 입학시켜 영어를 공부하게 했다. 기독교인이 된 전영택은 김홍식 같은 3·1운동을 주동하는 핵심 가담자들과 연결되었다. 여동생 전유덕은 여성운동의 활동가가 되었다. 1919년, 전영택은 그의 약혼녀 채혜수와 1919년에 결혼했다. 결혼식을 끝내자마자 채혜수는 3·1운동에 참여했다는 이유로 체포되어 수감되었다. 그녀는 옥중에 있을 때 임신한 상태였다. 그의 딸은 채혜수가 감옥생활로 인한 영양실조와 여러 가지 고통으로 인해 3개월 만에 사망했다. 이것은 극도로 쓰라린 시간이었다. 이후 10년 동안 이 부부에게 수많은 시련이 있었다.

전영택은 극적인 개종 체험을 하지 못했다. 그는 의학공부를 포기하고 감리교 목사가 되기 위해 신학공부를 했다. 그의 전 생애는 그리스도인이 되기로 한 그의 결정 속에서 자리매김되었다. 일본으로 건너

5 전영택, 『전영택창작선집』, 늘봄, 2017.

간 그는 최고의 문인들 속에서 자연스럽게 자신의 자리를 발견했다. 전영택은 이광수·김동인·김환과 함께 문학 동인지 『창조(*Ch'angjo*)』를 함께 만들었다.

그는 문학의 계몽주의의 틀을 벗어나 구어체 문학을 발전시키겠다는 의도로 『창조』 그룹에 합류했다. 그가 『창조』 출간 당시 고백한 그의 견해를 보면 한국 문학이 무엇이어야 하는지에 대한 초창기의 생각을 밝히고 있다. 즉 그것은 독자들을 교화하고 가르치는 수준에 머물러서는 안 된다. 문학은 '삶' 자체의 문제를 다루어야 한다는 것이었다.[6] 그의 작품들이 삶의 문제를 강조했던 만큼 한편으로 죽음이 중요한 모티프가 되고, 다른 한편으로는 자전적인 세부적인 것들이 작품 제작에 흘러들어간 것은 어찌 보면 당연했다. 이 두 가지 측면은 그의 기독교와의 연관성과 관련하여 더욱 분명하게 이해될 수 있다.

전영택은 의식있는 기독교인이었고 자신의 신앙을 삶의 모든 요소와 연결시켰다. 특히 이러한 단계에서 그를 제외한 다른 한국인들은 기독교가 의미하는 바에 대한 일반적인 이해가 전혀 없었다. 전영택의 에세이들과 신문 잡지들은 실제 세계 속의 인간의 삶에 대한 새로운 믿음을 문학 활동과 끊임없이 연관시키려고 숙고했다는 것을 보여준다.

계몽주의 문학의 도덕적 교훈주의를 버리고 구어체 언어로 실제 삶의 경험을 반영한 산문을 발전시키려고 했던 『창조』를 향한 그의 희망에 안창호 같은 생각을 가진 개혁가들로부터 배운 기독교 메시지의 대중적인 요소를 분명히 인식하고 있었던 것으로 보인다. 전영

---

6 김양수, 『한국단편문학의 논리적 풀이1』, 한국교육평가원, 1993, 94쪽.

택은 선교사들이 고전적 표기체계가 아닌 순수한 한글을 채택한 이유에 대해서 다음과 같이 주장했다. 기독교가 본질적으로 대중과 평민의 종교라는 사실과 엘리트의 문자체계를 거부하였다는 것이다. 기독교는 당시 순수한 한글을 사용한 유일한 분야였다. 이는 삶을 바라보는 새로운 관점에 민중이 도입되고 있을 당시에 일어났다. 그래서 남녀노소의 구분을 폐기한 기독교에 대해 특별한 지위와 의미를 부여했다. 전영택은 1936년경 1,700만 권의 성경이 배포되었으며 최근에는 매년 평균 60,000~70,000부가 인쇄되었다고 지적했다.[7]

그러나 종교와 문학의 관계는 어떠한가? 전영택은 문명의 형성기에 특별히 활력을 불어넣을 필요가 있을 때는 문자로 된 자료, 특히 문학의 창조, 출판, 그리고 배포가 큰 역할을 한다는 것을 역사와 경험이 증명해준다고 믿었다. 기독교의 역사에서 종교개혁은 캘빈의 『기독교강요(*Institutes of the Christian Religion*)』[8]와 루터(Martin Luther), 멜란히톤(Melanchthon Philipp)의 다양한 저술들, 그리고 독일어 자국어의 사용으로부터 일어났다. 그는 매우 흥미로운 통찰력으로 의견을 밝혔는데, 독일의 종교개혁은 서적의 생산과 판매에 달려있었다는 것이다.[9]

우리는 1939년에 출판된 한 에세이에서 종교와 문학 사이의 뗄 수 없는 관계에 대한 아주 명확한 진술을 찾을 수 있다. 즉 원시사회에서 예술은 항상 문학과 함께 발전하여 경계를 짓는 것이 불가능하다고 주장했다. 종교와 문학은 두 가지 범주가 아니라 하나였다. 신앙, 기

7 전영택, 「기독교와 조선문자」, 『한글』 4:8, 1936, 150~152쪽.

8 존 칼빈, 김종흡 외 옮김, 『기독교의 강요』 상·하, 예수마을, 2004.

9 전영택, 「조선의 기독교문화운동」, 『기독신보』, 1928.12.31, 1929.1.16.

도, 전례는 모두 문학적 표현을 통해 형성되었으며 모든 종교, 특히 기독교와 불교의 경전들은 문학 작품이었다. 고귀하고 진실한 문학은 종교의 향기와 빛이었다. 종교적 인물이 저술하지 않은 작품들도 종교의 풍미와 색채를 지니고 있었는데, 문학과 종교는 근본적으로 인간의 삶, 인간, 그리고 세계에 대해 이야기하기 때문이었다. 작품들은 가장 심층으로까지 뚫고 내려가 인간의 삶을 묘사했다. 전영택은 구약과 신약에서 그의 가장 위대한 문학상의 경험들과 영감들을 어떻게 얻고 있는지를 설명하기 위해 성경의 여러 구절들을 인용했다. 어린 시절부터 그는 그와 같은 매체를 통해 영적인 진리와 아름다운 표현들과 관용구를 동시에 배웠다. 그가 주장한 이것들은 그 이후로 그의 문학 인생을 지배했다.

끝으로, 이것은 조금 다른 시기와 상황에서 쓴 것이긴 하지만, 그는 1957년에 무엇이 종교문학을 구성하는 지에 대한 매우 정교한 이론을 제시하였다. 전영택은 산상수훈의 한 구절을 인용하였다.

> 공중의 새들은 심지도 않고 거두지도 않는다 …
> 들의 백합을 생각해보라. 수고도 아니하고 길쌈도 아니하느니라,
> 그러나 솔로몬의 모든 영광으로도 입은 것이 이 꽃 하나만 같지 못하였느니라

그리고 이렇게 덧붙인다. "이 구절을 읽으면 읽을수록 신앙은 더 깊어지고 읽으면 읽을수록 시적 감각이 고양된다... 그것은 동시에 강하고 건강한 신앙고백이고 최고로 뛰어난 문학적 표현이다." 그 이유는 이전 시대에 신앙의 위인들이 시인이었기 때문이다. 그들은 인간의 삶을 우주와 직접적으로 연관시켰고, 또한 다른 사람들이 보거나

듣지 못했던 것을 언어 매체를 통해 전달했기 때문이다. 문학과 종교는 모두 육체적 존재이지만 무한하고 영원한 존재를 갈망하는 인간 삶의 뿌리에서 발생했기 때문이다.[10] 기독교는 물질적 필요와 욕망 그리고 영원한 열망 사이에서 이 세상에 내재된 갈등을 다룬다. 전영택은 성 어거스틴(St. Augustine)과 파스칼(Pascal)에게 호소하는데, 이런 인물들은 모든 인간에게서 신적인 것들로 채우려는 어떤 공간, 즉 모든 인간 속에 있는 신의 이미지와 목소리를 인식했다. 전영택은 문화에 대한 분명한 진술로 이렇게 결론을 내린다. "인간의 문화는 신적인 것들로 채워지는 공간에 반하여 만들어진 것이고, 그래서 모두 교육가능하고 향상가능하다 하더라도, 모든 문화는 신과 상관성이 있다. 문학이 중요한 역할을 하는 것은 바로 여기에 있다. 문학은 문화적 환경 자체의 한계 속에 구속되어 있어도, 그렇다고 완전히 그 기능을 못하는 것은 아니다." 그런 점에서 우리는 이렇게 한 문장으로 표현할 수 있다. 즉 변혁의 열망 속에서 나타난 문화적 갱신과 파괴의 긴장.

---

10 전영택, 「기독교 문학론」, 『기독교 사상』 1, 1957.1.

서구 근대 물질문화의 유입과 경험의 공간으로서 초기 선교사 사택

이철

1. 머리말: 서구 문물과 기독교 포교

기독교와 서구 근대 자본주의의 관련성을 인과적 관점에서 분석한 막스 베버(Max Weber)는 자신의 책 『개신교 윤리와 자본주의 정신』에서 근대 유럽의 물질적 번영이 개신교 윤리에서 발흥한 서구 근대 자본주의의 결과라고 주장하였다. 그러나 그렇다고 하여 개신교가 서구 자본주의와 동반 관계라는 것은 아니었다. 베버는 개신교가 기차역의 전철수(switch man) 같은 존재였다고 하였다. 전철수는 역사(驛舍)에 다가오는 기차의 향방을 틀어주는 임무를 수행한다. 전철수는 기관사도 승객도 아니기에 동행하지 않는다. 여기서 우리는 다음과 같은 주장을 담아낼 수 있다. 근대 자본주의의 성장과 그 결과에 대해 개신교에게 중대 범실을 물릴 수는 없다는 점이다. 이 점은 베버의 또 다른 주장에 의해 보강되는데, 곧 개신교 윤리로부터 근대 자본주의 발흥에 필요한 정신이 출현한 것은 의도치 않은 결과였다는 것이다. 그의 책에 따르면 당시 칼뱅이나 루터 교인들은 자신들의 구원을 위해 움직였을 뿐이다. 그런데 이로부터 근대 자본주의 정신이 우연히 마련되었고, 이를 통해 결국 서구 근대 자본주의가 발흥되어 유럽의 물질문명이 꽃피게 되었다는 것이다. 그러니 개신교와 서구문명의 발전은(적어도 베버의 이론을 따른다면) '어쩌다' 연결된 것이다. 둘 사이에는 의도적 연결성이나 동행의 관계가 부재하다.[1]

그러나 베버가 그 책을 완성하던 시기(1905년)에 한국에서 활동하던 서구 선교사들은 상이한 주장을 펼치고 있었다. 대부분의 선교사들은 서구 근대 자본주의의 발전과 그 결과물인 물질문명을 기독교와 동행의 관계로 소개하였다. 더 나아가, 이들은 이 둘을 의도적으로 연결시켜, 개신교를 수용하면 문명과 경제의 번영이 도래한다고 가르쳤다. 20세기 말에 나타난 서구 자본주의의 폐해를 보았다면 결코 하지 않았을 주장을 이들은 적극적으로 그리고 '편안하게'(아직 그 같은 폐해가 나타나지 않은 상황이었다는 점에서) 펼치었다. 선교사들이 이 둘의 관계를 긴밀하게 연결시킨 이유는 그것이 선교에 효과적이라고 생각하였기 때문이었다. 오랫동안 유·불·선 종교에 몰입되어 있던 조선인들에게 낯선 기독교를 포교하는 것은 쉬운 일이 아니었다. 더구나 서양 종교(천주교)에 대한 깊은 오해와 반감이 내려오고 있었다. 그러나 '다행히' 당시 조선은 부국강병을 추구해야할 상황이었기에 이 둘 간의 연결은 포교의 어려움을 쉽게 넘어설 수 있는 방안이 될 수 있었다.

---

1 베버 외에도 이러한 주장을 펼친 다른 학자들의 이론에 대해서는 Robert W. Green, 이동하 옮김, 『프로테스탄티즘과 자본주의: 베버 명제와 그 비판』, 종로서적, 1981 참조.

초기 선교사들은 이 둘의 연결을 수시로 시도하였다. 언더우드(H. G. Underwood)는 고종 황제 45세 탄신일(1896.9.2.)에 봉축가를 만들어 일반인들에게 널리 전하였는데, 그 노래 5절은 아래와 같다.

> 홀로 한 분이신 만왕의 왕이여 찬미 받으소서.
> 상주님 경배하는 나라와 백성들 국태민안
> 부귀영화 틀림없이 받겠네.[2]

황해도 소래에서 활동한 메켄지(W. J. Mckenzie) 역시 기독교와 서양문물을 연결하여 전도를 시도하였다. "이 사람['김씨']은 이미 언더우드를 비롯한 서양 선교사들을 만났으며 중국어 성경을 읽고 소지하고 있었다. 이 사람이 조선보다 뛰어난 미국의 우월성을 알고 받아들이고 있다는 점을 파악한 메켄지는 그 기회를 활용하여 기독교 복음의 위대한 이유를 보여주려고 하였다."[3] 선교사들의 이 같은 시도와 노력으로 인해 개신교는 조선인들의 의식 속에서 경제적 힘이나 풍요에 연결되었을 것이고, 이러한 이미지는 이후 선교 활동이나 교회의 양적 성장에 적지 않은 영향을 미쳤을 것이다.

기독교와 서양문물의 연결을 통해 포교를 수월케 하려는 움직임은 선교사들뿐만 아니라 개종한 조선인들 중에도 있었다. 그 예로 『성산명견』을 쓴 탁사 최병헌을 들 수 있다. 그는 이 책에서 유·불·선교에 대해 기독교를 변증한다. 소설 형식으로 진행된 이 책의 결론 부분에

---

2 김을한, 『여기 참 사람이 있다: 신문인이 본 현대사』, 신태양사, 1960, 164쪽.

3 Elizabeth A, McCully, *Corn of Wheat*, Toronto: Westminster Co, 1903, pp.119~120.

가면 세 종교 중 불교와 도교 지도자가 먼저 개종을 결심한다. 그럼에도 유학자가 개종하려고 하지 않자 전도자는 기독교 교리로 포교를 시도하지 않고 서구 문물과 기독교의 연관성을 나열하기 시작한다. "영국 여왕 빅토리아는 예수교 신자로 신약성경의 말씀을 가지고 백성을 다스리매 제위 60여 년에 영국을 천하만국 중에 제일 문명한 나라가 되게 하고 5주 세계에 맹주가 되었으며 …(중략)… 실로 유교만 못할 것이 없는지라."[4] 그의 설명이 끝나자 유교 지도자는 개종을 서두른다.

이상에서 보았듯이 기독교와 서구 물질문명은 전도의 효과를 위해 선교 초기부터 인과적 관계로 연결되어 활용되었다. 시간이 흐르면서 이 둘 간의 연관성에 대한 조선인들의 인식은 약화되었으나, 선교 초기에는 의도적이건 혹은 자연적이건 둘의 관계는 자명한 것으로 인식되었다. 당시 조선에는 서구 문물과 경제 발전을 일반 대중들에게 알려 줄 통로가 선교사 외에는 별달리 없었기 때문이다.[5] 그러나 이러한 연결이 전도에 효과적일 수 있으나 때로 문제를 발생시키기도 하였다. 예를 들어 지속적으로 언급된 '라이스 크리스천(Rice Christian)' 문제가 그 경우에 해당된다. 이 문제에 대해서는 이 글 말미에 다시 언급할 것이다.

이 글은 개신교 선교 초기 서구 물질문화의 유입과 경험의 공간으로서 선교사 사택의 역할 에 대한 연구이다. 당시 조선인들에게 서구의 물질문명이 선교사 사택을 통해 어떻게 소개되고 체험되었는지를

---

4 최병헌, 『성산명견』, 한국고등신학연구원, 2010, 163쪽.

5 류대영, 『초기 미국 선교사 연구』, 한국기독교역사연구소, 2003, 214쪽.

살펴보고자 하는 것이다.[6] 개신교를 통해 서구문물이 조선인들에게 소개되는 과정에는 선교사택 외에도 여러 경로가 존재했다. 예를 들어, 선교 초기 광범위하고 빈번하게 수행된 선교사들의 내지 여행이 그 중 하나이다. 초기 선교사들은 열심히 내지 여행을 하였고, 이들의 여행은 조선인들의 시선을 끌었다. 조선인들은 비록 짧은 시간 동안 선교사들의 '행차'를 보았겠지만, 길모어(George W. Gilmore) 목사의 언급대로 "서양인과의 단순한 접촉이 세상 사물을 바라보는 데 있어 굉장한 변화를 가져온다."고 할 수 있다.[7] 내지 여행 외에 다른 경로로는 선교사들이 세운 학교와 병원이 있다. 이 학교와 병원 역시 서양 문물이 소개되는 중요한 통로가 되었다. 그러나 본 논문은 내지여행, 학교, 병원이 아니라 선교사 사택이라는 경로를 추적하고자 한다. 여기에는 몇 가지 이유가 있다. 비록 내지 여행이 서양의 물질문화를 조선 전역에 광범위하게 보여줄 수 있지만 여행의 특성상 그것은 단기간만 가능하고, 소지할 수 있는 물품의 내용도 제한된다. 학교와 병원의 경우 지속적일 뿐만 아니라 보다 다양한 물품이 '전시'될 수 있다. 그러나 학교는 학업과 관련된 문물이, 병원은 치료와 관련된 물품이 주로 전시될 뿐이다. 달리 말해, 학교, 병원, 내지 여행 등이 서양 문물을 보여줄 수 있다 하더라도 선교사 사택만큼 전체가 지속적으로 뛰어난 '전시장'일 수는 없다. 개별 선교사와 선교 지역에 따

6 본 연구는 서구문물의 유입과 경험의 공간으로서 선교사 사택의 역할을 고찰하는 것이 주요 목적이므로, 이를 통한 선교 효과나 전도 결과는 연구의 범위를 넘어서는 것이 된다. 다만 선교사들의 사택 개방이 포교를 위한 것이었기에 이에 관한 간단한 언급만 논문 말미에 소개하고자 한다.

7 George W. Gilmore, *Korea from its Capital*, Philadelphia: Presbyterian Board of Publication and Sabbath-School Work, 1892, p.87.

라 차등은 있지만 전반적으로 볼 때 선교사 사택은 서구 문물의 집합소라 할 수 있는 공간이다. 비록 선교사들의 사택이 미국과 유럽 수준에 미치지는 못하였지만 그럼에도 불구하고 그곳은 서구식 삶이 영위되던 "문명화된 세계"였다.[8] 따라서 선교사 사택을 중심으로 기독교와 서구문물의 연결점을 살펴보는 것은 의미 있는 시도가 될 것이며, 특히 관련된 기존 연구들 중 선교사 사택만을 중심으로 한 연구가 없었음을 고려할 때 연구의 의의 또한 있을 것으로 사료된다.[9]

이 연구의 한계도 밝혀둔다. 이 연구는 지성사가 아닌 사회사적 방법으로 주제에 접근한다. 조선의 지식인들이 아니라 일반 대중들이 개신교와 서구 문물의 연관성을 어떤 경로로 인식하게 되었으며 그 인식의 내용과 결과는 무엇인지 탐색하고자하기 때문이다. 선교사들이 만난 대상은 소수의 지식인들이 아니라 다수의 대중들이다. 문제는 지식인들과 달리 일반 대중은 기록을 남기지 않아 사료가 부족하다는 것이다. 그럼에도 이들에 대한 묘사가 글을 남긴 지식인들(이 연구에서는 주로 선교사들)의 기록 속에서 발견된다. 선교사들의 기록 안에서 때로는 직접적으로 또는 간접적으로 이들 대중들의 생각과 행위가 드러난다. 다만 선교사들이 자신들의 의도나 관점에 근거해 글을 썼기에 그들의 기록을 사용하는데 있어 해석의 주의가 필요하다. 그러나 이렇게 해서라도 당시 일반 대중들의 인식을 파악해 보는 것이 서구 물질문화의 유입 통로로서의 선교사 사택의 역할을

8 류대영, 앞의 책, 57~58쪽. 일부 선교사는 선교사 주택과 단지를 "축소된 미국"이라고 칭하기도 하였다.

9 선교사 사택을 통해 서구문물의 접촉에 관한 기술들은 여러 글들에 산개하여 나타나고 있으나 이 주제만을 집중적으로 다룬 논문은 그간 부재하였다.

살펴볼 수 있는 방안이 된다.

2. 선교사 주택의 특징

본국에서 멀리 떨어진 곳에 도달한 서양인들에게 가장 시급한 사항이 있다면 그것은 거주할 공간을 확보하는 것이었다. 이들이 도착한 후 가장 먼저 하는 일들 중 하나가 주택을 마련하는 것이었다. 당시 조선의 화폐 가치는 매우 낮았으므로 좋은 주택을 확보할 재정적 여유가 이들에게 있었다. 일반적으로 이들은 높은 신분의 조선인들이 살던 주택을 구입하였고, 그 후 본국에서 살던 구조와 방식으로 집과 주변을 개조하였다. 길모어 목사는 조선에 입국한 외국인들의 주택 확보에 대해 다음과 같이 기록하였다. "외국인들은 보통 상위 계층의 집을 구입한다. 이 집들은 대지가 넓기 때문에, 적은 비용만 들이면 잔디밭, 꽃밭 그리고 종종 테니스 코트 같은 부대시설을 갖춘 쾌적한 주거지로 쉽게 개조된다."[10] 내한 선교사들도 예외가 아니었다. 다른 내한 외국인들 보다 장기간 머물 가능성이 높은 선교사와 그 가족들에게 적절한 거주 공간은 필수적인 사항이었다. 사택의 중요성을 인식하고 있는 본국 선교부도 주택 마련을 위해 조선에 도착한 선교사들에게 일정 금액을 제공하였다.[11]

---

10 Gilmore, op.cit., p.268.

11 예를 들어, 미국 남장로교 경우 주택 마련비로 2,000불 정도를 제공하였다. 이것은 1906년 기록에 따른 것인데, 당시 한국 주재 미국 공사의 연봉이 1,500불 정도였다. 감리교 선교부는 주택에 들어갈 가구도 구비해 주었다. 송현강, 「레이놀즈의 목회

내한 선교사 대부분은 본국에서 중산층의 삶을 살던 사람들이었다. 이들은 가능한 한 본국에서 살았던 방식의 삶을 선교지에서 확보하길 원했다.[12] 이런 동기로 주택을 마련하다 보니 이들 주택이 조선인들의 집에 비해 과도하게 크고 화려하였다. 평양에서 선교하던 애니 베어드(Annie Baird)는 이 문제와 관련해, “그가 여행하면서 본 어두운 사실은 바로 그 지역에서 ‘가장 높고 살기 좋은 장소’는 바로 선교사들의 집이었다는 점이다!”라고 적으며 다음과 같은 지적을 남겨놓았다. “우리 자신을 귀족 계층의 지위에 올려놓지 말라는 원칙은 특히 우리가 집을 지을 때 잘 적용된다. 아마도 선교사 생활 중에서 우리의 집처럼 악의적인 비판을 받으면서 [선교사들에 의해] 아무런 의미도 없이 무시되는 것은 없을 것이다.”[13]

초기 선교사들의 주택은 크게 세 가지 형태의 양식을 따랐다. 한옥을 개조해 만든 한양절충형, 서구식의 신축형 그리고 순수 한옥형이다. 이들 중 이 글이 관심하는 양식은 선교 초기에 빈도수가 많을 뿐만 아니라 이 글의 목적에 보다 부합하는 한양절충형과 신축형 주택이다. 가장 빈번히 나타난 한양절충식부터 살펴보자. 최초의 선교사로 알려진 언더우드, 스크랜튼(William B. Scranton), 아펜젤러(Henry G. Appenzeller)는 서울 정동 지역에 주거지를 마련하였는데, 모두 규모가 큰 한옥 기와집이었다.[14] 선교 초창기 시절이라 크게 증개축하지는

사역」, 『한국기독교와 역사』 33, 2010, 45쪽; 조선혜, 「노블 부인의 선교생활 연구」, 신학박사학위논문, 감리교신학대학원, 2013, 124쪽.

12 류대영, 앞의 책, 57쪽.

13 Annie L. A. Baird, 성신형 외 옮김, 『개화기 조선 선교사의 삶』, 선인, 2019, 40쪽.

14 아펜젤러와 스크랜튼이 구입한 한옥은 넓은 마당, 사랑채, 헛간이 딸린 1,800여 평의

못하였지만 필요한 부분은 서구식으로 수리하여 사용하였다. 언더우드 부인(Lillias H. Underwood)은 이와 관련해 아래와 같은 글을 남겼다.

> 부자였다가 몰락하였거나 또는 쫓겨난 양반들의 집을 선교사들이 비교적 싼 값으로 구입하여 수리하고 내부를 약간 유럽식으로 꾸미고 살았으며, 지저분하게 노출된 하수도를 도랑으로 덮고 마당을 꾸며 잔디를 입히고 꽃을 심어 놓아 처음 서울 도성에 들어오면 눈에 번적 뜨이게 아름다운 마을이었다.[15]

서울이 아닌 지방에서 주택 구입은 처음부터 쉽지 않았다. 그러나 시간이 지나면서 지방에서도 유사한 수준의 주택 확보가 가능했다. 평양과 선천에 지어진 선교사택들은 한양절충형을 택해 외관은 한옥, 내부는 서구식으로 하였다. "평양 미션 컴파운드에 있는 모든 선교사 주택은 흙벽에 기와를 얹은 한국식 건축으로 건설되어져 있다. 이들 주택의 외관은 기묘한 인상을 주며, 건물 자체가 불안정해 보이기는 하나, 내부는 견고한 미국식 주택 그 자체이다."[16] 이러한 한양절충형은 선교 초기에는 빈번히 사용되다가 시간이 지나면서 점차 감소하고 서구식 신축형이 주로 채택되었다.[17]

신축형의 경우 사택은 내부뿐만 아니라 외관도 완전히 서구식으로

넓은 공간을 가지고 있었다. 조선혜, 앞의 논문, 114쪽.

15 Lillias H. Underwood, 김철 옮김, 『언더우드 부인의 조선생활』, 뿌리깊은나무, 1984, 19쪽.

16 "City of Pyeng Yang", *Korea Mission Field*, 1907, pp.150~151. (정창원, 「한국미션건축에 있어서 장로교 소속 개척선교사들의 건축 활동에 관한 사적 고찰」, 『건축역사연구』, 13, 2004, 75쪽에서 재인용.)

17 위의 논문, 81쪽.

건축되었다. 흙벽 대신에 벽돌을 사용한 신축형 주택은 선교사 스스로가 건축 전 과정을 책임지는 경우가 다반사였다. 서양식 주택을 지을 수 있는 기술자들을 구하기가 어려웠기 때문이다. 전문가가 아니었던 선교사들은 건축에 많은 시간과 공을 들였다. 그럼에도 불구하고 지어진 주택은 서구에 있는 건축물에 비교해 보잘 것 없는 간단한 구조였고 완성도도 떨어졌다.[18] 그러나 주택을 본 조선인들은 "천국과 같다."고 하였고, 선교사들 역시 자신들의 주택이 조선인들에게 "궁전으로 보인다."고 하였다.[19]

신축 시 선교사 남편은 건축 전체를, 부인은 실내 내부의 세밀한 부분을 주로 맡아 진행하였다.[20] 언더우드 부인은 정동의 자택 내부를 유럽식으로 꾸몄다고 하였는데, 1906년에서 1910년 사이 대구 동산동 언덕에 신축된 세 채의 선교사택은 내 외관 모두 유럽풍 스타일을 추구하였다. 연구 보고서에 따르면 "전체적으로 보면 세 주택의 평면 배치는 스페인 풍 및 남부 식민지 풍의 형태로 계획하였고, 매스와 입면 형태는 프랑스와 네덜란드 식민 양식을 표현하였다."고 하였다.[21] 이 사례들에서 보듯이, 당시 선교사들은 유럽풍 스타일의 주택을 선호하였다. 이들은 현관에는 포오치(porch), 마루에는 양탄자, 2층에서 선룸(sum room) 등을 마련하기도 하였으며, 동절기를 위해 난방장치도

---

18 위의 논문, 70쪽; 이승우, 「대구 근대주택에 내재된 서양건축문화－동산동 선교사 주택을 중심으로」, 『한국사상과 문화』 69, 한국사상문화학회, 2013, 387쪽.

19 "Evangelistic Work of Chung Chung Province", *The Korea Mission Field*, 1906, p.162, 정창원, 앞의 논문, 71쪽에서 재인용; Annie L. A. Baird, op.cit., p.40.

20 이승우, 앞의 글, 397쪽.

21 위의 글, 396쪽.

설비하였다. 이러한 양식의 저택에서 거주하던 애니 베어드는 자신들의 집에 대해 아래와 같은 짤막한 품평을 남겼다. "우리가 섬기며 구하기 위해 온 이곳 사람들에 비하면 우리는 왕자 같이, 백만장자 같이 살고 있습니다."[22]

선교사들이 주택을 마련한 이유는 자신들만의 독립적이고 안정된 생활을 영위하기 위해서였다. 집 밖에 나서면 불편함과 함께 수많은 사람들의 이목과 접촉을 피할 수 없었는데 거주지에서만큼은 사람들로부터 분리돼 자신들의 삶의 방식과 수준에 맞는 삶을 영위할 수 있었다. 그러나 주택에 대한 이 같은 생각에도 불구하고 선교사들은 필요 시 자신들의 주거 공간을 조선인들에게 개방하였다. 그 이유는 다른 무엇보다도 포교와 관련 것이었다. 포교를 위해 선교사들은 사적 공간을 열어 개방하였고, 이때가 조선인들에게는 선교사 집에 들어가 서양인들의 생활과 물품을 직접 목도할 수 있는 기회가 되었다.

3. 선교사택 방문

1) 사택의 구조와 물품

평양 주재 선교사의 부인이었던 매티 노블(Mattie W. Noble)은 빈번히 자신의 집을 조선인들에게 개방한 인물 중 한명이다. 그녀는 "우리 집은 늘 떠들썩한 장소(Babel)였다. 각 방마다 모임이 열렸다"고 하였

22 Annie Baird, "The Relation of the Wives of Missionaries to Mission Work", *Korea Repository* 2, 1895, p.418.

다.[23] 이 보고서를 보내기 1년 전인 1896년에 이 주택을 마련한 노블가족은 마당을 새로 정비하여 정원을 꾸몄고, 집 주위에 식물들을 심었으며, 실내에는 양탄자를 깔고 미국에서 보내온 의자들과 안락의자를 비치하였다. 이렇게 꾸며진 주택은 조선인들에게 "큰 구경거리였다. 50km가 넘는 거리를 걸어서 구경 온 사람들도 있었다. …(중략)… 생활 속에 다가온 [서구] 문명을 실감할 수 있는 곳이었다."[24] 당시 노블 주택의 실내를 보여주는 그림이 남아있는데, 이는 부인의 딸 루스(Ruth)가 자신의 일기장에 묘사한 부인의 방으로, 살펴보면 조선이 아닌 서양의 어느 집 방처럼 꾸며져 있다는 것을 알 수 있다.[25]

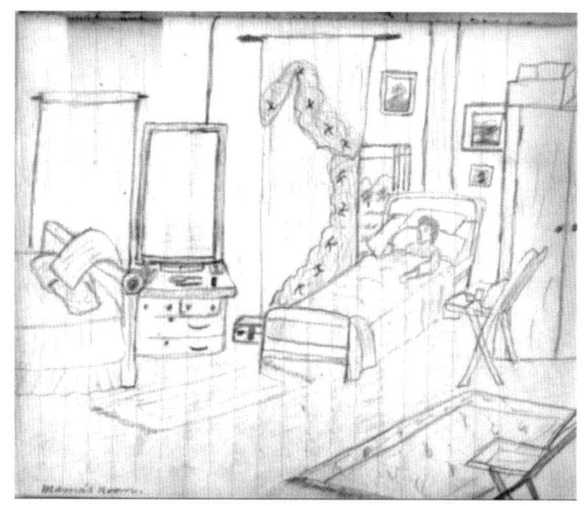

23 ARMEC(미감리교해외여선교부연례보고서), 1897, p.139. (조선혜, 앞의 논문, 127쪽에서 재인용.)

24 위의 논문, 128~129쪽.

25 그림 출처는 위의 논문, 132쪽.

문물과 삶을 목격할 수 있는 기회는 베어드 선교사 주택에서도 제공되었는데, 그 집 역시 거실에는 돗자리 위에 융단이 깔려있었고, 입식 생활을 위한 탁자와 의자가 놓여있었으며, 거실 한쪽 끝에는 타자기, 재봉틀, 풍금과 같은 문명의 이기들도 있었다. 애니 베어드는 "모든 것이 방문객에게는 낯설고 신기하게 보였다. 산신령님들이 사는 곳을 제외하고는 이 세상에 이런 곳이 또 있을까요?"라고 하였다.[26] 그녀는 당시 조선인들이 "조리용 스토브, 탁자, 비누 등을 한 번도 본 적이 없고, 요리 재료인 흰 밀가루, 설탕, 버터, 우유, 라드, 차나 커피 등에 대해 전혀 알지 못하는" 상태라고 기록하였다.[27]

베어드나 노블 선교사 집에 있던 물건들은 선교사들이 일반적으로 보유하던 일상적 물품이었지만 조선인들에게는 매우 생경하면서도 놀라운 것들이었다. 특히 풍금과 재봉틀은 가장 관심이 높은 품목이었다. 헌트(Everett N. Hunt)는 서울의 헤론(John W. Heron) 선교사 집을 방문한 조선 여인들의 "사택 투어"를 언급하면서 "조선 여인들이 변함없는 호기심을 가지는 대상은 풍금, 재봉틀 그리고 주방용품이었다"고 하였다.[28] 이 중 풍금은 크고 독특한 외관 외에도 그것이 내는 소리로 인해 조선인들의 이목을 끌었다. 1897년경에 있었던 노블 선교사 사택에서의 풍금 연주는 아래와 같은 기록을 남기게 되었다. "그날 우리 집에 여성 모임이 있었다. 100명 가량이 현관과 거실에 비좁게 들어 차 있었다. 풍금이 미국에서 막 도착했을 때였다. 그들

---

26 Annie L. A. Baird, 심현녀 옮김, 『어둠을 헤치고』, 다산글방, 1994, 62쪽; 위의 논문 131쪽에서 재인용.

27 Annie L. A. Baird, 성신형 외 옮김, 앞의 책, 69쪽.

28 Everett N. Hunt, *Protestant Pioneers in Korea*, New York: Orbis Books, 1980, p.63.

은 난생 처음으로 서양 악기에서 퍼져 나오는 음악소리를 듣고 즐거워하였다."[29] 풍금소리를 들은 조선인의 기록 또한 남아있는데, 노블부인이 편집한 『승리의 생활』에 나오는 김세지의 글이다.

> 1897년 어느 때 일이다. 노블부인이 미국 있는 그의 친구의 보조를 받아 우리 남산재 예배당을 위하여 조그마한 풍류 하나를 사왔는데 이는 당시 조선 우리 북도 지방에서는 처음 있는 서양악기였다. 예배당에 풍금을 갖다놋던 첫 주일은 노블부인에 타는 풍류소리를 듣고 일반 교우들이 크게 기뻐하는 중 나의 남편은 기쁨의 감격이 되어 춤을 추고 눈물을 흘리며 찬송을 불렀다.[30]

풍금에 대한 이 같은 반향으로 인해 풍금의 유무가 교회 전도에도 많은 영향이 주기도 하였다. "올해 초, 조그만 풍금을 연주함으로 우리는 조용히 경청하는 신도들로 가득한 교회를 이룰 수 있었는데, 그 수가 종종 100명을 넘었다. …(중략)… 풍금을 계속 사용할 수 없게 되자 회중들의 수가 급격히 1/4 이하로 떨어졌다."[31]

서양의 거울 역시 조선인들에게는 생경한 물품이었다. 당시 조선에는 구리로 만든 색경이라는 거울이 있었지만 잘 비쳐지지도 않았을 뿐 아니라 크기도 작아 얼굴 정도만 비출 수 있었다. 그에 비해 서양의 거울은 상도 뚜렷할 뿐만 아니라 전신을 비춰주었기에 처음에는 오해

---

29 Annie L. A. Baird, 「한국 기독교 초기 기독교인들」, 『은자의 나라 문에서』, 104~105쪽; 조선혜, 앞의 논문, 234쪽에서 재인용.

30 Mattie W. Noble, 『승리의 생활』, 조선야소교서회, 1927, 43~44쪽.

31 William A. Noble, "Rev. Noble's Report", *Annual Report of Methodist Episcopal Church*, 1894, p.245.

와 실수도 생겼다. 아래 글은 거울을 처음 본 조선인들에 대한 노블 선교사 부인의 글이다. "거실 벽면에는 커다란 거울이 있었다. 주변 사람들과 반갑게 인사를 나눈 한 여성은, 세 번씩이나 거울에 비친 자신의 모습을 향해 인사하였다. 그러나 슬프게도 상대방은 대답은 하지 않고 미소만 띄운 채 소리 없이 입술만 달싹거렸다."[32] 처음으로 서양 거울을 본 방문자의 반응이 당시 서구 문물을 새롭게 접한 조선인들의 상황을 어느 정도 나타내어 준다고 하겠다.

사택을 방문한 조선인들은 서양 물품을 눈으로 보는 것 외에도 다른 방식의 체험을 할 수 있었다. 선교사들은 방문 온 조선인들에 종종 먹을 것을 제공하였다. 사탕과 같은 기성 제품은 물론, 자신들이 직접 만든 음식을 내놓기도 하였다. 방문자들은 이 음식들을 맛보며 새로운 경험을 가질 수 있었다. 두 명의 조선 여인들을 집으로 초대한 황해도 소래의 펜윅(Malcolm C. Fenwick) 선교사는 '과일 케이크'와 관련해 다음과 같은 글을 적었다.

> 토론토와 디트로이트에 있는 친구들로부터 선물상사를 받았기에 나는 대접할 준비를 하였다. 나는 이 조선 여인들이 내가 일부러 '벌려놓은' 물건들을 어떻게 생각했는지는 잘 기억나지 않지만, 내가 먹어본 것 중 가장 달다고 할 수 있는 과일 케이크를 이들이 얼마나 맛있게 먹었는지는 결코 잊을 수 없을 것이다.[33]

---

32 Annie L. A. Baird, 「한국 기독교 초기 기독교인들」, 104~105쪽; 조선혜, 앞의 논문, 235쪽에서 재인용.

33 Malcolm C. Fenwick, *The Church of Christ in Corea*, New York: Hadder & Stoughton, 1911, p.20.

조선인들의 방문을 받은 선교사들은 이들이 구경을 마치고 집으로 돌아갈 때 선물을 주곤 하였다. 선물의 내용은 이들이 좋아할만한 것으로 택해졌다. 언더우드는 성탄절에 초청된 학생들에 "팽이, 연필 깎는 칼, 공 등"을 주었으며 "사탕이나 케이크, 오렌지 같은 것들도 잊지 않았다."[34] 조선에 장기간 거주하던 선교사들이 이렇게 외국 물건을 지속적으로 제공할 수 있었던 것은 이들이 여러 경로를 통해 서양 물품들을 확보했기에 가능하였다. 이들은 본국 친지에게 부탁하거나 일본과 중국으로부터 물건을 주문하였고, 때로 본국의 구매 대행사를 통해 구입하기도 하였다.[35] 이렇게 확보된 물품들은 사택에 보관 후 사용되었는데, 서울에 주택을 마련한 알렌(Horace N. Allen) 선교사는 자신의 집에 보관된 물건의 양이나 내용이 어느 정도인지 가늠해 볼 수 있는 기록을 남겨 놓았다. "우리가 드디어 서울에서 살림 차리기를 마쳤을 때, 우리는 고향 마을의 식료품점 같은 저장고를 가지게 되었다."[36]

조선인들은 선교사 주택과 물품을 구경하는 것을 넘어 선교사들이 살다가 온 나라의 모습을 볼 수 있는 사진엽서를 얻기도 하였다. 이 엽서의 사진이 무엇이었는지는 정확히 알 수 없지만 그것은 분명 서양 세계에 대한 것이었을 것이다. 조선인들이 이런 사진에 호기심이

34 Lillias H. Underwood, 이만열 옮김, 『언더우드: 조선에 온 첫 번째 선교사와 한국 개신교의 시작 이야기』, 기독교문사, 2015, 114쪽.

35 조선혜, 앞의 논문, 139쪽, 220~221쪽.

36 Horace N. Allen, "Greetings", *Quarto Centennial Papers read before the Korean Mission of the Presbyterian Church in the U. S. A.*; George L. Paik, *The History of Protestant Mission in Korea 1832~1910*, Pyongyang: Union Christian College, 1919, p.90에서 재인용.

많아 받기 원하는 사람이 많았기에 선교사들은 때로 사진엽서를 본국에 요청하기도 하였다. 평양의 홀(William J. Hall) 선교사는 아래와 같은 글을 선교잡지에 올렸다. "할 수 있는 한 모든 사진엽서를 모아 주세요. 이미 사용된 것도 좋습니다. 이 사진 뒷면에 성경 구절을 붙여 조선 청소년들에게 나누어 줄 것입니다. …(중략)… 사진엽서를 우편으로 저에게 보내주세요."[37] 이 부탁을 올린 지 4개월이 지난 후, 홀 선교사는 동일한 잡지에 그 결과를 게재하였다. "나의 부탁에 대한 호응의 결과로 나는 사진엽서와 편지가 들어있는 소포 수백 개를 받게 되었다."[38]

2) 사택 방문 경로 및 시기

조선인들이 선교사택 안으로 들어갈 수 있는 기회는 일반적으로 선교사가 초청을 하였을 때였다. 조선인들은 선교사의 사택이나 단지("컴파운드")에 허락 없이 들어가는 것이 쉽지 않았다. 이는 선교사택의 방문이 선교사 주도적으로 결정되고 진행되었다는 것을 의미한다. 선교사들의 초청 결정은 필요 시 이루어졌으므로 사택 방문은 주로 부정기적으로 발생하였다. 그러나 정기적인 방문도 반복되어 일어났는데, 특히 특별한 절기에 이루어지는 경우가 많았다. 여기서 절기는 성탄절과 같은 교회 절기가 해당되지만 때로는 조선의 전통 절기도 포함되었다. 선교사들은 전통 절기의 특별함을 수용하여 자

37 William J. Hall, "Pioneer Missionary Work in the Interior of Korea", *Chinese Recorder and Missionary Journal* 25, 1894, p.316.

38 William J. Hall, "Missionary Work in Korea", ibid., 1894, p.537.

택을 개방하였다. 먼저 성탄절과 관련된 방문에 대해 살펴보자. 선교사들에게 성탄절은 개인적으로 그리고 선교적으로 매우 중요한 날이었다. 이때가 되면 선교사들은 선교사들끼리 축하 모임을 가졌을 뿐만 아니라 조선인들 자택에 초청하기도 하였다. 이들은 서양식으로 성탄절 장식을 준비하여 찾아오는 조선인들에게 보여주었다. 서북지역 재령에 정착한 휘팅(H. Whiting) 선교사는 다음과 같은 글을 썼다. "월요일, 우리는 트리를 다듬고, 상록수로 집을 꾸미고, 화환을 창문과 현관문에 달고, 사탕을 봉지 안에 넣고, 선물 준비를 마무리하면서 포장을 해야 했습니다."[39] 조선 도착 후 서울에서 지내던 노블 가족도 1893년과 1894년 연이어 조선인들을 초청하여 성탄 모임을 가졌다.

> 며칠 전 우리 한글 선생을 시켜 이웃 여성들에게 오늘은 중요한 축제일이므로 오후에 와 달라고 초청장을 만들었다. 모두 9 가정에 보냈다. 주일애오개에 갔을 때 나는 그곳 여성들도 초청하며 오후에 오라고 하였다. 내가 초대한 이들보다 더 많은 이들이 내 계획을 듣게 되었고 그들도 오리라고 생각했다. 중앙에 커다란 테이블을 놓고 그 위에 견과류, 오렌지 케익을 차려 여성들을 대접하고자 하였다.[40]

이런 방문을 준비할 때 선교사들은 개종자만 아니라 일반인의 방문도 받아들였다. 포교의 필요성 때문이었다. 서울서 성탄절 행사를 치룬 루이스(E. A. Lewis) 선교사는 "사람들을 더 받아들일 수 없을 만큼

---

39 Harriette Whiting, "Our First Christmas at Chai Ryung", *Korea Mission Field*, 3, 1907, p.27.

40 *The Journals of Mattie Wilcox Noble 1892~1934*, 한국기독교역사연구소, 1993, 1893년 12월 25일, 39쪽; 조선혜, 앞의 논문, 173쪽에서 재인용.

방 마다 가득 찼다. 사람들을 제어하는 것이 불가능하였다.…(중략)… 과일과 사탕이 들어있는 봉지는 모든 교인들에게 나누어 주었고, 학교 학생들에게는 종이와 연필과 착색된 명주실을 주었으며, 일반인들은 사진엽서로 만족해야 했다."고 하였다.[41]

선교사들은 기독교 절기뿐만 아니라 조선의 절기 때도 자택을 개방하였다. 대표적인 경우가 설날이다. 당시에도 설날이면 친지나 윗사람을 찾아가 인사나 세배를 하는 것이기 풍습이었기에 선교사들은 설날에 조선인들을 맞이하였다. 언더우드 선교사의 부인인 릴리어스는 설날과 관련해 아래와 같은 기록을 남겼다. "설날 외국인들과 한국인들이 친구들을 방문하는 것은... 한국의 오랜 풍습이었다... 한국의 높은 관리 양반...에서부터 선교사들, 교회 신도들, 교사들, 세배를 하러 오는 어린 학생들에 이르기까지 모든 사람들이 언더우드를 방문했다."[42] 설날 외에도 조선의 최대 명절 중 하나인 단오절이나 심지어 석탄일에도 선교사의 집은 개방되었다. 이 날이 외국 선교사의 종교와는 아무런 관련성이 없는 날들이었음에도 불구하고 조선인들에게는 큰 명절이었기에 이들의 방문을 받아들였다. 한 전도부인의 글이다.

> 그 해[1890년] 5월 일이다. 그 때나 지금이나 4월 8일, 5월 5일이면 장안 부녀들이 각처 사찰이나 남대문 밖과 동대문 밖 관왕묘나 그밖에 여러 곳을 돌아다니며 구경하는 풍속이 있는 데 마침 그해 4월 8일(음력)이 되니 서양 부인이 나와서 사는 모양과 집구경을 하겠다고 장안 남북촌 부녀들이 혹은 교군도 타고 혹은 장독교도 타고 또 장옷도 쓰고 오늘 이들

---

41 E. A. Lewis, "A Holocaust of Fetishes", *Korea Mission Field* 2, 1906, p.134.

42 Lillias H. Underwood, ibid., p.115.

> 이 로부인집에 구름같이 모였다. 나는 천여 명이나 되는 그들을 안내하여 이리저리 다니면서 설명하기에 하루 동안 정신없이 지낸 일도 있다.[43]

이 같이 절기는 조선인들이 선교사들의 주거공간에 들어가 구경을 할 수 있는 정기적인 기회였다. 한편, 조선인들의 뜻에 따라 선교사가 자신의 집을 개방하는 경우도 있었다. 최종 결정은 주인의 몫이었지만 선교사들은 요청에 따라 자신의 주택을 공개하기도 하였다. 길모어 목사는 아래와 같은 기록을 남겼다.

> 나에게는 매우 훌륭하고 점잖은 키 작은 한국어 교사가 있었다. 그는 정기적으로 나를 방문하였으며, [집 안에서] 본 것들에 놀라는 모습을 보였다. 약 3개월 동안 나를 방문한 어느 날 그는 우리 집과 세간들을 보여주기 위해 자기 부인을 데리고 와도 되는지 물어와 깜짝 놀랐다.[44]

이러한 조선인들의 요청 중에는 단순히 선교사 집을 구경하기 위해서가 아니라 자신의 지인들을 전도하기 위해 사택 방문을 요청하는 경우도 있었다. 선교사 사택을 보여주는 것이 지인 전도에 효과가 있다고 생각하였기 때문이다. 선교사들은 이 요청을 수락하곤 하였다.[45]

3) 방문자들의 반응

선교사 저택에서 선교사들의 물품과 라이프 스타일을 직접 목격한 조선인들 대부분은 공통적인 반응을 보였다. 곧, 놀라움과 신기함 그

---

43 Mattie W. Noble, ibid., p.56.

44 Gilmore, op.cit., pp.87~88.

45 조선혜, 앞의 논문, 236쪽.

리고 찬탄이다. 서구 근대 자본주의의 발전과 그 결과물인 물질문명을 처음 대면한 조선의 일반 대중들에게 그러한 반응은 어쩌면 자연스럽고 당연한 것이었을 것이다. 이러한 반응에 대해서는 위에서 사용한 인용문들 속에 몇 차례 언급되었지만 여기에 좀 더 부가하여 살펴보자. 선교사 사택을 둘러보기 위해 실내에 들어선 조선인들에게 가장 먼저 눈에 띤 것 중 하나는 천장의 높이였다. 조선 가옥의 천장 높이에 비해 선교사택의 천장이 월등히 높았기 때문이다. 이런 높은 천장은 특히 신축형에서 관찰되었을 것이다. 낮은 천장에 익숙했던 조선인들에게 선교사 집에 들어가자 바로 느끼게 되는 높은 천장은 신기하고 놀라웠을 것이다. 서북지역 재령에 정착한 휘팅(Harry C. Whiting) 선교사의 딸 헤리에트(Harriette)는 "선교사 주택은 끝없는 관심의 원천"이라고 하면서 "선교사 사택의 천장 높이가 조선인들 집과 달라 이를 매우 놀랍게 생각한다."고 하였다.[46]

천장 외에도 조선인들의 주목을 받은 것은 (특히 동절기에) 선교사택에서 작동되고 있는 난방장치였다. 조선인들에게 보일러나 난로로 유지되는 주택 난방은 이해가 쉽지 않은 대목이었다. 난방장치에 대한 조선인들의 반응은 한 조선 여인("Esther Kim Pak")에 대한 글에서 잘 예시되고 있다. "그녀는 커다란 철제 틀[보일러 혹은 난로]에 불을 떼는 선교사들을 보고 매우 이상하게 생각하였다. …(중략)… 자신들의 방식과 달리, 앉고 자는 방바닥을 따뜻하게 하지 않고도 어떻게 집안의 따뜻함을 유지할 수 있는지 의아해 했다."[47]

---

46 Harriette Whiting, "The New Home", *Korea Mission Field* 3, 1907, p.39.

47 Rosetta S. Hall, *With Stethoscope in Asia: Korea,* McLean, Va., MCL Associates, 1978,

선교사택에 들어와 서구의 물품과 삶을 눈으로, 손으로 때로는 입으로 경험한 방문자들은 앞서 언급했듯이 집으로 돌아갈 때 '선물'을 받아가곤 했는데, 이 때 받은 선물들이 이후 조선인들에게 어떻게 이해되었는지 혹은 어떻게 사용되었는지에 대한 기록도 존재한다. 평양의 애니 베어드는 "심씨(Sim Ssi)"라는 조선인에 대해 기록을 남겼다. 이 조선인은 선교사 사택을 방문하였고, 거기서 밝은 색 포장레벨이 붙어 있는 토마토 캔을 발견하였다. 결국 "심씨"는 그 캔을 받아 집으로 돌아오게 되었다. "심씨는 밝은 색 레벨이 붙은 토마토 통조림에 마음이 끌렸다. …(중략)… 방문 후 집에 도착한 심씨는 토마토 캔에서 라벨 종이를 뜯어낸 다음 그것을 벽에 붙여 장식으로 사용하였다. 그녀가 높은 선반위에 올려 논 통조림 캔은 동전을 넣는 통으로 사용하였다."[48] 단순한 통조림 캔, 그것도 이미 사용한 빈 통과 종이 라벨조차 조선인들에게는 '매혹'적인 대상이다. 이런 관심에 부응하고자 선교사는 그에게 빈 통조림통을 주었고 그는 이것을 자신만의 특별한 방법으로 사용하였다.

때로 선물로 받은 서양물품에 대한 지식 부족으로 인해 오해나 오용이 발생하기도 하였다. 위에서 언급한 "심씨"의 통조림 통 활용도 일종의 오용이지만 이보다 더 심한 오용도 발생할 수 있었던 것이 당시 상황이었다. 게일(James S. Gale) 선교사는 성탄절에 비누 선물을 받은 한 조선인("Ye")의 반응과 관련해 다음과 같은 글을 남겼다. 비록 게일의 상상력이 개입되어 있지만 그럼에도 그가 조선에 살면서 얻

p.197.

48 Annie L. A. Baird, *Daybreak in Korea*, NY: Fleming H. Revell, 1909, p.66, p.69.

은 경험을 근거로 쓴 글이므로 당시 서양 물품에 대한 조선인들의 반응의 일면을 추론해볼 수 있는 기록이라 할 수 있다.

> 그는 성경과 수건과 비누를 받았다. …(중략)… 그런데 비누, 그것은 미스터리였다. 이건 무엇인가, 어디에 쓰는 물건인가? 그는 비누 냄새를 맡아보았는데 냄새가 좋았다. 비누를 조금 먹어 보았는데 그 맛은 향과 달리 좋지 않았다. 그럼에도 맛이 좋아질 거라고 생각해 그것을 가지고 집으로 돌아가는 길에 마저 먹어 버렸다. 그는 마을 사람들에게 미국 음식이 조선 사람들의 입맛에 전혀 맞지 않고 단지 그들에만 맞는다고 말했다. 소문은 사방으로 퍼져나갔다.[49]

이상에서와 같이 조선인들에게 선교사들의 집과 물품들은 신기하고 경이로운 대상이었다. 이들의 주거 환경과 삶의 모습은 조선인들에게 부러움의 대상이 되었고, 이로 인해 그 공간은 자주 "천국"으로 표현되었다.[50]

4) 주택과 포교

선교사택 방문과 그로 인한 조선인들의 개종 문제는 주택 개방의 근본 동기가 선교였다는 점에서 관심 대목이 될 수 있다. 그러나 이 둘 간의 인과관계를 파악하는 것은 극히 어렵다. 사택 방문으로 인해 개종하게 되었다는 진술이 선교사나 조선인들에게서 쉽게 나올 수 있는 진술이 아니기 때문이다. 다만 이러한 방문을 통해 조선인들이

---

49 James S. Gale, "Happy Ye", *Korea Mission Field* 2, 1906, p.98.

50 Mrs. H. W. Lampe, "After one year", *Korea Mission Field* 7, 1911, p.254.

서양 문물의 우월성과 힘을 인식하게 되는 계기가 되어 궁극적으로는 기독교 선교에 도움이 되었다는 점은 주장할 수 있다. 다만 본 연구가 선교사택 방문 및 그로 인한 전도에 관한 것이 아니므로 이에 대해 논의를 전개하기 보다는 선교사들이 자신들의 주택을 활용하여 포교를 적극적으로 펼쳤다는 점만 밝히고자 한다. 다시 말해, 서구식 주택과 삶을 목도하면서 신기해하고 찬탄하는 방문자들에게 선교사들이 펼친 포교 활동을 살펴보자는 것이다.

서울의 언더우드 부인은 사택을 개방하여 조선인들의 방문을 받는 것이 결코 손쉬운 일이 아니라고 언급하면서도 이들의 방문을 전도의 기회로 삼았다.

> 수많은 여인들이 우리 집을 구경하려고 방문한다. 바쁜 가정주부가 빵 굽기 혹은 아기 돌보기 등을 모두 포기하고 수시로 각처에서 찾아오는 이들을 응대할 준비를 하는 것은 쉬운 일이 아니다. 이 여성들에게 복음의 진리는 조심스럽게 전해졌고, 그들 중 많은 이들이 소책자들과 전단들을 받고 돌아갔다.[51]

또한, 단순히 책자나 전단을 나누어 주는 방식을 넘어 방문자들에게 서구 문명의 우월성을 주택을 통해 보여준 후 서양 종교를 조선의 전통종교들과 대비시키는 방식으로 전도 효과를 높이려는 시도도 수행되곤 하였다. 길모어 목사의 글이다.

> 그해 어느 날 일군의 조선 여인들이 한꺼번에 모여왔다. 이들이 원하는

51 Lillias H. Underwood, "Women's Work in Korea", *Korean Repository* 3, 1896, p.62.

> 목적은 바로 미국사람들의 집에 들어와 구경하는 것이었다. …(중략)… 조선인들의 집에는 우리가 안락함이라 부를 수 있는 것이 없다. …(중략)… 확실히 유교와 불교 신자들에게 "우리 종교가 다른 것은 몰라도 더 많은 안락함을 확보하고 더 많은 삶의 즐거움을 가능하게 했다는 점에서 당신들의 종교보다 우월하다"고 말하는 것은 효과적인 논증인 것 같다.[52]

선교사뿐만 아니라 조선인 전도자들도 선교사택을 구경 온 자들에게 주택을 활용하여 전도를 하였다. 최병헌이 글로 포교하였다면, 이 전도자는 눈에 보이고 손으로 만져지는 서양 주택과 물건으로 전도를 한 것이다. 노블 부인과 동행하던 한 전도 부인에 대한 기록이다.

> 그들은 우리를 따라 [선교사택] 구역 안으로 들어왔다. 집안으로 들어와서는 놀라와하며 즐거워했다. "오, 천국처럼 아름답군요."그러자 전도부인은 "우리 백성이 이렇게 삽니까? 아니죠, 그러나 이 여성은 하나님을 섬기니 하나님께서 이 낯선 나라에서 예쁜 집에 살도록 허락해주신 겁니다."라고 말했다.[53]

선교사 주택과 그곳에서 영위되던 서구식 삶은 선교사들에게나 조선의 전도자들에게 포교의 가능성을 높일 수 있는 방안으로 인식되었다. 이러한 포교 행위가 얼마나 개종과 교회성장의 직접적인 동기로 작동되었는지는 확인이 어려우나 선교에 적지 않은 도움이 된 것은 사실일 것이다.

---

52 Gilmore, op.cit. p.87.

53 *The Journals of Mattie Wilcox Noble 1892~1934*, 1903.10.28., 112~113쪽; 조선혜, 앞의 논문, 237쪽에서 재인용.

4. 부정적인 결과들

선교사들의 주거 공간이 서구문명에 대한 경험의 통로로 작동되어 선교에 도움이 될 수 있었으나 때로는 이로 인해 문제가 발생하기도 하였다. 조선인들의 의식 속에서 개신교와 물질문화가 상호 연결됨으로써 선교사들은 불필요한 곡해나 곤란한 문제에 직면해야 했다. 가장 빈번한 문제는 '라이스 크리스천'들의 출현이었다. 이 문제의 근본적 원인은 선교사들과 그들의 종교가 가지게 된 물질적 이미지 때문이었다. 당시 선교사들은 '라이스 크리스천'의 문제로 인해 수시로 고충을 토로하였다. 청주에서 선교하던 카긴(Edwin Kagin) 선교사의 기록이다.

> 많은 조선인들은 선교사가 무한정 돈을 공급해 줄 준비가 되어있는 사람이라는 생각한다. "이자를 부쳐 돌려 줄 테니 서울서 학교 다니고 있는 딸아이의 학비를 낼 수 있게 200불만 빌려주기 바랍니다." …(중략)… 최씨["Choe"]가 지인을 보냈다. 이 사람이 선교사들 앞에서 최씨의 필요를 열심과 애절함으로 설명한 후 그가 새집을 짓기 위해 필요한 재료 구입비 5불을 빌려달라고 요청했다.[54]

만약 선교사들이 이런 부탁을 거절하면 이들은 선교사의 종교에 무관심하여 다시 나타나지 않곤 하였다. 원산에서 활동하던 멕길(William B. McGill) 선교사는 "박씨["Pak"]라는 사람이 자기 이름을 교인 명부에 등록시켜 주고 가능한 한 속히 세례를 받게 해달라고 부탁했

---

54 Edwin Kagin, "In Difficulties", *The Korea Mission Field* 5, 1909, pp.145~146.

다. …(중략)… 내가 돈을 빌려주기를, 팔아서 이윤을 추구할 목적으로 의약품을 주기를 거절하자 그는 더 이상 나를 보러오지 않았다." 고 하였다.[55] 전주에서 선교활동을 하던 레이놀즈(William D. Reynolds) 선교사는 선교잡지에 다음과 같은 개탄의 글을 남기기도 하였다. "얼마나 자주 우리는 '교리를 공부하면 얼마나 받을 수 있나요?'라는 질문을 계속 받고 있는지요."[56]

이런 일을 수시로 겪어야 했던 선교사들은 '영적 분별력'이 필요하다는 주장까지 하게 되었다. 선교를 위해 재정을 써야 하는 상황이 있는 만큼 돈을 주어야 할 사람과 '라이스 크리스천'을 구별하는 것이 필요했기 때문이다. 서울의 스크랜턴은 "우리가 처리해야 할 어려움은 아직도 신앙으로 빵을 얻을 수 있다는 마음을 가지고 있다는 것이다. 극도의 주의가 필요하다. …(중략)… 우리는 '영을 분별'하는 능력을 키워야 하고 이를 위해 기도해야 한다."고 하였다.[57]

한편, 선교사들의 물질적 이미지는 단순히 '라이스 크리스천'의 출현을 넘어 완전히 곡해라 할 정도에 이르는 경우를 만들어 내기도 하였다. 아래에 기록된 내용은 지금의 상식으로는 일어날 수 없는 일이었지만 당시 상황에서는 발생할 수 있는 일이었다.

서울 근교에서 일어난 일이다. 한 무리의 '크리스천들'(?)이 들어와 머

---

55 William B. McGill, *Annual Report of Methodist Episcopal Church*: Korea, 1894, pp.241~142.

56 William D. Reynolds, "The Native Ministry", *The Korea Repository* 3, 1896, pp.200~201.

57 William B. Scranton, *Annual Report of Methodist Episcopal Church:* Korea, 1895, p.243.

> 리가 땅에 닿을 정도로 정중히 인사를 하였다. 몇 가지 질문 후, 이들이 성경을 한 번도 읽은 적이 없었다는 것이 드러났다. 조금 더 질문하자 이들은 새로운 철도사업에서 일자리를 얻기를 절실히 바라고 있다는 것이 드러났는데, 이들은 그 철도 사업이 교회가 실행하는 일 중 하나라고 인식하고 있었다.[58]

이들은 함께 기도하는 시늉도 하였다. 이렇듯 기독교를 물질문명과 혼돈하면서 궁극적으로는 교회를 통해 필요한 물질을 확보하려는 일까지도 생기게 되었다.

선교 초기에 일어났던 기독교와 물질문화의 이러한 연결은 한 가지 중요한 부정적 이미지를 한국 교회 안에 심어놓게 되었다. 바로 기독교가 부와 풍요와 번영의 종교로 인식되는 계기가 마련된 것이다. "개신교 윤리"를 설명한 베버도 지적하였듯이, 초기 개신교 신도인 청교도들은 청빈을 중시하며 그것을 중심으로 자신들의 삶과 정체성을 구축하였다. 그러나 한말 조선인들의 눈에 비친 선교사들의 삶은 그렇지 않았다. 설령 선교사들이 청빈과 근검의 삶을 살기 위해 노력하였더라도 이들의 삶의 수준이 조선인들의 그것과 심하게 격차가 커서 그들의 청빈이 청빈으로 인식될 수 없었다. 더구나 선교사들은 자신들의 경제적 우위를 활용해 포교의 가능성을 높이려 하였다. 이에 일부 선교사들은 선교사들의 물질 향유가 일으킬 수 있는 위험을 우려하여 경고를 발하기도 하였다. 그럼에도 이들은 이 향유로부터 쉽게 벗어나지 못했다. "절대 다수의 선교사들은 한국에 와서도

---

58 *The Independent* 2, 1897.5.22.

그 동안 미국에서 몸에 익은 편안한 중산층의 삶을 완전히 극복하지 못한다. 즉 그들은 불편한 한국적 환경에 맞추어 자신들의 생활을 근본적으로 변화시키기 보다는 몸에 익숙한 대로 살기 위해 노력하는 경향을 보였다."[59] 이런 경향이 계속 이어지는 상황에서 부와 번영의 추구가 초기 한국 교회에서 터부시되기는 힘들었을 것이다. 그보다는 물질에 대한 추구가 개신교 신앙 안에 자리 잡는 계기가 마련되었을 가능성이 높다. 설령 이렇게 까지는 아닐지라도 적어도 청빈의 개념이나 청빈한 삶에 대해 가치가 한국 교회 안에 신앙의 토대로 자리 잡기는 쉽지 않았을 것이다.

5. 맺음말

초기 선교사들의 주택은 단순히 선교사들의 사적 공간이 아니었다. 그 곳은 이제 갓 문명 세계에 눈을 뜨기 시작한 조선인들에게 서구 문물이 소개되는 장소였다. 당시 서울을 제외한 전국 주요 도시에서 서구 문물이 눈앞에서 '전시'될 수 있는 공간은 선교사 사택 외에 거의 전무하였다. 서구 상인들조차 때로는 지방에 있는 선교사들의 도움을 받아 상행위를 펼칠 정도였다. 이런 선교사들의 주택을 통해 조선인들은 근대 서구 자본주의가 발흥시킨 물질문화의 편린들을 오감으로 체험할 수 있었다. 선교 초기 조선인들에게 기독교와 물질문명은 별개로 구분되지 않았다. 선교사들이 부와 번영을 통해

59 류대영, 앞의 책, 57쪽.

기독교 포교를 기획하고 수행하였기 때문이다. 이러한 과정을 통해 조선인들의 의식 속에서는 기독교와 서구 문물이 분리됨 없이 혼합되어 자리 잡는 계기가 되었다. 이러한 결과가 이후 전도나 한국 교회 성장에 구체적으로 어떤 영향을 끼치게 되었는지 살펴보는 것은 관심 대목이 될 수 있으나 이는 본 연구의 범위를 넘어서는 것이기에 차후 연구로 제안하고자 한다.

제2부

서구 과학과 철학의 도입, 그리고 변형

기이한 근대: 『점석재화보』에 나타난 '격치'의 시각적 재현

이성현

1. 머리말

중국이 외래의 사유와 접촉하여 사상적인 거대한 변화를 맞은 것으로 거론되는 대표적인 두 사례는 불교의 전래와 서학의 전래이다. 도가를 위시한 중국의 전통적인 개념으로 새로운 불교의 사상을 수용하기 시작했던 격의(格義)와 비슷한 과정이 서학의 수용에서도 반복된다.[1] 여기서 전통은 새로운 것의 날카로운 모서리를 다듬음으로써 그것이 줄 수 있는 충격을 완화하여 수용할 수 있는 바탕을 제공하는 틀이 되는 한편[2], 그 새로운 것의 오역, 오독, 불완전한 이해를 필연적으로 수반하게 된다. 어떤 면에서 새로운 사유는 전통의 틀로 다듬어진 이후에도 여전히 제대로 수용되기 힘들었다. 서학의 핵심

---

1 한성구, 「중국 근현대 "科學"에 대한 인식과 사상 변화」, 『중국인문과학』 31, 중국인문학회, 2005, 448~449쪽.

2 해리 하루투니언, 윤영실·서정은 옮김, 『역사의 요동』, 휴머니스트, 2006, 73쪽.

적인 요소 중 하나인 과학의 경우에도 처음부터 과학적 세계관을 수용한 것이 아니라 격의의 과정을 거쳤다.

마테오리치가 중국 선교라는 목적을 이루기 위해 채택한 전략은 적응주의 선교였다. 그에 따라 중국의 유가 경전을 이용하여 기독교의 교리를 설명했고 서양의 과학 지식의 소개를 수단으로 삼았다.

> 선교사들이 채택한 다른 수단은 궁정에 기반을 잡아 선교한다는 목적을 이루기 위해 서양 과학을 소개하는 것이었다. 마테오리치는 조경(肇慶)에 도착한 후 수학, 지리, 천문 등의 지식을 소개하여 사람들의 호기심을 끌었다. 그런 다음 기회를 만들어 친구를 사귀고 천주교의 교의를 논증하여 그들을 입교로 이끌었다.[3]

다시 말해, 과학 지식은 선교를 원활하게 하기 위해 사람들의 호기심을 이끌어내는 수단에 불과했다. 게다가 과학 지식의 소개에도 유가의 개념을 적극적으로 활용한 적응주의 전략이 사용되었다. 이에 따라 서광계(徐光啟)의 『기하원본(幾何原本)』에서 '격물궁리(格物窮理)'의 개념을 처음 사용한[4] 후 격치(格致)는 300년에 걸쳐 서구의 과학을 지칭하는 용어로 사용되었다.[5] 부패하고 무능한 중국의 봉건사회를 변화시키기 위해 호명된 '싸이 선생(賽先生; 즉 science)'은 세기가 바뀐 뒤에야

---

3 顧長聲, 『傳教士與近代中國』, 上海人民出版社, 1981, 7쪽.

4 徐光啟, 「刻幾何原本序」(1605): "顧惟先生之學, 略有三種, 大者修生事天, 小者格物窮理, 物理之一端, 別為象數, 一一皆精實典要, 洞無可疑, 其分解擘析, 亦能使人無疑, 而餘乃亟傳其小者, 趨欲先其易信……"

5 金觀濤·劉青峰, 「從"格物致知"到"科學"、"生產力"－知識體系和文化關係的思想史研究」, 『近代史研究所集刊』 46, 2004, 106쪽.

등장했다. 과학(科學)이라는 단어 또한 1905년 과거제의 폐지를 기점으로 격치를 대신하는 번역어로 등장했다. 그리고 "과학이 격치를 대체하는 것은 결코 언어적 환상이 아니라 이데올로기의 교체가 언어에 남긴 흔적이다."[6] 전통 유학의 격물치지(格物致知)와는 다른 의미와 용법을 부여하긴 했으나, 그 용어가 연상시키는 바 과학에 유가의 도덕적 이데올로기의 틀이 부여되었다. 다른 한편 사상적 측면에서는 서학보다 중학의 우월하다는 입장에서 말기소도(末技小道)에 불과한 서구의 기술적 측면에서의 수용으로 한정하는 경향이 두드러졌다. 과학은 새로운 사유나 학문이 아닌 실용적인 기술과 밀접한 관련을 갖고 있었다.

> 명말청초의 유생들이 '격치'로 선교사들이 도입한 서구 과학을 지시할 때, 이 단어의 지시범위는 굉장히 넓었다. 천문, 수학, 물리와 같이 궁리(窮理)에 필수적인 광의의 이론적 지식을 포함할 뿐 아니라, 각종 기예나 심지어는 수문(水文)과 박물(博物)까지 아우르는 경세에 필요한 실용적인 지식을 포괄했다. 즉 '격치'는 과학을 가리킴과 동시에 기술을 가리키는 말이었다. 자연과학을 지시함과 동시에 정치와 경제 지식을 배제하지 않는 말이었다.[7]

명말에 이어 서구 근대 과학을 적극적으로 수용하기 시작한 청말의 경우 그것을 추동한 계기는 경세치용의 필요 때문이었다. 즉 과학은 부국강병(富國強兵)의 수단으로 적극적으로 받아들여졌다. 따라서 격치가 가리키는 말은 선견포리(船堅炮利)를 위한 제조기술과 관련한 실용적인 지식에 집중되었다.

6 金觀濤·劉青峰, 위의 논문, 107쪽.
7 金觀濤·劉青峰, 위의 논문, 115쪽.

〈그림 1〉「변방을 방어하는 거대한 대포(邊防巨炮)」 제6호, 1886.1.20.

"격치의 의미는 명말에 비해 더욱 협소화되었다. 1830년에서 1895년 사이 격치의 용법을 분석한 결과, 격치는 이제 천문과 수학을 포함하지 않게 되었다. …(중략)… 1870년 이후 그 의미는 주로 물리(物理)와 제조(製造)를 가리키는 말로 사용되었다."[8]

과학적 사유와 방법론보다는 기술에 대한 관심이 집중되었으며, 서양인에 의해 성취된 기술적 진보는 그 원리보다는 제작된 기물의 모습으로 수용되었다. 매체에서 서양인들의 유별난 호기심에 대해 거론하는 것은 과학적 탐색의 촉발점이 되는 '경이'[9] 혹은 과학적 상상력

8 金觀濤·劉青峰, 앞의 논문, 118쪽.

에 대한 관심이라기보다는 그들이 새롭게 만들거나 개량한 기물을 소개하기 위해서였다. 예를 들어 1905년 『남방보(南方報)』에 게재를 시작한 오견인(吳趼人)의 소설 『신석두기(新石頭記)』에서는 그 계몽적 목적에 충실하게 서구의 진보와 중국의 정체를 지적한 후 중국의 각성을 촉구하고 있다. 제작기술의 추종은 다음과 같은 결과를 낳는다.

"그들의 제조는 차례로 끝없이 계속된다네. 올해 제조한 물건은 작년보다 정교하고, 내년에 만들 물건은 올해보다 정교할 테지. 예를 들어 서양식 소총(洋槍)을 만든다고 생각해 보세. 우리가 그들에게 가르쳐달라고 청하여 만든 소총이 1리 거리를 사격할 수 있게 되면 그들이 만든 것은 이미 1리 반을 사격할 수 있다네. 우리가 1리 반을 사격할 수 있는 소총 제조법을 배우게 되면 그들은 이미 2리를 사격할 수 있는 걸 만들 테지. 그들이 우리를 가르친다 한들 뭐가 두려울까?" 가보옥이 고개를 끄덕였다. "원래 그러한 이치로군요. 우리도 연구를 거듭하여 그들을 쫓아가면 되는 것 아니겠습니까? 천하의 일이란 입문도 못한 것이 두려운 법인데, 지금 우리는 어쨌든 입문은 한 셈이잖습니까? 이 길을 따라 더욱 정교함을 추구해 가다 보면, 어렵지만은 않을 것 같습니다." 오백혜(吳伯惠)가 말했다. "왜 아니겠는가? 다만 걱정스러운 것은 우리 중국의 습성이 기성의 방식을 죽어라 고수한다는 점이네. 새로운 방법이 있다는 말을 들으면 황당하다고 고개를 갸웃거리거나 쓸데없는 일이라 배척하곤 하지. 남들의 새로운 방식이 실제로 효험을 얻게 되어 자기 눈으로 직접 보고 난 뒤에야 믿는데, 그때 되어서 배워보려고 해도 이미 늦었단 말일세. 바로 오늘 산 그 책도 대부분은 일이십 년 전에 번역한 것들이야. 그들에겐 이미 낡아빠진 것에 불과한데 우리는 그것을 진귀한 보물(枕中秘寶)인

9 리처드 홈스, 전대호 옮김, 『경이의 시대: 낭만주의 세대가 발견한 과학의 아름다움과 공포』, 문학동네, 2013.

양 떠받드는 꼴이라네!"[10]

요컨대 근대 중국에 있어 과학은 학문적 방법론이나 과학적 세계관의 직접적인 수용으로 나타나지 않았다. 명말 마테오리치 시기의 과학은 지도, 시계, 프리즘, 성반(星盤), 혼천의(渾天儀)의 모습으로 나타났다. 청말 왕도(王韜) 또한 격치와 관련하여 언급한 것은 천리선(千里船), 증기선(輪舟), 화륜전함(火輪戰艦), 지남차(指南車), 벽력포(霹靂炮), 전기(電氣), 시계(時辰鐘) 등 모두 기물과 관련한 것이다.[11] 『점석재화보(點石齋畫報)』에서도 이러한 경향은 이어진다. 만약 서양인의 격치가 기사의 서두에서 언급된다면, 그 뒤를 잇는 말은 주로 '교탈천공(巧奪天工)'한 '기교(機巧)'함이 등장한다. 즉 하늘이 만들어낸 자연의 사물보다 더욱 정교하게 만들어내는 제작기술과 정묘한 기예가 격치의 근간을 이루며, 그 기술로 만들어낸 인공적인 물건이 격치를 시각적으로 확인시켜 주는 증거이다. 격치는 제작된 기물(器物)의 이미지로 대중들의 시각을 사로잡았다. 『점석재화보』에서 격치와 관련하여 소개되는 기물은 증기선, 기차, 자전거, 잠수함, 기구, 비행선 등이 망라된다. 이때 시기적으로 당시 이미 실현 가능한 기술이 공상과학소설(SF)에 등장할 법한 상상의 기술과 뒤섞여 공존한다.

---

10 吳趼人, 『新石頭記』 제11회, 中國哲學書電子化計劃: https://ctext.org/wiki.pl?if=en&chapter=187667

11 王韜, 「原學」, 『弢園文錄外編』, 中國哲學書電子化計劃: https://ctext.org/wiki.pl?if=en&chapter=277078

2. 과학의 이미지적 재현: 기구(氣球)를 중심으로

『점석재화보』에서 기구는 총 19회 언급되는데, 다른 주제를 전하기 위해 잠깐 언급한 것을 제외한 기구와 비행선 관련 기사는 총 13회 발간되었다. 4666편에 이르는 전체 분량에 비해 언급된 양이 많지는 않으나 격치의 시각적 증거로 중요하게 다뤄져 왔다. 무엇보다 기구는 창간호의 네 번째 삽화로 등장하여 시각적 충격을 선사하였다.

『점석재화보』 창간호는 청불전쟁을 다룬 「프랑스군의 박닌성 공격(力攻北寧)」, 「프랑스군이 경솔하게 위험지대로 진입하다(輕入重地)」를 시작으로 잠수정을 다룬 「잠수함(水底行船)」, 기구를 다룬 「신형 기구(新樣氣球)」, 중국의 수뢰 폭파훈련을 다룬 「수뢰 폭파훈련(演放水雷)」로 이어진다.[12] 이 세 가지 주제는 어느 정도 격치와 관련성을 가지고 있다. 「수뢰 폭파훈련」은 다음과 같은 말로 기사를 시작한다. "중국은 서양과 통상을 시작한 후 모든 면에서 서양의 방법을 본받으려 하고 있다. 군사 기구의 경우 각별히 주의하여 이것저것 검토한 후 거금을 들여 구매한다."[13] 아직은 기사와 삽화 모두 상상의 영역에 있는 「잠수함」은 "격치학에 정밀한 미국인이 물밑으로 운행할 수 있는 배를 새로 만들었다"(美國李哲禮者, 精格致之學, 新創一船, 能行水底)고 전하고 있다. 더하여 「신형 기구」에서 "배가 물밑을 운행할 수 있고, 공이 푸른 하늘

---

12 그 외에 「불구경이 불러온 재난(觀火罹災)」, 「풍류 호색한의 말로(風流龜鑑)」, 「간을 도려내 아버지를 치료하다(刲肝療父)」라는 사회뉴스를 통한 윤리적 계도를 목적으로 하고 있다.

13 「演放水雷」: "中國與泰西通商, 事事仿效西法, 而於戰守器具, 則尤加意搜羅, 出貲購辦。……"

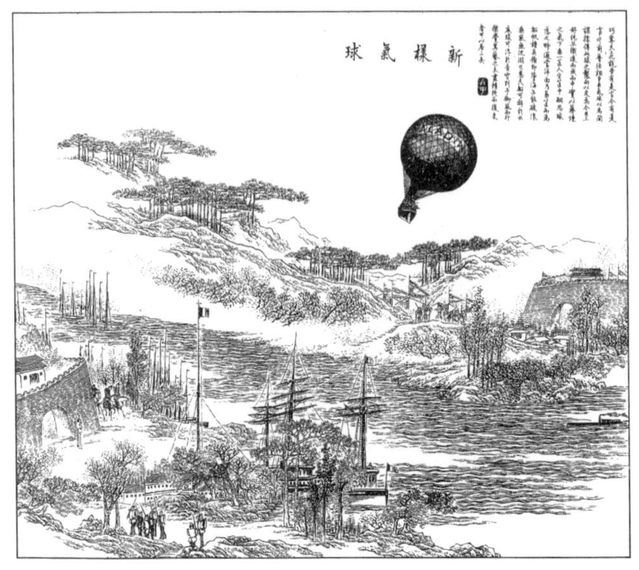

〈그림 2〉「신형 기구(新樣氣球)」 제1호, 1884.5.8.

을 떠다닐 수 있으니"라고 하며 이 두 기사를 연결시키고 있다.

「신형 기구」는 '전쟁'과 '격치'라는 두 주제 사이에 위치해 있다. 기사의 내용상 청불전쟁과 직접적인 연관은 없으며, 보불전쟁 시기에 기구를 첩보용으로 사용했다는 내용만 전하고 있다.[14] 그러나 삽화가 전하는 전체적인 분위기는 청불전쟁을 다룬 앞의 두 삽화와의 연관성을 부정하기 힘들 정도로 흡사하다. 배경의 중국적 분위기와 상반되게 기구의 묘사는 상당히 정교한데, 당시 서구의 삽화를 본따 그린 것으로 보인다.[15]

14 그에 이어 가죽으로 만든 기구에 가스를 채웠으며 아래에 매달린 광주리에 사람이 앉는다, 추락하여 바다에 떨어질 것을 대비하여 노를 비치했다는 등 기구에 대한 기본적인 설명을 제공하고 있다.

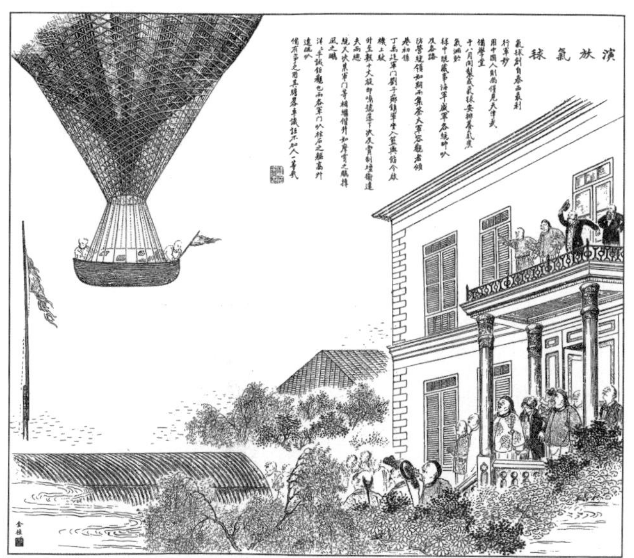

〈그림 3〉「기구 운행 시연(演放氣球)」 제205호, 1889.11.8.

처음으로 기구를 소개하는 이 기사에서 격치를 다룰 때 반복적으로 등장하는 『점석재화보』의 기본적인 방식이 제시된다. 우선 기사의 구성상 격치는 '교탈천공(巧奪天工)'이나 기술적인 측면에서 부각된다. 그 기술에 의해 제작된 사물에 대한 소개나 그로 인한 사건이 내용의 중심을 이룬다. 마지막으로 이 기술은 『산해경(山海經)』, 『박물지(博物志)』, 지괴(志怪) 등에서 기록된 기이한 이야기와 접점을 가지게 된다. 예를 들어 기구를 다루는 기사에서 반복적으로 등장하는 전고는 '열자어풍(列子禦風)'이다. 중국에 이미 있었거나 중국인이 익히 알고 있는 기술이지만, 후대에 출현한 서구의 기술이 훨씬 우위에

15 관련하여 여러 삽화신문을 검토하였으나, 정확하게 동일한 이미지를 발견하지는 못했다.

있다(後來者可以居上)는 식의 인식을 보여준다.

기사구성상 이러한 구조를 원용하지 않고 비교적 객관적인 뉴스를 전하기도 하였다. 그것은 주로 중국인의 주도로 중국에서 벌어진 사건인 경우였다.

여타의 다른 기구 삽화와 달리 상당히 정교하게[16] 실제의 모습을 그린 듯이 보이는 「기구 운행 시연(演放氣球)」은 천진무비학당(天津武備學堂)에서 군사용 기구를 시험적으로 띄운 사건을 전한다. 지층과 2층의 모든 등장인물의 시선이 기구에 집중되어 있으며, 망원경까지 동원하여 자세히 살피고 있다. 기구라는 서양에서 온 문물은 양무(洋務)를 통한 자강(自強)의 수요를 만족시킬 때 그 의미를 가진다.

「기구로 적을 물리치다(氣球破敵)」는 보다 직접적인 군사용 기구를 시각적으로 재현하고 있다. 서양신문에서 전하는 바, 서양인이 최근 8,500파운드를 탑재할 수 있고 시속 25미터로 움직이는 기구를 만들었으니 대포와 철갑선으로 무장한 육해군이 무용지물이 되었다는 내용이다. 기구 위에서 대포를 쏘면 철교, 증기선, 포대, 화약고, 전보국, 그리고 육해군 병사들 할 것 없이 방비할 도리가 없게 되는 것이다. 여기서 기구의 효용은 오직 적을 격파시키는 것에 있다.

그러나 기구의 효용은 단순히 군사적인 목적에만 그치지 않는다. 서양인의 격치는 시도하면 할수록 더욱 정교해지며, 서양인의 성격상

---

16 氣球의 복잡한 그물망은 다음과 같은 방식으로 제작되었다. 내부를 진한 먹으로 선을 칠하고 외부를 연한 먹으로 선을 그은 뒤 흰색 유성안료로 그 사이를 칠하여 독특하면서도 입체적인 효과의 그물망 선이 만들어졌다. 먹으로 그린 그림 위에 흰색 안료를 칠하는 방식은 전통 회화에서는 시도되지 않았으며, 그 효과도 질감이 아닌 흑백만을 재현하는 석인술에서 가장 잘 드러났다. 唐宏峰, 「"點石齋"的遺產－以初刊本、原始畵稿與視覺性硏究爲中心」, 26쪽.

〈그림 4〉「기구로 적을 물리치다(氣球破敵)」 제490호, 1897.7.25.

〈그림 5〉「기구의 절묘한 사용법(氣球妙用)」 제399호, 1895.1.29.

호기심이 많아 과거의 것을 답습하는 것을 부끄러워하니 남들과 다른 독창적인 것을 만들어낸다는 것이다. 그리하여 그들은 기구를 활용하여 침몰한 선박을 인양하는 것도 모자라, 선박의 돛을 기구로 활용하여 해저의 무거운 물체를 부력으로 끌어올리는 지경에 이르렀다.

기구는 이제 경탄스러운 과학문명의 대표이거나 군사적 목적의 효용을 넘어 단순한 구경거리로 사람들의 이목을 끄는 대상이 된다. 제241호(1890.10.29.)에 게재된 「기구의 기이한 광경(氣球奇觀)」은 상해에서 시연한 기구에 더하여 낙하산까지 등장한다.

기사의 내용을 간추리면 다음과 같다. 서양인 범달산(范達山)은 격치에 정통하여 새로운 기술로 기구를 제작하였다. 크기는 15~18미터, 높이는 약 25미터의 이 기구는 천으로 만들었고 위는 둥글고 아래는 뾰족한 모양이다. 수포화원(樹浦花園)에서 기구를 시연하였는데, 기구 아래로 늘어뜨린 줄을 잡고 서양인 여성이 상공으로 올라가 허공에서 기묘한 몸동작을 선보였다. 잠시 후 낙하산을 타고 내려오는데 신묘하

〈그림 6〉「기구의 기이한 광경(氣球奇觀)」
제241호, 1890.10.29.

〈그림 7〉「갑자기 폭발한 기구(球升忽裂)」
제488호, 1897.7.5.

기 그지없었다. 이날 구경꾼들이 벌떼처럼 몰려들어 목을 빼고 그 장관을 구경하며 안목을 넓혔다.

「위험한 기구 사고(氣毬險事)」(제235호, 1890.8.30.), 「갑자기 폭발한 기구(球升忽裂)」(제488호, 1897.7.5.) 등 사고 관련 기사도 종종 게재되었다. 특히 당시 세계적으로 유명했던 기구조종사였던 스펜서(實賓沙; Percival Green Spencer, 1864~1913)는 낙하산 강하에도 능했다. 그는 홍콩에서 많은 이들이 지켜보는 가운데 기구를 띄웠다가, 기구가 하늘에서 폭발하여 우산을 잡고 멀리 언덕 위로 떨어져 내렸다. 경상을 입었지만 장애가 생길 정도는 아니었다. 어찌보면 이 시기 중국인에게는 기구보다 낙하산이 훨씬 생소한 기물이었을 것이다. 여러 차례 재현되었던 기구에 비해 낙하산은 일반적인 우산처럼 그려져 있다.

3. 신문물과 『점석재화보』의 '기이(奇異)'에 대한 태도

하늘을 날 수 있게 해 주는 장치는 고래로 신화의 영역에 속해 있었다. 따라서 기구와 비행선이 그림으로 재현되고, 실제로 날아다니는 것을 보게 되더라도 일상적인 현실이라는 감각을 부여하기가 힘들었다. 그 때문인지 삽화에는 상상적 요소가 가미되었고 기사는 지괴(志怪)와의 접점을 만들려 했다. 그런데 기차의 경우 처음 도입될 때의 생소함에서 벗어나면 곧바로 일상의 영역으로 들어올 수 있었다. 기차는 배제와 기피의 대상이 될지언정 신화의 영역과 직접 연결되는 일은 드물었다. 그만큼 우리의 근대적 삶 속으로 들어와 일상을 지배하고 인식을 뒤바꾼 장치였음을 부정할 수는 없는 것이다.

〈그림 8〉「해외기담(海外奇談)」 제473호, 1897.1.28.

일상적으로 접할 수 있는 기차가 신화적 요소와 연관되려면 적어도 수륙양용이 되어야 했다. 제473호 「해외기담(海外奇談)」의 내용은 다음과 같다. 서양은 과학이 발달하여 중국인들이 신기하게 바라보는 바다의 증기선, 육지의 기차, 하늘의 기구는 이제 신기하게 여기지도 않는다. 최근에는 바다에서도 다닐 수 있는 차를 만들려는 생각에 기차 형식으로 증기선 제조 방법을 참고하여 물속에서도 자유자재로 움직일 수 있는 차(車)를 만들었다. 호기심 많은 인사들을 태우고 파도를 헤치며 순식간에 천리를 달렸다. 이 기사는 마지막으로 다음과 같은 말로 끝을 맺는다. "그러하니 지구 밖에 다른 지구가 있다는 설도 허무맹랑한 이야기는 아닌가 한다." 이 기사의 평어는 인간의 과학 기술에 대한 찬탄을 담은 '교탈천공(巧奪天工)'이다.

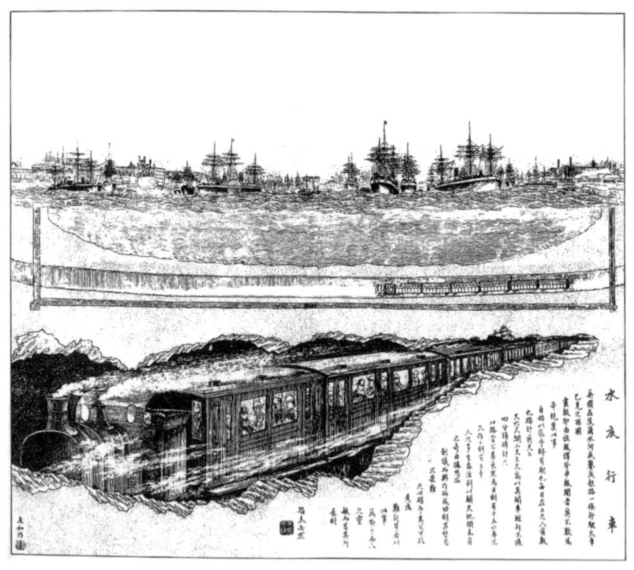

〈그림 9〉「물밑을 달리는 기차(水底行車)」 제76호, 1886.5.19.

영국 런던 템즈강의 해저터널을 그린 「물밑을 달리는 기차(水底行車)」(제76호, 1886.5.19)는 수륙양용과는 또 다른 신기함을 전해준다. 서양의 화보에 실린 내용을 『신보(申報)』에서 번역하여 게재하니 보는 사람마다 찬탄을 금치 못했던 것이다. 『점석재화보』 그림의 정교함으로 보건대 상상에 의한 그림이 아니라 서양의 삽화신문을 보고 본따 그린 것이 확실하다. 출처를 직접 밝히지는 않았지만 유사한 삽화를 『런던저널(*The London Journal*)』(1870.1.1.)에서 확인할 수 있다. "템즈강의 새로운 터널(*The New Thames Tunnel*)"이란 제목의 삽화와 텍스트가 한 지면에 실린 이 기사에서 상세한 관련보도를 하고 있으며, 템즈강 양안의 아래로 착공된 지하터널의 그림을 확인할 수 있다.

그러나 이러한 신기함이란 요소를 제거한 채 일상에서 기차를 받

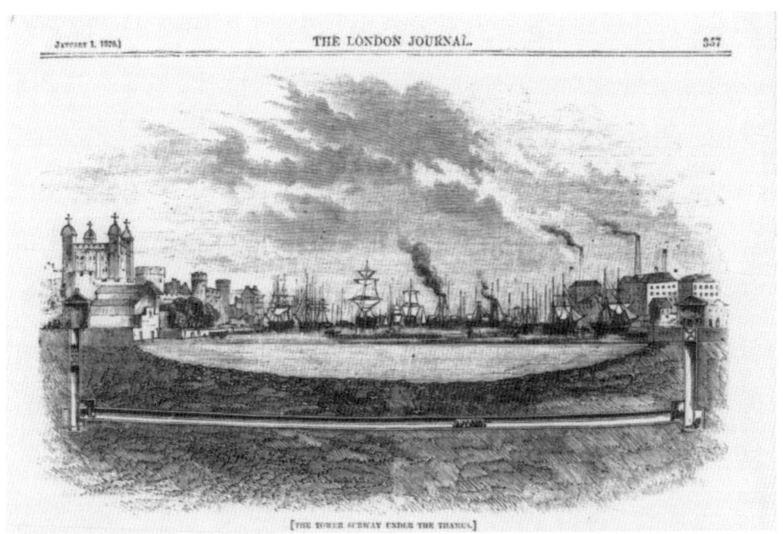

〈그림 10〉 "The New Thames Tunnel", *The London Journal*, 1870.1.1.

아들이는 데에도 수용 초창기에는 쉽지 않았다. 따라서 기차와 철로의 가설을 둘러싸고 중국 쪽에서 보인 반응과 대처를 통해 신문물을 수용할 때 중국인들이 가졌던 혼란과 망설임을 확인해보고자 한다.

영국계 자딘-메디슨 상회(怡和洋行; Jardine Matheson & Co.)의 요청으로 1864년 영국의 철도전문가 M. 스티븐슨이 중국 각지를 시찰한 후, 당시 중국의 상업중심지인 광주(廣州), 한구(漢口), 상해(上海), 천진(天津)을 연결하는 중국 철도망을 건설할 것을 제의하였다. 이것은 수도를 중심으로 한 정치적 연결망이 아니라 상업 개항항구(상해와 한구)를 중심축으로 하여 주요 산업도시를 연결시키는 국제적 상업 철도망이었다. 그러나 엄청난 반대에 부딪혀 이 계획은 실현될 수 없었다.[17] 1856년 임칙서(林則徐)가 상주한 것처럼 석탄채굴과 같은 기술은 중국에 많은 도움이 되지만, 증기선과 철도 등은 외국이 중국 내륙의 이권을 장악할 수단이 될 가능성이 많기 때문에 수용할 수 없다는 인식이 대부분이었다. 서양과의 왕래가 잦았던 왕도(王韜) 같은 사람 또한 군대를 강하게 하는 화기, 증기선, 서양인과의 교섭에 필요한 언어문자 이외에는 배울 필요가 없다고 주장할 정도였다. 1863년 청 정부의 요청으로 서양연합군이 태평천국군에 점령된 소주를 진공할 때도 영, 미, 불 삼국의 상인들은 이홍장(李鴻章)에게 상해와 소주를 연결하는 철도를 건설할 것을 제의하였다. 군사적인 필요성을 강조하여 이후 무역에 사용하려는 의도였던 것이다. 그러나 이홍장은 거기에 상업적 용도 이외의 음모가 있다고 읽었고, 대부분의

---

17 이 계획이 실현되었다면 아시아 최초의 철도가 중국에 깔릴 수 있었을 것이다. 아시아에서는 1872년 일본에서 최초로 철도가 개통되었다.

중국인들 또한 반대하였다.

1865년 영국 상인 듀란트(杜蘭德)가 북경에 중국 최초의 철도를 만들었다. 500미터 정도 되는 철로에 차체가 작은 증기기관차였지만 기차의 운행을 지켜보던 많은 시민들은 놀라움을 금할 수 없었다. 검은 쇳덩어리가 시커먼 연기와 화염을 내뿜으며 작은 방을 끌고서 궤도 위를 기적 소리를 내며 나르는 듯 달리는 모습은 신기하기 그지없는 광경이었던 것이다. 그러나 청나라 정부는 사후에 이 사건을 듣고서 서양인이 가져온 괴물이 국가의 근간을 뒤흔들 수 있다고 판단하여 그 철도를 없애 버릴 것을 명하였다.

정식으로 철로가 깔리고 상업적인 운행을 시작한 곳은 상해이다. 1874년 자딘-메디슨 상회는 상업적 운송의 편리를 위해 항구가 있는 장강 하구의 오송구(吳淞口)에서 상해까지의 구간을 연결하는 철도를 가설할 준비를 하고 있었다. 그러나 상해 지방관은 정부에서 철도 가설을 공식적으로 허가하지 않는다는 표면적인 이유와 함께 서양인에 의해 철도의 권리가 독점될 것을 우려하여 강력히 반대하였다. 민간의 여론도 찬반으로 나뉘어졌지만 반대하는 의견이 대다수였다. 반대하는 쪽은 철도가 국가에 해가 된다는 것인데, 그 이유는 기차 자체의 안전성을 믿을 수 없고, 행인이 기차에 치여죽기 십상이며, 철도가 놓이면 화물이 너무 빨리 모여들 우려가 있다는 점(중국 상인에게는 유리할 게 없었다), 철도로 인해 선박업이 피해를 입어 수백만 명의 실업자를 낳을 수 있다는 등이 거론되었다. 기차가 내륙 각지에 깔리게 되면 서양인이 더욱 쉽게 자신의 권익을 확장할 수 있다는 것도 중요한 이유의 하나였다.

「철로를 개설하다(興辦鐵路)」는 조정에서 5월 하순에 천진(天津)과

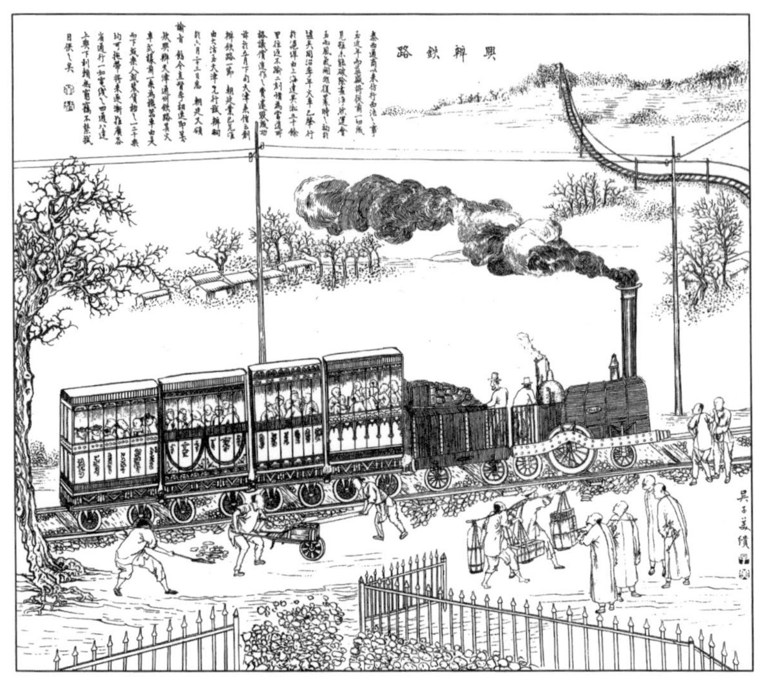

〈그림 11〉「철로를 개설하다(興辦鐵路)」 제12호, 1884.8.26.

대고(大沽)를 잇는 철도를 비준했으며 6월 23일에는 이홍장으로 하여금 천진과 통주(通州)를 잇는 철도 개설에 착수토록 했다는 소식을 전하며, 전신과 마찬가지로 철도가 사통팔달하길 기대한다는 바람을 덧붙였다. 이때 거론한 것이 앞서 1874년에 가설된 상해(上海)에서 오송(吳淞)에 이르는 철도 구간이었다. 기사 말미에 인장으로 제시한 평어(評語)가 '혁고(革故)'인 것에서도 확인되듯, 고작 10년 만에 정부에서 기차를 대하는 태도가 확연히 달라졌음을 알 수 있다. 한편 이 삽화는 19세기 말 중국에서 기차의 대표적인 이미지로 등장하여 다양한 방식으로 변주된 바 있다.

일반 백성들의 인식은 기차가 건설된 한참 뒤까지 보다 더 근원적인 두려움을 보여주고 있다. 아래 그림은 기차 건설현장에서 일어난 사고를 다루고 있는데, 오른쪽 하단의 침목과 공사 중인 건설인부들보다 시선을 잡아끄는 건 묘혈에서 금방 빠져나온 이무기 무리들이다. 용이 되지 못한 이 이무기들에게 어떤 일이 일어났는지에 대해 기사는 다음과 같이 전하고 있다. (아이러니하게도 이 당시 기차의 여러 명칭 중 하나가 바로 '철룡(鐵龍)'이었다.)

> 북경 영정문(永定門) 밖 서남쪽으로 6리 가량 떨어져 있는 마가보(馬家堡)에는 현재 이미 철로가 건설되었다. 그 부근의 구룡산 일대의 토지를 기차역을 짓기 위해 서양인이 구입하였다. 공사가 시작되어 울퉁불퉁한 곳을 평평하게 고르는 기초 작업을 하다가, 구룡산 기슭을 파헤칠 때 동굴에서 커다란 뱀 세 마리가 튀어 나왔다. 몸길이는 십여 장이 넘었고, 몸통은 나무통만한 뱀들이 공사현장에서 한참을 어슬렁거리다가 바람을 타고 사라졌다. 삽시간에 소문이 퍼져 구경하러 온 사람이 구름처럼 몰려들었다. 이 지역 사람들 말에 따르면, 구룡산에는 모두 아홉 마리의 뱀이 살고 있어 구룡산이라는 이름이 지어진 것이다, 지금 세 마리가 하늘로 날아가 이곳의 풍수가 이미 파괴되었으니, 앞으로 골짜기가 어떤 모습으로 바뀔지 알 수 없다고 했다. 이처럼 급격한 쇠망이 애처로울 따름이다.

이처럼 기차, 전신주 등 신문물의 가설에 반대하는 일반인의 걱정은 풍수가 파괴될지도 모른다는 것이었다. 보다 사태를 분석적으로 살펴보는 사람들도 민간의 풍수설을 중요한 고려사항 중 하나로 제시하곤 하였다. 그 외에도 여러 가지 폐단이 지적될 수 있었다.

우선 "철로가 가설된 지역이 많아지고 기차(輪車)를 이용하는 사람이 날로 늘어나면, 노새나 말을 끌고 운송업을 담당한 사람들은 영업

〈그림 12〉「파괴된 용혈(龍穴已破)」 제487호, 1897.6.25.

이익이 급감할 것이다.” 또한 “기차의 길은 곧게 뻗은 직선을 중시하고 구불구불하게 굽은 길은 피한다. 오두막집을 훼손하고 묘지를 옮기도록 하니 백성들을 어지럽게 하기에 족하다. 높은 언덕은 평탄하게 깎고 지대가 낮은 곳은 메우니 그 비용 또한 헤아릴 수 없다.” 그리고 보다 중요한 이유로 다음을 들 수 있다. “증기선은 통상항구에만 도달하니 내륙은 상관없다. 간혹 작은 증기선 선박이 내륙까지 화물과 승객을 싣고 운행하는 경우에도 민간에서 청을 올려 끝내 운행할 수 없게 되었다. 중국과 외국을 구별하여 제한을 가한 것이다. 철도가 개설되어 내륙 각지를 경유하게 되면 아마도 서양인들이 오지 못하도록 막을 수가 없을 것이다. 북방사람들은 강건한 기풍에 질박한

성품을 가지고 있어 갑자기 이상한 옷과 이상한 언어를 접하게 되면 반드시 놀라게 될 것이다. 또한 장차 선교사들과의 충돌로 인한 많은 문제가 발생할 것이 틀림없다. 게다가 내륙의 험준한 산천에 대해 외국인들이 모조리 알게 될 것이다." "내가 갈 수 있으면 적 또한 능히 갈 수 있다. 내가 철로의 신속함을 이용하여 병사와 군량을 보낼 수 있으면, 적 또한 그것을 선점하여 우리를 공격할 수 있다. …(중략)… 만약 철로를 불살라 끊는 방법으로 적을 막으려 해도 아직 방비하기 전에 급작스럽게 적이 도리어 기회를 이용할 수 있다. 또한 예전에 있던 길을 복구하는 것이기 때문에 절반의 수고로 곱절의 효과를 볼 수 있다. 그것이 폐단 중 하나이다."[18]

반면 독일 세무사 데트링(Gustar Von Detring; 古斯塔·馮·德璀琳)이 총리아문에 철로개설을 요청하는 글을 살펴보면 중국에서 활동하던 서양인들이 철로가설을 위해 어떤 노력을 했는지 알 수 있다. 그에 의하면 철로는 다음과 같은 장점이 있다. 1. 문서의 유통이 빨라진다. 2. 병사의 징집이 빨라진다. 3. 군사비용이 감소된다. 4. 상업의 발전에 도움이 된다. 5. 광산업이 흥해진다. 6. 국가의 세수를 증가시킨다. 7. 가축을 이용한 전통적인 운송업도 방해받지 않는다. (철로 건설에 많은 노동자가 필요하며, 철로가 개통되지 않은 구간의 연결에는 승객과 화물의 운송에 가축을 이용한 운송업이 필요하다. 묘지를 옮겨야 하거나, 풍수를 해치는 것 또한 걱정할 필요 없다. 철로가 차지하는 면적은 고작 몇 척의 넓이면 충분하다. 묘지를 만나면 피해서 돌아가면 된다.) 8. 적병이 철로를 이용

---

18 「기차와 철로의 이익과 해로움(輪車鐵路利弊論)」, 1887.2.19. 『申報』; 陳平原·夏曉虹, 『圖像晚清』, 百花文藝出版社, 2006, 178쪽 재인용.

해 급습할 염려는 없다. (철로를 이용하여 선제공격을 펼칠 수 있고, 항구가 봉쇄되었을 경우에도 철로를 이용하여 병사와 군량미를 수송할 수 있다.)[19]

『만국공법』의 중국어 번역으로 유명한 윌리엄 마틴(William Alexander Parsons Martin; 丁韙良) 같은 사람은 송호철로의 가설을 한창 준비하고 있던 1874년에 이미 「기차의 안전함을 살핌」이라는 글에서 다음과 같이 이야기하고 있다.

> 기차가 얼마나 빠른지 모든 사람이 안다. 그런데 한쪽에서 가고 다른 쪽에서 와서 두 길이 서로 마주하고 있으면, 추스를 사이도 없이 기차끼리 충돌하여 화물과 승객이 손상된다. 때로는 궤도를 이탈하거나 연못에 빠져 기차가 부서지고 사람이 죽기도 하고, 때로는 전복되어 기차가 불타고 사람이 죽기도 한다. 이런 말을 듣게 되면 가슴이 놀라고, 보게 되면 처참하다. 때문에 서로 경계하여 기차라는 것은 절대 함부로 타서는 안 될 것이라고들 한다. 그러나 이는 이러한 사고가 가끔씩 일어나는 것이지 항상 발생하지는 않는다는 것을 전혀 몰라서 하는 말들이다. 기차의 안전함(安危)은 말이나 마차를 타는 것보다 낫고, 도보로 걸어가는 것보다 낫다. 어째서 그러한가? 기차는 임무가 중하고 승객이 많아 간혹 예측하지 못한 사고가 발생하더라도 전체 승객수로 따져보면 백만 분의 일에 지나지 않는다. …(중략)… (영국 쪽의 통계에 근거하여) 이로써 판단해 볼 때 30년 동안 기차가 운행하면서 점점 더 안전해져 지금까지 승객이 1800만에 달하였지만 예상치 못한 걱정거리가 발생하지는 않았다. 말이 날뛰고 마차가 전복되는 것은 항상 일어날 수 있는 사고이니 진실로 기차만큼 안전하지는 않은 것이다.[20]

---

19 「독일 세무사 데트링이 총리아문에 철로개설을 요청하는 진정서(德稅務司璀琳稟總理衙門請開鐵路條陳)」, 1884.6.18. 『申報』; 陳平原·夏曉虹, 위의 책, 178쪽에서 재인용.

20 丁韙良, 「기차의 안전함을 살핌(火輪車安危考略)」, 『中西聞見錄』 18, 1874.2; 陳平原·

〈그림 13〉「열차화재(火車被燬)」 제259호, 1891.4.24.

『신보(申報)』에서는 다양한 해외 사례를 인용하여 철도 가설을 통해 상업이 더욱 발전할 수 있고 국가에도 많은 도움이 된다는 점을 역설하였다. 철도의 가설로 인해 무역량이 수배로 확장될 것이고 국가에서 반포하는 명령 등이 더욱 신속하게 전달될 수 있다는 등 장점 위주의 사설을 연이어 게재하였다. 찬성하는 쪽은 주로 서양인과 거래를 트고 있는 상인들이 대부분이었다.

논의가 오고가는 사이 자딘-메디슨 상사는 지방정부의 공식적인 반대에도 불구하고 도로를 닦는다는 명의로 토지를 사들인 후 철로

夏曉虹, 위의 책, 182쪽에서 재인용.

가설을 강행하였다. 이 철도는 1876년 6월 30일(영사와 외국인 상인 탑승, 1회 운행)과 7월 1일(중국인 승객 탑승하여 수차례 운행) 시험 운행을 거쳐, 이틀 후인 7월 3일부터 정식으로 개통하여 승객을 실어 날랐다. 중국 최초의 철도가 운행을 시작한 것이다. 이 철도는 상해(滬)와 오송구(淞) 구간을 연결한다고 하여 송호철로(淞滬鐵路)라고 명명되었으며, 총 길이 14.5km에 0.762m의 궤도 폭, 1m당 13kg의 협궤철로였다. 9톤 무게의 기관차 선봉호(先鋒號)는 6개의 객차에 160명을 승객을 시속 15마일로 달렸다. 이 날의 풍경을 『신보』 7월 4일자에서는 다음과 같이 보도하고 있다.

> 어제 기차(火輪車)가 처음으로 개통되어 6차례 왕복하였으며, 표를 사서 기차에 타는 방식으로 운행되었다. …(중략)… 아침 7시 오송구 행 기차에는 시간이 아직 일러서인지 서양 상인 20여 명만이 탑승했고 중국인 승객은 보이지 않았다. 9시와 11시에는 중서 승객이 반반이었지만 아직 30여 명밖에 되지 않았다. 그러나 오후 1시에는 남녀노소 가릴 것 없이 몰려들었는데, 대부분 상등석과 중등석을 원하여 순식간에 빈자리가 남아 있지 않아 상등석 표를 사고도 하등석에 앉아야만 했다. 기차가 이미 떠났는데도 말로만 들어본 기차를 직접 보기 위해 몰려든 구경꾼들로 넘쳐났다.

당시 상해에 거주하던 상인이나 지식인들 중에서는 서구에 기차가 있다는 사실을 여러 매체를 통해 들어보긴 하였을 것이다. 그러나 대부분의 일반 백성들에게 기차라는 건 듣도 보도 못한 신기한 물건이었다. 때문에 "일 년 내도록 바깥출입을 하지 않던 사람들도 가솔을 이끌고 구경하러 갔고," "기차 정거장 부근은 원래 아무 것도 없는

〈그림 14〉 "First Railway in China", *The Illustrated London News*. 1876.09.02.

한적한 곳인데 지금은 번화가가 되어 버렸다." 철길 주위에서 일하던 농민들은 일손을 멈추고 멍하니 쳐다보기도 하고, 꼬맹이들은 겁이 나서 할아버지 뒤에 몸을 숨기기도 하였다. "탑승객들은 만면에 희색을 가득 띠고서 앉아 있고, 구경꾼들 또한 갈채를 보내며 뚫어지게 쳐다보았다." 당시 '철도 구경'은 이미 하나의 큰 사건이었다.

그러나 모든 사람이 이 선진적인 교통수단을 환영한 것은 아니다. 서양인에 의해 토지의 권리를 빼앗기게 된 주민들은 철도회사와 잇단 충돌이 있었다. 철로를 건던 행인이 기차에 치여 죽는 사고도 발생했다. 「기차에 깔려죽다(斃於車下)」는 이미 출발한 기차에 급하게 올라타려다 기차에 깔려 죽는 사고를 그렸다.

새로운 지식과 기술은 전파와 수용은 모든 사람에게 동일한 속도로 진행되지 않는다. 특정 지역이나 계층에서는 이미 일상이 되어

〈그림 15〉「기차에 깔려죽다(斃於車下)」 제314호, 1892.10.16.

〈그림 16〉「물소가 기차를 막다(吳牛當車)」 제240호, 1890.10.19.

있는 신기술이 다른 지역이나 계층에서는 거부의 대상이 되기도 한다. 이른바 '비동시적인 것의 동시성'은 일상의 작은 영역에서부터 시작된다. 풍수를 해친다고 철로 건설을 반대하거나 기차를 막아서는 물소로 상징되는 태도는 중국인들만의 현상이 아니다. 증기기관으로 대표되는 기계문명과 철도의 탄생지라고 할 수 있을 동시대 영국에서도 모두가 기차를 환영한 것은 아니었다. 산업혁명이 초래한 사회 구조의 변화와 산업화의 충격을 영국은 가장 먼저 고통스럽게 맞이하고 있었다.

19세기 중반 영국인의 일상적 삶의 느낌과 사회 전반의 풍경을 잘 그린 것으로 평가되는 엘리자베스 개스켈(Elizabeth Gaskell)의 소설에서 기차는 불길한 사건과 관련되는 장치였다. 예를 들어 『남과 북(North and South)』(1855)에서 목가적인 시골지역인 남부를 벗어나 기차를 타고 북부의 신흥 공업도시로 이주하는 순간 주인공 가족의 모든 고난이 시작된다. 게다가 기차역은 우발적인 살인사건이 일어나는 공간이었다. 『크랜포드(Cranford)』(1851~1853)에서도 기차는 죽음과 관련되어 있다. "아마존이 지배하는 지역"인 크랜포드는 여성들만의 닫힌 공간이며, 과거가 여전히 현재를 지배하는 공간이다. 개스켈의 다른 소설과 마찬가지로 『크랜포드』의 등장인물들은 "풍경의 변화와 사람들이 환경과 상호작용하는 방식에 끼친 철도의 효과에 거의 영향을 받지 않는다." 시공간적 이동과는 거리가 먼 자족적인 공간으로 이주한 캡틴 브라운은 결코 환영받지 못하는 존재였다.

> 크랜포드의 숙녀들은 신사 한 분과 남자 한 명이 자기 영지를 침입해 들어온 사실만으로도 끙끙 앓고 있었다. 그는 반액 퇴직 급료를 받고 있는 퇴역한 대위였고 인근의 철도 건설 현장에 일자리를 얻어 근무하고 있었다. 이곳 작은 마을 사람들은 철도 건설을 격렬히 반대하고 있었다. 그런데 남자이며 끔찍한 철도일과 관련이 있을 뿐 아니라 가난하다는 사실을 아무런 거리낌 없이 말할 만큼 뻔뻔스러운 사람이라니. 그런 사람을 친구로 대해줄 수는 없다.[21]
>
> …(전략)… "오, 마님! 오, 젠킨스 마님! 캡틴 브라운이 저 망할 놈의 못된 기차에 깔려 죽었대요!"[22]
>
> …(전략)… "캡틴은 하행 기차를 기다리며 새로 나온 소설책에 푹 빠져 있었어요. 여자 아이가 엄마에게 가려고 언니 품에서 미끄러져 내려와 철로를 가로질러 아장아장 걸어가기 시작했죠. 기차 소리에 깜짝 놀라 고개를 든 캡틴은 아이를 발견하고 철로로 달려가 그 애를 안아 들었죠. 하지만 발이 미끄러졌고 곧바로 기차가 그의 몸을 덮쳤어요. 아, 하느님, 하느님! 모두가 사실 그대로예요. 사람들이 캡틴의 딸들에게 소식을 전해

---

21 엘리자베스 개스켈, 심은경 옮김, 『크랜포드』, 현대문화센터, 2013, 33쪽.

22 위의 책, 32쪽.

> 주러 갔습죠. 그래도 그분이 아기를 엄마에게 던졌고, 아기는 땅바닥에 어깨를 부딪치긴 했지만 목숨을 구했어요. 불쌍한 캡틴은 하늘나라에서라도 그걸로 마음의 위로가 되지 않을까요, 부인? 오, 하느님, 그에게 축복을 내려 주소서!"[23]

철도여행이 사람들의 지각에 미친 영향에 대해 개스켈이 명시적으로 "불평하는 일은 거의 없었지만", 그의 소설 속 등장인물들은 철도에 비판적이었다. 그들은 계속하여 "시간표를 걱정하고," "소음에 대해 불평하고," "속도에 초조해하며", 충돌에 대해 불안해 했다.[24] 기차 충돌사고가 직접적으로 묘사되는 경우는 없지만, 사람들은 기차 근처나 기차 안에서 사고를 겪곤 했다. "기차는 사생활을 공적 영역으로 충돌시키는 수단이 된다." "철도는 변하기 쉬운 것에 대한 그녀의 우려를 강조하는 존재이다."[25]

4. 격치에 대한 오해와 시각적 재현

1888년 『노스차이나헤럴드』는 「중국의 삽화신문」이라는 제하의 기사에서 중국인들에게 많은 인기를 받고 있으며, 그래서 중국인들의 견해에 영향을 미칠 것으로 보이는 『점석재화보』가 외국인을 다룰

---

23 위의 책, 33쪽.

24 Ann C. Colly, "The 'shaking, uncertain ground' of Elizabeth Gaskell's Narrative", *Nostalgia and Recollection in Victorian Culture*, New York: St. Martin's P, 1998, p.78.

25 op.cit., pp.78~79.

때 나타나는 특정한 방식을 지적하고 있다.[26] 우선 거론된 기사는 제163호의 「일부일처제의 법제개정을 요구하는 미국 여자들(怨女成群)」, 같은 호의 바로 다음 기사인 「앞다퉈 구혼에 응하다(爭慕乘龍)」였다. 「일부일처제의 법제개정을 요구하는 미국 여자들」은 미국 매사추세츠주의 미혼여성 162명이 남녀성비의 불균형(여초현상)에 대한 불만으로 일부일처제를 폐지할 것을 의회에 청원한다는 내용을 담고 있다. 「앞다퉈 구혼에 응하다」는 신문에 구혼광고를 낸 독일의 상인에게 순식간에 200여 명이 사진과 이력이 담긴 답장을 보냈다는 내용이다. 이들은 서구의 결혼풍속에 대한 중국의 잘못된 인식을 조장할 우려가 있었다. 그러나 제168호(1888년 11월 9일)의 「격치유해(格致遺骸)」는 도저히 웃어넘길 수 없는 내용을 담고 있다.

> 우리는 이러한 공상은 웃어넘겨도 된다. 그것은 사실 약간의 근거가 없는 것에 지나지 않으며 어느 정도 미국 신문에서도 벌어지는 일이다. 그리고 편집자가 외국인의 풍습에 관한 삽화에만 한정한다면 커다란 해를 끼치거나 분노를 느낄 일은 아니다. 그러나 불행히도 이번 사례는 그런 경우가 아니다. 지난달 초에 발간된 제168호 49페이지에는 "뼈에 적용된 화학"이라는 제목의 굉장히 혐오스러운 그림을 전한다.[27]

---

26 "THE CHINESE ILLUSTRATED NEWS", *The North-China Herald and Supreme Court & Consular Gazette(1870~1941)*, Shanghai, 21 December 1888, p.678.

27 We may laugh at conceits like these, which are after all not without some slight foundation in fact, or at any rate in American newspapers; and if the editor confined himself to such illustrations of foreign manners no great harm would be done or indignation felt. But unfortunately this is not the case. On page 49 of No. 168, published early last month, he gives a most revolting picture which he labels "Chemistry as applied to bones."

앞서 웃어넘길 수 있는 기사의 경우 대략적인 개요만 소개했다면, "뼈에 적용된 화학(Chemistry as applied to bones)"이란 제목으로 옮긴 이 기사는 『점석재화보』의 본문 전체를 거의 빠짐없이 영어로 번역하여 싣고 있다. 설명할 필요없이 내용을 있는 그대로 보여주는 것이 가장 확실한 방법이라 판단한 것이다.

> 서양인들은 그들의 과학으로 썩고 부패한 것을 경이로운 어떤 것으로 변화시킨다.…(중략)… 그들은 심지어 그들의 과학을 인간의 시체에까지 적용하였다. 그들은 시체를 바짝 졸여서 기름을 추출하여 소다 분말을 제조하였다. 뼈는 들판에 비료로 주기 위해 사용된다. 발명가는 스코틀랜드의 화학자였다. 과학은 중국에서 오랫동안 추구되어 왔지만, 중국 과학은 죽은 자의 육체와 영혼이 휴식을 추구한다고 가르쳤다. 시체를 매장하지 않은 채 두는 것은 죄였다. 탐욕스러운 자의 사악한 탐욕은 한계를 모르거나, 무덤을 훼손하거나 관을 약탈하는 사람들을 사형에 처해야 한다고 가르쳤다. 그것의 거친 형태의 원리는 훈령으로 나타나고, 정교한 형태의 원칙은 인간성으로 나타난다. 그리고 그것은 통치의 기본 원칙으로 법전에 자리를 잡았다. 하지만 서양인의 과학도 통치의 원칙으로 확장될 수 없을까? 우리는 그것이 가능하다고 생각한다. 만약 시체가 파괴되고 그 흔적이 모두 제거되면 확실히 매장은 불필요하게 되며, 묘지를 사용하지 않음으로써 많은 땅이 경작에 사용될 수 있다. 가난한 자의 부모가 죽으면 시체를 팔 수 있고, 장례식이 축소되며, 덤으로 꽤 많은 액수의 돈이 남겨진다. 그 결과 소다 판매자는 좋은 값을 받고, 농부는 풍성한 수확을 기뻐하며, 국가가 번영하고 사람들이 부유해질 것이다. (통치의 목적이 모두 올바르게 되었으니, 이는 모두 서양의 과학에서 비롯된 것이다!)[28]

---

28 Westerners by their science turn the rotten and decayed into something marvellous, …… they even apply their science to human corpses. Boiling these down they extract

영어 기사 번역이 특별히 편견을 담은 것은 아니며, 비교적 내용에 가깝게 옮겼다고 볼 수 있다. 비교를 위해 원래의 기사 또한 다음과 같이 옮겨 보았다.

> 서양인은 격치를 숭상하여 썩어서 사라지는 것을 신기한 것으로 변화시킴에[29], 천하에 버리는 것이 거의 없도록 한다. 나아가 격치할 수 없는 것까지 파고들어 사람의 시체까지 격치의 대상으로 삼았다. 시체를 끓여 기름이 되게 하면 비누를 만들 수 있다. 그 뼈를 빻으면 밭에 비료로 쓸 수 있다. 이 학설은 영국 스코틀랜드의 아무개 화학자가 창안했다. 참으로 이와 같다면 중국에서 격치를 중시하는 것은 헛된 일이다. 죽은 자의 몸과 영혼은 평안을 추구함을 우리는 알고 있다. 따라서 입관하여 매장하지 않으면 죄가 된다. 탐욕한 자의 잔인함이 유독 심함을 우리는 알고 있다. 따라서 무덤을 파헤쳐 관을 도굴하는 자는 반드시 척살한다. 거칠

---

an oil, which is manufactured into soda powder; the bones being used to fertilize the fields. The inventor was a Scots chemist. Science has been pursued for ages in China, but Chinese science taught that the dead, body and soul, sought for rest; that to keep a corpse unburied was a sin. It taught that the wicked greed of the covetous knew no bounds, or laid down that the violaters of a grave or riflers of a coffin should be put to death. The principle in its grosser form appears as a precept; in its finer as humanity, and has taken its place in the statute book as a fundamental principle of government. But cannot Westerners' science be expanded into a principle of government too? We think it can. For surely if a corpse were destroyed and all traces of it removed, burial could be dispensed with, and by the disuse of cemeteries large tracks of land would be brought under cultivation. When a poor man's parents die their corpses could be sold, the funeral curtailed, and a tidy sum of money left over into the bargain. Then the sellers of soda would get a good price for it, husbandmen would rejoice in rich harvests, the country would prosper and the people grow wealthy,—all proper objects of government and all brought about by western science!

29 「知北遊」, 『莊子』: "是其所美者爲神奇, 其所惡者爲臭腐; 臭腐復化爲神奇, 神奇復化爲臭腐."

> 게는 법규로 행하고 정밀하게는 인술로 행한다. 법전에 기재하니 또한 치국의 일단이 된다. 그렇다면 서양인의 격치 또한 치국에까지 미치게 할 수 있을 것인가? 가능하다. 시체를 훼손하여 흔적도 없이 사라지게 하면 매장을 폐할 수 있다. 황폐한 땅이 없어지면 경작할 지역이 더욱 넓어진다. 집이 가난한데 부모가 죽게 되면 시체를 팔 수 있다. 장례 도구가 절약되며 여분의 이익까지 거둘 수 있다. 비누를 판매하는 자들이 좋은 가격을 받을 수 있고 농사에 힘쓰는 자들이 풍작에 더욱 기뻐하게 되니 나라와 백성이 부유해지니 치국의 도가 이루어졌다. 이것이 바로 서양인의 격치이다. [속히 썩어 없어지는 것만 못하다][30]

시체를 재활용한다는 기사의 내용도 문제였겠지만, 무엇보다 이 기사는 서양인들이 서구식 공장에서 인간의 시체를 활용하여 기름과 비료를 만드는 과정을 그로테스크한 그림으로 보여줬다는 면에서 반발이 컸을 것이다. 게다가 시체를 가공하는 공장은 당시 서양에서 유명한 프라이 초콜릿의 광고를 조합하여 만든 것이다.[31]

---

30 西人尚格致, 化朽腐為神奇, 幾令天下無棄物; 乃至格無可格, 而格及於人屍。謂熬成油, 可以造鹼; 屑其骨, 可以壅田。其說倡於英國士葛蘭之某化士。洵如是, 則中國之於格致, 亦講之素矣。知死者之體魄求安也, 故停棺不葬有罪; 知貪者之殘忍尤甚也, 故發塚盜棺必殺。粗之為條教, 精之為仁術。載在律書, 亦治國之一端也。然則西人之格致, 亦可推及治國乎? 曰: 可。屍毀跡滅, 則葬可以廢; 曠土既無, 而耕種之區益廣。家貧親死, 則屍可以賣, 喪具既省, 而贏餘之利且收。但使售鹼者得求善價, 力田者屢慶豐登, 國富民裕, 而治道成矣! 此則西人之格致也。【不如速朽】

31 "Messrs. Fry's Chocolate & Cocoa Manufactory, Bristol." *Illustrated London News*, 1884.3.22., p.287. 이에 앞서 동일한 제목과 삽화의 광고가 여러 매체에 게재된 바 있다. 예를 들면 다음과 같다. The Graphic, 1884.1.26. ; *the Illustrated Sporting and Dramatic News*, 1884.2.2. 프라이 초콜렛(J. S. Fry & Sons, Ltd)은 지금도 유통되는 딱딱한 판형 초콜릿을 1847년 처음으로 생산했으며, 1855년에는 크림스틱(Cream Sticks)을, 그리고 1866년에는 프라이 초콜릿크림(Fry's Chocolate Cream)을 최초로 대량생산 시스템으로 유통시킨 바 있다.

〈그림 17〉「격치유해(格致遺骸)」 第168호, 1888.11.9.

「격치유해(格致遺骸)」의 우상단에 크게 자리잡은 기계는 초콜릿 공장 좌중간의 그라인딩 공정(Grinding Chocolate)을 참고하여 뼈를 빻는 장면을 그렸다. 우하단의 기계는 초콜릿을 가공하는 우중간의 Pan Room에서 도르래와 냄비를 조합하여 뼈를 빻기 전의 해골을 처리하는 장면을 그렸다. 화면을 수평으로 가르는 긴 도르래 또한 같은 그림에서 가져왔다. 초콜릿 로스팅 과정(우상단: A Roasting Room)에 사용되는 환풍구 혹은 조명으로 보이는 기구는 「격치유해」 좌상단에 매달린 바구니로 그려졌다. 그리고 여성 직원들이 크림을 만드는 공정을 하는 좌하단의 삽화(Making Creams)는 「격치유해」에서 비누를 만드는 공정으로 묘사되었다. 그리고 그 비누를 만들기 위해 시체를 화학적으로 처리하는 좌하단의 가장 넓은 공간은 중국식 입식 아궁이를 응용한 것으로 보인다. 그 옆의 바닥에 널브러진 조각난 시체와 백골 더미는 다른 장면의 모든 의미를 특정한 방향으로 이끈다. 서양 사람들 입장에서는 초콜릿을 먹을 때마다 시체 가공하는 장면을 연상하게 될지도 모를 끔찍한 충격으로 다가왔을 것이다.

예상외로 거센 반발에 결국 『점석재화보』는 「격치유해」 외에도 「시체를 축소시키는 기술(縮屍異術)」(164호), 「프랑스의 자살자들(戕屍類誌)」(168호) 등 문제가 되었던 글에 대해 처음이자 마지막으로 기사정정 공고를 내야만 했다.[32]

> 점석재의 지난 몇몇 호는 서양인의 삽화를 모방한 것이며, 모든 뉴스는 중국과 서양의 신문에서 채택한 것이다. 작년 8월에 게재한 「시체를 축소시키는 기술」, 10월에 게재한 「격치유해」와 「프랑스의 자살자들」 또한 비록 제각기 저본이 있으나, 확실히 탐방해본 결과 거짓임을 알게 되었다. …(중략)… 이에 이전의 오류를 밝혀 독자들의 의구심을 풀고자 한다.[33]

---

32 재미있는 사실은 『노스차이나헤럴드』 또한 이와 관련하여 정정기사를 냈다는 점이다. 『點石齋畫報』를 비판하기 위해 사용한 'THE CHINESE ILLUSTRATED NEWS'라는 제목에 대해 정식 영문 명칭이 The Chinese Illustrated News인 『화도신보(畫圖新報)』 측에서 강하게 항의를 제기한 것이다. 『노스차이나헤럴드』 측은 즉시 착오를 인정하고, 자신들이 말한 '중국의 삽화신문'(the Chinese Illustrated News)이란 'Tien Shih Chai Hwo Pao'(『點石齋畫報』)를 특정하는 것이라고 정정기사를 낼 수밖에 없었다. 사실 자신들과 관련하여 따져야 할 직접적인 문제가 없었다면 서양인들은 『點石齋畫報』에 대해 크게 관심을 두지 않았을 가능성이 많다. 관련 논의는 필자의 「점석재화보 연구」, 서울대 박사학위논문, 2019, "Ⅱ.1.2. 매체의 유통과 독자의 수용"에서 상론하였다.

33 「畫報更正」: 本齋向有畫報, 係仿照西人成式; 一切新聞, 皆採自中外各報。去年八月間, 登有「縮屍異術」一節, 十月間登有「格致遺骸」、「戕屍類誌」各節。雖係各有所本, 嗣經確探, 始知事出子虛。本齋正在登報更正間, 適奉憲諭傳知, 合亟登報, 聲明前誤, 以釋群疑。

MESSRS. FRY'S CHOCOLATE & COCOA MANUFACTORY, BRISTOL.

ANYONE who passes along Wine-street, Bristol, will, if he be keen-scented, become fully aware that he is in the close vicinity of a chocolate factory. The aromatic berry scatters its perfume far and wide. The manufacture itself is the growth of a century and a half. The first patent, still in the possession of the present manufacturers, is dated 1730, and the old building where the chocolate was formerly made stands in vivid contrast to the huge pile of buildings which pour forth the cocoa and chocolate at the rate of many tons per day.

Anyone entering the factory cannot but be impressed with the ceaseless whirl of machinery

and the constant activity that pervade the buildings. Here is a huge wheel, driving a series of grindstones which are pulverising the nut; there a winnowing-machine, which separates the husks; close by, an elevator, which lifts the nibs to their next position, and so on throughout the whole building—machinery doing the work of hand labour, rendering food cheaper, and yet finding employment for a larger number of workers. In Messrs. J. S. Fry and Sons' factories there are upwards of 1000 hands, all at full swing, and each one demonstrating how keenly-active life is

becoming. In the factory itself you thread your way through walls of solid chocolate, which look like red granite blocks prepared for a new building; immediately contiguous are others of similar shape and size, not unlike blocks of Portland stone. The last are composed of the solidified oil yielded by the cocoa berry in the process of forming extract of cocoa. Flanked on either side, and piled up to the ceiling, are mountains of the bags containing the cocoa as imported into this country.

Round the top floors of each warehouse are ranged huge cylindrical roasters, constantly revolving over a hot fire. In two hours or so the beans are properly roasted, and it is during this as well as subsequent processes that the aromatic perfume is sent forth to the world. Subsequently the husks are separated from the bean. The cocoa beans are made to pass between two small rollers, on the surface of which there are small knife-like projections, which break the husk but do not crush the nib; they then pass into the winnowing machine, and, by the elevators, into the mills, where the beans are ground into chocolate by revolving drum, stone mills, or steel roller, until at length it issues in continuous streams, a rich, fragrant, and deliciously brown liquid, which solidifies on cooling.

Cocoa Extract is produced by extracting a large proportion of oil from the cocoa. The cocoa is put into strong canvas bags. These bags are placed in a hollow iron cylinder, the bottom of which moves up by hydraulic power of 1200 lb. to the square inch, with the result that the fat drops into troughs, and when cool forms those Portland stone blocks to which we have previously referred. Whilst the oil is cooling in the troughs the steel rollers are

whirling round, crushing the ordinary nibs, incorporating sugar and vanilla, whilst perfectly manipulating the whole, and shredding into fine delicate flakes that world-famed Caracas Cocoa. One is tempted to pause by the mill, and taste once again the luxurious compound of superb cocoa, sugar, and vanilla. We English have scarcely reached the point of appreciating how charming a luncheon is afforded by a stick of chocolate and a hunch of fine white bread.

In other parts of the works are small lakes of sugar being converted into snowflake, and

chocolate being moulded into drops and bonbons. At other parts there are steam planes, steam saws, and steam hammers, making wood boxes and finishing them with a rapidity that is truly marvellous. In one shop there are tin workers who stamp out the lid, put on the end, and present you with a perfectly tight tin canister in something less than a minute. Everywhere there is pressure, movement, and order. The nimble fingers that affix the labels to the packets equally with those that fill the packets themselves weary the eyes by the rapidity of their movement. Huge

cases travel to and fro as they pass to one or other of the great packing departments, whilst trollies, laden to the utmost, carry boxes and packages to be sorted out and sent to every part of England and to every quarter of the globe.

A century and a half of constant and ever increasing effort lives in the factory, and those who to-day listen to the whirr of carefully-planned machinery, cannot fail to remember those early times when chocolate was the luxury of the wealthy, instead of being, as it is to day, the everyday necessity of millions of our people.

〈그림 18〉 "Messrs. Fry's Chocolate & Cocoa Manufactory, Bristol."
Illustrated London News, 1884.3.22.

이렇게 정정기사를 낼 수 밖에 없었던 인식의 바탕은 점석재(點石齋) 측의 격치에 대한 왜곡된 태도가 깔려 있다. 시대적 한계이기도 하지만, 격치는 끊임없이 진보하는 정교한 제작기술에 한정되어 있다. 지금까지 살펴봤듯이 『점석재화보』 기사의 서두가 그에 대한 묘사로 시작하고, 그림 또한 격치를 시각적으로 확인시켜 줄 수 있는 기물에 치중하였다. 따라서 '화학'처럼 시각적 재현이 힘든 소재는 공장식 기계라는 외부 장치를 활용하여 기사의 진실성을 보조하도록 했다. 서구인들이 보여준 과학의 진보는 항상 새로웠기에, "시체를 격치의 대상으로 삼는" 일까지 가능하리라 본 것이다.

5. 맺음말

위진시기의 지괴(志怪)나 패관소설(稗官小說)로 대표되듯 기이한 이야기를 수집하고 기록하는 행위의 연원은 뿌리 깊다. 『점석재화보』를 위시한 19세기 말 정기간행물은 지괴를 대신하여 기이함의 주요한 수집가이자 공급자임을 자임했다.[34] 이문(異聞)과 신문(新聞)의 착종은 지식인의 박학(博學)이라는 오래된 전통과 대중적 정보라는 새로운 개념이 만나는 장소를 제공하였다. 『수신기(搜神記)』, 『신이경(神異經)』, 『유명록(幽明錄)』, 『술이기(述異記)』, 『녹이전(錄異傳)』, 『열이전(列異傳)』 등의 제목에서 알 수 있듯이, 위진시기 지괴는 당시의 지식으로 판단

34 Rania Huntington, "The Newspaper, Zhiguai, and the Sorcery Epidemic of 1876," *Dynastic Crisis and Cultural Innovation: From the Late Ming to the Late Qing and Beyond*, Harvard University Asia Center, 2005, p.355.

내릴 수 없었던 신(神), 이(異), 괴(怪), 유(幽)의 세계에 대해 역사가의 기록정신으로 수집(搜)하고 기록(記, 錄, 述, 傳)하여 왔다. 패관(稗官)은 이제 기자가 되었으며, 지괴 전통은 신문에 이르러 새로운 모습으로 이어졌다.

단순히 기록하고 전한 것을 넘어, 기이함이 하나의 태도로서 새롭고 긍정적인 것을 지시하는 용어로 정착하게 되는 것을 명말의 비평계에서 확인할 수 있다. "엽기(獵奇)" 경향으로 대표되는 명말 비평계는 독창성의 근거를 시간적, 공간적 다름에서 찾았다. 두 가지 주요한 측면을 살펴볼 필요가 있다. 즉 양명좌파의 영향으로 개인의 독창성을 부각시키던 문학적 움직임의 측면과 예수회 선교사들에 의해 전파된 새로운 세계에 대한 지식이 그것이다. 고대와 명말 독자들 사이의 시간적 거리는 옛 이야기와 일화들에서 기이함의 효과를 증대시켰다. 사람들, 풍속, 고대의 유물 등은 더 이상 일상적 경험의 일부가 아니었기 때문에 이상하고 기이한 분위기를 보다 쉽게 만들어낼 수 있었다. 중국과 외국의 엄청난 거리 또한 유사한 기능을 수행했다. 외국 인종, 문화, 물산 등이 명말 사람들의 호기심을 자극시켰다. '외국'이라는 단어도 이상하고, 낯설고, 이국적이고 새로운 것을 암시했다. 이 모든 것이 기이함의 특징이었다.[35] 기이함은 새로운 것을 수용하는 특정한 한 방식이다. 새로운 것이 아니라면 기이할 수 없고, 기이하지 않으면 새롭지 않다. 가까이 이웃에서 벌어진 일에서부터 멀리 해외에서 벌어진 사건까지, 태고의 먼 과거에 벌어진 일에서부터

---

35 Bai Qianshen, *Fu Shan's World: The Transformation of Chinese Calligraphy in the Seventeenth Century*, Harvard University Asia Center, 2003, p.14.

현재 진행되고 있는 일까지 개인의 경험과 다른 무엇에 주목하는 것은 인간의 자연스러운 행위이다.

기존의 『점석재화보』 연구에서 상대적으로 홀시되었던 '奇異'를 주제로 본고가 집중한 대상은 전통 지괴에서 흔히 등장하는 신선, 여우, 괴물, 귀신, 기형 등의 이존재(異存在)에 대한 것이 아니다. 이들 주제 또한 질서가 흔들리던 시대에 새롭게 경험을 조직하는 날것의 특정한 태도를 시대와 공유하고 있다. 그러나 새로운 경험과 그것을 표현하기 위해 사용되는 익숙한 옛 형식의 뒤틀림에서 기이한 형식이 시작된다는 본고의 태도를 증명하기 위해 전통적인 이존재보다는 과학과 일상의 영역에 속하는 것의 '기이함'을 보여줄 필요가 있었다. 『점석재화보』는 하나의 화면 안에 글과 그림이 공존하는 독특한 형식을 취하고 있다. 이 프레임 안에 포섭되는 순간 서구의 새로운 자연, 새로운 과학, 새로운 문화는 기이하게 뒤틀려 버린다. 아무리 멀리 있고 새로운 것이라 할지라도 바로 곁에 있는 익숙한 대상으로 재현되는 것이다.[36]

『점석재화보』는 세계의 다양한 경관을 수집하고 재현하여 '인쇄된 박물관'(printed museum)의 역할을 했다. 근대 중국에 있어 과학은 학문적 방법론이나 과학적 세계관의 직접적인 수용이 아니라, 기구, 증기선, 기차 등 제작된 기물(器物)의 이미지로 대중들의 시각을 사로잡았다. 의미없는 군중과 자질구레한 도시의 일상 또한 재현의 영역 안으로 들어왔다. 그 사소한 사건들은 시사(時事)의 외양을 한 채 흔들리는 일상의 기이함을 보여주고 있다.

36 필자는 새로운 지식을 수용하는 과정에서 그것에 익숙한 형태를 부여하는 옛 형식을 '역사적 假晶(Pseudomorphosis)'으로 풀어왔다. 슈펭글러가 고안한 이 개념에 대해서는 다음을 참고하라. 이성현, 「점석재화보 연구」, 서울대 박사학위논문, 2019, 13~14쪽.

이노우에 데츠지로 외 2, 『철학자휘』에 관한 고찰

허지향

1. 머리말

『철학자휘(哲學字彙)』라는 지금 보면 아무런 도움도 안 될 듯한 철학사전이 있다. 1881년, "동경대학 3학부 인행(印行)". 당시 동경대학 문학부 제1과(사학 철학 및 정치학과)를 막 졸업한 이노우에 데츠지로(井上哲次郎, 1856~1944)가 학우 와다가키 겐조(和田垣謙三) 및 2년 후배인 아리가 나가오(有賀長雄)와 함께 편찬한 철학 학술 용어집이다. 1884년에 개정판이, 1912년에는 3판이 나왔다.[1]

한편, "철학"이라는 완전히 다른 말이 정착한 예는 한자권 밖에 없다. 중국어와 한글과 마찬가지로 베트남 알파벳으로 표기하는 베트남어 triết học는 철학(哲學)을 발음한 말이다. 역사적으로 보면 "필로

---

1 『哲學字彙』 각 판의 서지사항 및 중요 사항에 관해서는 졸저, 「문헌 해제-『哲學字彙』」, 『개념과 소통』 11, 한림과학원, 2013을 참조.

소피"라는 말을 번역하고자 시도한 예가 없었던 것은 아니다. 예를 들어 독일어로 "세계의 지혜" 정도로 번역할 수 있는 Weltweisheit라는 말이 있으나 정착되지 않았다. 아사쿠라는 "서양에서는 필로소피라는 그리스어가 오늘날까지도 번역 불가능한 말로 여전히 사용되고 있다"고 지적한다.[2]

필로소피를 포함한 서양철학에서 사용하는 말을 "완전히 바꾼" 역사의 일례로 이노우에 등이 간행한 『철학자휘』를 들 수 있다. 『철학자휘』가 제시한 번역어 중에는 현재 쓰이지 않는 말도 있다. 그러나 그 당시에 서양철학 개념을 한자어로, 그것도 짧은 시간에 수많은 개념을 "완전히 뒤바꾸려고 한" 시도가 가능했던 역사적 요인과 그 배경은 무엇일까? 한자와 가나가 섞인 현대 일본어를 보고 있자면 그 외의 가능성을 생각하기 어려울 지도 모르겠다. 그러나 로마자 표기론 및 일본어 폐지론, 한자 폐지론 등,[3] 다양한 논의가 나왔던 당시 상황을 고려하면 번역이 아닌 다른 길도 가능하지 않았을까? 물론 이노우에가 번역어를 모색하고 결정하는 데에 얼마나 고심했을까 하는 생각에서가 아니다. 사전의 용도가 의심될 정도로 『철학자휘』는 이상한 모습을 하고 있기 때문이다. 그리고 새로 만들어진 말들이 자연스레 회자되기까지의 시간을 고려한다면 지금과 같이 "철학"으로 그 개념들을 묶을 수 있게 된 역사는 겨우 백년 밖에 되지 않았다.

---

2 朝倉友海, 『「東アジアに哲學はない」のか』, 岩波書店, 2014, 29~30쪽.

3 이 모두를 넓게는 ① 가나까지 통틀어서 완전히 "다른 표기"를 갖자는 의견과 ② "한자를 제한하자, 및 한자를 폐지하자"로 나눌 수 있다. 본고는 ②를 중심으로 시기는 청일전쟁 전후를 대상으로 논의를 전개하나, 전체적으로 근대 일본의 "한자폐지·제한론"은 1860년대 후반부터 1945년 패전까지 각 시기에 따라 다양하게 나타났다. 이에 관해서는 安田敏朗, 『漢字廢止の思想史』, 平凡社, 2016 참조.

겨우 백 년 사이에 어떻게 이렇게까지 뒤바뀌는 변화가 가능했을까? 그 배경에 어떤 일들이 있었는가? 이러한 문제들에 답하기 위해 일단 당시 "국어국자문제(아래, 따옴표 생략)"[4]에서 이노우에가 펼친 의견부터 살펴보자.[5]

2. 계획된 어휘 사업: 국어국자문제를 통해

먼저 시기부터 확인하자. 이노우에가 국어국자문제에 구체적으로 의견을 낸 것은 『철학자휘』가 간행된 후이다. 즉, 시기적으로 영향 관계를 밝히기에는 국어국자문제보다 졸업 직후인 1880년부터 독일로 유학을 가는 1884년 사이의 일들에 주목하는 것이 마땅하다. 참고로 1880년부터 1884년 사이에 이노우에가 한 일은 크게 저작 및 번역 활동이며,[6] 제도와 관련해서는 동경대학에서 조교수로 "동양철학사"를 강의했다. 또한 당시 문부성 종리(綜理)였던 가토 히로유키의 권유로 "동양철학사" 편찬에 착수했다.[7]

---

4 "국어국자문제"는 일본 학계에서 통용되는 개념으로 이대로 사용한다. "국어국자문제"에 관해서는 선행연구가 많이 나와 있다. 이 글에서는 다음 연구를 참조했다. 平井昌夫, 『國語國字問題の歷史』, 昭森社, 1948; 長志珠絵, 『近代日本と國語ナショナリズム』, 吉川弘文館, 1998; 위의 책, 安田敏朗, 『漢字廢止の思想史』.

5 『철학자휘』에 관한 한국의 선행연구로, 박균철, 「『철학자휘』 재판에서 개정 증보된 역어-초판과 공통되는 원어를 중심으로」, 『일본어문학』 11, 한국일본어문학회, 2001 등을 들 수 있다. 일본의 연구 상황에 관해서는 앞의 글, 「문헌 해제: 『哲學字彙』」를 참조.

6 본고에서 다루는 『철학자휘』와 그 외에 『서양철학강의』(1883~1885), 『心理新說』(1882), 『倫理新說』(1883)가 대표적이다.

그럼에도 불구하고 국어국자문제를 보는 이유는 이노우에가 학술 번역어에 관해 어떻게 생각하는지가 그 논의에서 명확하게 드러나기 때문이다. 또한 『철학자휘』의 구조상 보이는 특이점이 이노우에의 독일 유학과 국어국자문제를 그대로 대변하고 있어서, 사전 편찬의 바탕을 이루는 논의 "없이", 급박했던 상황을 우리는 거꾸로 확인할 수 있다. 이 절에서는 국어국자문제의 전사를 짧게 확인하고 이노우에의 「문자와 교육의 관계」의 특징을 살펴보고 이를 위치지어 보겠다.

잘 알려졌듯이 근대 일본의 국자개량론은 마에지마 히소카(前島密, 1835~1919)의 「한자어폐지지의(漢字御廢止之義)」(1866)가 효시이다.[8] 이 글을 시작으로 "문명화"와 "국민 보급"을 목적으로 한 국자개량이 공론화되었고 그 안에서 한문 및 한자는 폐지 혹은 절감 대상으로 논의되었다.[9] 이노우에가 "지금은 오히려 우리가 얕보는 나라의 문자에 지배

---

7 『井上哲次郎自伝』, 冨山房, 1973, 8~9쪽. 당시 문부성 편찬국의 주요 업무는 앞으로 쓰일 각종 교과서를 편찬해 나가는 일이었다. 이노우에는 "문부성의 관료주의가 싫어서 가토 총리에게 부탁하여 문부성을 그만두고 동경대학 편찬소로 옮겼다.", 그 때부터 조교수로 있으면서 동양철학사를 편찬했으며 강의는 "동양철학사 원고가 어느 정도 완성되고 나서부터"라고 적고 있다. (같은 책, 9쪽)

8 본 사료에 관한 원본 부재 상황 및 이를 둘러싼 논의에 관해서는 앞의 책, 安田敏朗, 『漢字廢止の思想史』, 44~45쪽을 참조.

9 시기와 논자에 따라서 그 성격은 다르다. 前島密를 비롯한 1860년대의 논의에서 비판된 것은 당시 공용문으로 쓰이던 한문 및 한문훈독체였다. 즉, 구체적으로 일본 문자를 어떻게 운용해야 하나, 한자를 얼마나 줄여야 하나 등의 논의는 1870년대 이후, 문화결성단체가 활발해진 1880년대에 가서이다. 예를 들면 1883년에 결성된 가나노쿠와이(かなのくわい)가 이듬해에 낸 『문장을 적는 법(ぶん の かきかた)』, 1885년에 결성된 로마자회(羅馬字會)의 헤본식 철자법을 들 수 있으며, 1870년대의 이른 예로는 문부성이 국학자에게 신선자서(新撰字書) 편찬을 하도록 한 일, 『單語篇』(1872)에서 보이는 가나 통일 시도를 들 수 있다. (武部良明, 「國語國字問題の由来」, 『岩波講座·日本語3』, 岩波書店, 1977.)

되어 있으니 참으로 유감"이라 했듯이[10] 이노우에 또한 최초의 국자개량론에서 시작된 '한자비판론'을 이었다. 그 후 1900년에 문부성에서 최초로 「소학교령시행규칙」을 정하여 가나 자체(字体)및 한자 절감론이 일단락되기까지 약 30년을 거치는 동안, "한자"는 "국민화 과정"에 필요한 "초등교육의 일원화"라는 측면에서 논의되는 과정을 통해 "지나 문자"로 상대화되었다.[11] 또한 1900년대 초반은 문부성에 제국교육회가 설치되고 국어조사위원회가 탄생했다는 점에서도 중요한 해였다. 오사의 말을 빌리면, 청일전쟁에서 경험한 승리감이 국민적 자각을 상승시켰고, 중국에 대한 감정적인 인식보다는 오히려 "국어" 쪽에 에너지가 쏟아졌다.[12] 곧 살펴보듯이, 이노우에의 문자론은 이전 시기의 한자비판론을 이음과 동시에 1900년 이후 문부성의 "합리적인" 시책을 예고하는 것이었다.

위에서 말했듯이 그가 국어국자문제에 참가한 시기는 유럽에서 돌아온 직후이며 청일전쟁에서 승리하기 이전이다. 이노우에의 주장에는 그가 유럽에서 "지나연구자"들과의 교류를 통해 보고 들은 언어학적 지식이 반영되어 있음을 추측할 수 있다.[13] 먼저 이노우에의 「문자와 교육의 관계」를 일련번호를 붙여 가며 간추려보자. ① 지금은 "일신경쟁(日新競爭)"의 시기이다. "우리나라의 교육"은 "다른 나라보다 앞서 진보해야 한다" ②"서양에서는 그 어떤 나라도 26개 정도의 문자

---

10 井上哲次郎, 「文字と教育の関係」(1894), 『國語國字教育史料総覧』, 國語教育研究會, 1969, 54쪽.

11 長志珠絵, 『近代日本と國語ナショナリズム』, 吉川弘文館, 1998, 제2장을 참조.

12 위의 책, 제2장.

13 井上哲次郎, 『懷舊錄』, 春秋社松柏館, 1943, 304~310쪽, 325~330쪽.

(字)로 교육"하고 있다. ③ "말(言葉)"의 단위로 보면 "서양은 약 12만개, 지나는 몇 십 만개"이다. ④ 최근 10년 동안 문자 개량 운동이 있었던 바, 크게 3가지로 구분할 수 있으나 그 무엇도 문제가 많다. ⑤ 전 세계를 통틀어 보면 예부터 문자 개량의 예는 많다. ⑥ 그러므로 일본도 문자 개량에 힘써야 한다. 구체적인 방침에 관해 생각해보면 일단 오늘날 세계에 널리 시행되는 문자에는 "페니키아 문자"와 "지나문자"이다. ⑦ "페니키아 문자"는 최초에 "표의적(表意的) 형상문자"였으나 점차 발음적인 성질로 바뀌어갔다. 같은 예로, "우리나라의 가나(仮名)"도 "유의적(有意的) 문자"에서 "점차 생략되어 발음적인 것"이 되었다. 그러므로 "히라가나부터 시작하여 단순한 문자"로 개량해야 한다.[14] 구체적인 이야기는 여기까지다.

여기까지 그의 주장의 특징은 첫째, 히라가나와 한자가 비대칭적인 형태로 "말(言葉)"을 통해 비교된다. 비대칭적이라 함은, 히라가나는 페니키아 문자 측에 세우면서 구체적인 개선 대상으로 논하는 반면, 한자에 관해서는 별 언급이 없다. 또한 이전까지의 한자 비판에서는 주로 문자수가 많음이 문제되었다면, 이노우에는 "두 세 글자의 숙어" 한자까지 포함하여 한자도 "말"이라는 측면에서 사고한다. 즉, 그는 "웹스터(Webster) 사전"의 표제어 숫자를 예로 "말(言葉)은 서양도 똑같이 많다"고 말한다. 둘째, 「문자와 교육의 관계」라는 제목에서도 알 수 있듯이, 이때의 "문자"는 명맥을 이어온 "한자"가 아닌 국민의식과 함께 새로이 부상한 "국자"를 말했다. 즉, 이노우에의 이 글에서 "한자"가 "국자"의 일부로 상정되고 있다는 점이 중요하다. 아래에

---

14 앞의 글, 井上哲次郎, 「文字と教育の關係」, 53~58쪽.

서는 그가 현실세계에 있어서 한자의 필요성을 전제했음을, 상기한 일련 번호④의 내용을 통해 살펴보자.

먼저 이노우에가 "3파"로 구분하는 기존의 문자 개량 운동은 다음과 같이 비판된다. 첫째, "일본 말을 로마자로 적고 한자(이노우에는 한자를 대부분 "支那字"라 적는다. 아래에서는 "한자"로 번역한다)는 폐지하자"는 주장이 "틀린" 이유는 이 주장이 "일본인의 감정"에 반하기 때문이다. 이노우에는 말한다. "이 감정은 실로 중요한 감정으로, 적당한 구실을 대어서 지나칠 수 없는 문제이다. 왜냐하면 국체란 이 감정으로 지속되기 때문이다." 그렇다면 이 감정을 유지한 가나론자에 대해서는 어떤가? 둘째, 이 "가나로써 한자를 대신하고자 하는 설"에 대하여 이노우에는 "이는 퇴보이다. 가나의 길어짐을 한자가 한 글자로 대표해 주는데 이를 가나로 표기해 버린다면 따분하도록 장황해져 버릴 것이다. 특히 바쁠 때에 구사조시(草雙紙)와 같은 것을 어떻게 읽고 앉아 있겠나?"라며 비판한다. 마지막으로 "수를 정해서 한자를 이용하자"는 "한자 삭감설"에 대해서는 "좀 어처구니가 없다"며 질책하는 어조로 "말(言葉)은 점점 늘어 가는데 줄이자니 이 무슨 거꾸로 가자는 소린가"라며 비판한다.[15]

한편, 이 논설이 국민교육을 체계화하기 위한 목적에서 행해진 국어국자 논쟁의 일부였다는 점도 고려해야 한다. 이노우에는 "일본에서 이미 시행되는 한자의 (수)가 막대함"을 전제로 받아들이면서 표기문자를 개량하는 구체안을 제시하는 것이 목적이었다. 물론, 위에서 말했듯이 "한자에 지배되어서 사상 독립이 어렵다"는 표명은 유지되는

15 위의 글, 55쪽.

바,[16] 이 때 이노우에가 드는 예가 바로 "학술어" 문제였다. 일본이 주체가 되어서 번역학술어를 "제조"하자, 이것이 이노우에의 주장이었다.

> 예를 들어, "화학"이라는 말은 지나인이 만든 말이다. 일본에서는 처음에 이 말을 사밀학(舍密學)이라 했다. 그런데 결국 이를 버리고 지나 번역을 사용했다. 지나인이 만든 말이니까 아름답다고 생각한 듯하나 이게 뭔가? 요괴(化け物) 학문? (웃음: 원문 그대로) 그런 글자는 합당치 않다. 역시 사밀학이라고 하는 편이 원어에 가깝다. "기하학"도 마찬가지로 지나인이 번역한 말이다. 이게 뭔 말인가. "얼마나?(幾何ぞ)"라고? …(중략)… 일본의 글자가 지나에 의거하고 있으니 어쩔 수 없다며 작은 일까지 스스로 옭아매고 있다. 실은 번역어와 같은 것은 우리가 제조해서 그들에게 가져다주어야 한다. 특히 옳은 것을 버리고 잘못된 예를 취하는 것은 사상독립에 반하는 가장 심한 행태이다.[17]

위의 일련 번호⑥에서도 말했듯이 이노우에는 페니키아 문자와 한자를 오늘날 행해지는 주류 문자로 파악했다. 즉, 이노우에는 한자 사용을 전제로 한자를 "새롭게" 운용하는 일, 바로 일본이 나서서 번역어를 제조해야 한다고 주장했다.

한자의 "새로운" 운용이라는 주장은, 이 논설을 발전시킨 1898년의 글 「국자개량론」에서 더 구체적으로 드러난다. 제목에서 드러나듯이 여기서도 한자는 단순한 "지나 문자"가 아닌 "국자"의 일부로서 논의된다. 몇 가지 예를 제시하자. 먼저 훈독 가나를 통일하자는 의견이다.

16 위의 글, 54쪽.

17 위의 글, 54~55쪽.

자훈의 가나즈카이(한자를 읽는 법을 가나로 적을 때의 표기법: 이하 모두 필자 주)를 바르게 정리하는 일은 쉽지 않다. 예로, 鼠(쥐 서)의 훈은 "子ズミ"이나, "子ヅミ"로 틀리기 쉽다(둘 다 한글 발음은 "네즈미". 여기서 이노우에는 "즈"를 ズ라 표기하지 않고 ヅ라 잘못 표기한다고 지적). 水(물 수)의 훈조차도 "ミヅ"인지 "ミズ"인지 망설인다(마찬가지로, "미즈"의 두 표기를 나열하면서 통일해야 함을 강조). 단순해 보이나, 十(열 십)의 훈은 왜 "トウ"가 아니고 "トヲ"인지를 확실하게 말할 수 있는가? 大(큰 대)의 훈은 "オホイナリ"이나, 모리 데사이(毛利貞齊)의 옥편에는 "オホヒナリ"라고 잘못 적고 있다. …(중략)… 한자는 한 글자에 대해서도 읽는 법이 여럿 있다. 예를 들면 "為"라는 글자는 먼저 "スル(스루)"라고 읽을 수 있고 두 번째로는 "ナス(나스)"라고 읽을 수 있다. 세 번째로 "ツクル(츠쿠루)", 네 번째로 "ヲサム(오사무)", 다섯 번째로 "タスクル(다스쿠루)", 여섯 번째로 "シワザ(시와자)"라고도 읽는다. 그 외에도 더 있다.[18]

다음 예는 훈점에 대한 비판이다.

한자는 보통 독자가 읽기 어렵다는 이유에서 주로 방점이 따라다녔다. 이 때문에 이미 충분히 조잡한 문장 사이에 미세하게 가나를 투입해서 더더욱 눈을 방해하게 했다. 음부자(音符字)를 사용하면 한 문장으로 충분할 것을 본문과 역문(譯文)을 나란히 적어서 한문보다도 더 추악한 문장 형식을 만들었다. 이보다 더 추악한 것은 상상할 수도 없다. 작가는 이 때문에 이중으로 노력과 시간을 써야 했고 독자는 본문을 읽는 건지, 방점을 읽는 건지 혼란스럽기 그지없었다.[19]

---

18 自治館, 『國語改良意見』, 自治館出版, 1900, 385~386쪽.

19 위의 글, 389쪽.

이처럼 이노우에의 주장은 기본적으로 한자비판론을 유지하면서 한자를 국자로 운용하기 위한 구체적인 개량책을 제시한다는 점에서 당시의 국어국자문제가 갖는 특징이 잘 드러난다고 할 수 있다. 이러한 자세는 예를 들면 1870년대 초반의 한자절감론과 비교해 보면 그 시대적 특징이 더 잘 드러난다. 이를테면 지금까지 1870년대 초반의 대표적인 "한자절감론"으로 이야기되어 온 후쿠자와 유키치의 『문자지교(文字之教)』(1873)와 비교해 보자. 후쿠자와의 「문자지교」를 보면, 선행연구에서 말하듯이 결론적으로는 "한자절감"을 주장한 글이라고 할 수 있다. 그러나 그보다는 당시 한자 폐지론(후쿠자와가 말하길 "漢字を全く廢するの説")에 위화감을 표하고, 어려운 글자 대신에 "내실 있는 글"을 쓰도록 안내하는 글이었다.[20] 더군다나 「제일문자지교(第一文字之教)」부터 시작하는 본문에서 아동에게 구체적으로 한자를 가르치는 방법을 고민하는 내용은 천자문을 상기시킨다.[21] 즉, 한자는 여전히 "한자"였다.

한문훈독체가 가장 맹세를 떨치던 시기가 바로 이 1870년대였다.[22] 한자로 적어온 말은 모두 한자로 적는 것에 이견이 없었다고도 할 수 있다.[23] 그래서 신문이나 잡지에는 어려운 한자가 여전히 등장했고 그 한자를 읽는 사람이 힘을 들여서 읽어 보면 뻔한 훈독인 경우도 많았다. 반대로 생각해보면 당시에 히라가나 전용론자든 로마자론자든, 한자를 폐지하자는 주장이나 한자를 줄이자는 주장이 나올 수 있

---

20 福澤諭吉, 「文字之教」, 『福澤諭吉全集第三巻』, 國民圖書株式會社, 1926, 699쪽.
21 위의 책, 637쪽.
22 사이토 마레시, 허지향 옮김, 『한자권의 성립』, 글항아리, 2018, 제5장 참조.
23 앞의 글, 武部良明, 「國語國字問題の由來」을 참조.

었던 것은 대중들이 그만큼 다양다색한 한자 표기를 경험했어야 했기 때문이며, 그래서 지지 또한 쉽게 얻을 수 있었다. 이와 반면에 한자가 "지나문자"로 상대화되고 온전히 "국자"의 일종이 된 시기가 청일전쟁 전후이다. "한자"를 국어 정책의 구체적인 대상으로 보게 된 것이다. 이노우에의 논의도 이러한 배경 속에 있다.

이상, 이노우에의 주장을 통해 국가공동체 레벨에서 논해져 온 "속어"와는 그 성격이 정반대인 것처럼 보이는 학술용어에 관해서도 그 생성에는 같은 원리가 작용하고 있었음을 지적할 수 있다.[24] 물론 『철학자휘』의 말들은 고도로 추상화된 한자어라는 점에서는 "속어"와 다르다. 그러나 『철학자휘』가 한문으로 쓰인 근대 이전의 고전들을 전거로 수많은 한자번역어를 창출했다는 사실을 예로 들어, "한자문화권"의 동질성을 주장하는 식으로 논의를 전개해서는 안 된다. 속어와는 그 성격이 반대되는 것처럼 보이는 『철학자휘』의 말들은, "한자"로 의사소통을 가능케 하는 것으로서 고안된 것이 아니다. 그것은 "지나문자"에 대항하고자 하는 의식 속에서 국자 개량을 목적으로 산출된 것이다. 이런 배경을 염두에 두면서 『철학자휘』의 속을, 관련 사항을 중심으로 살펴보자.

---

24 19세기 이후 국민 언어가 생성됨에 있어서 "속어 사전 편찬"이나 "인쇄물의 속어화"가 큰 역할을 했다는 사실은 더 이상 말할 필요도 없으리라(베네딕트 앤더슨, 서지원 옮김, 『상상된 공동체: 민족주의의 기원과 보급에 대한 고찰』, 길, 2018, 제5장 참조).

3. 이노우에 데츠지로의 『정증영화자전(訂增英華字典)』에 비춰본 『철학자휘』

『철학자휘』(1881)가 간행된 같은 시기에 이노우에 자신이 낸 또 다른 사전이 있다. 바로 『정증영화자전(訂增英華字典)』(1883~1884)이다. 아래에서는 성격이 전혀 다른 두 사전이 같은 시기에 나왔음에 주목하여 『철학자휘』의 이해를 더해 보도록 하겠다.

사전의 제목에서 알 수 있듯이 『정증영화자전』은 독일 출생의, 영국에서 파견된 선교사 롭샤이드(Wilhelm Lobscheid, 1822~1893)[25]가 홍콩에서 간행한 『영화사전(英華事典)』(1866~1869)을 이노우에가 증보한 것이다. 영화사전은 모리슨의 『중국어사전(中國語辭典)』을 시작으로 "신한어의 생산과 전파에 큰 역할을 했"을 뿐만 아니라 "일본의 영화(英和) 사전에도" 큰 영향을 미쳤다.[26] 일본에서 정정하거나 증보하여 간행한 영화 사전도 일찍이 후쿠자와 유키치의 『증정화영통화(增訂華英通話) 上·下』를 시작으로 활발히 간행된 바, 그 중에서도 이 롭샤이드의 영화자전을 저본으로 한 증보판은 1900년대까지 지속적으로 간행되었다. 예를 들면 츠다 센(津田仙), 야나기사와 신다이(柳澤信大), 오오

---

25 롭샤이드는 일본에 체류한 적이 있다. 그가 영국의 중국복음전도협회가 파견하는 선교사 자격으로 두 번째로 중국에 와 있던 때였다. 페리 함대의 두 차례에 걸친 일본 내항도 같은 시기였다. 롭샤이드는 일미화친조약을 비준하기 위한 두 번째 상선에 중국-네덜란드어의 통역관으로 동행했다(1854.12.). 이 때 번역된 조약서를 함께 확인하고 교환한 막부 측 통사가 뒤에 『영화대역수진사서(英和對譯袖珍辭書)』를 쓰게 되는 호리 다츠노스케(堀達之助)였으며, 호리는 이 때 롭샤이드에게서 메드허스트의 화영자전을 건네받았다고 한다. (那須雅之, 「ロプシャイト略傳」上·中, 『月刊·しにか』, 1998.10~11.)

26 사이토 마레시, 허지향 옮김, 앞의 책, 206~208쪽.

이 가마키치(大井鎌吉)가 번역하고 나카무라 마사나오가 교정한 『영화화역자전(英華和譯字典)』(1879)은 1894년까지 판을 거듭했으며, 여기서 소개하는 이노우에의 『정증영화자전』도 세 차례나 재판되었다.[27] 이노우에의 증보판은 1903년에 상하이에서도 간행된 바,[28] 롭샤이드의 영화사전보다 알려졌을 가능성도 지적되어 있다.[29]

이노우에의 『정증영화자전』은 『철학자휘』 초판이 나온 뒤인 1883년에 간행이 시작되어 이듬해에 총 일곱 권의 형태로 완성되었다. 그러나 두 사전의 시기가 비슷한 것에 비하면 내용은 너무 다르다.

〈표 1〉

	『英華字典』 (1866~)*1	『哲學字彙』 (1881)	『訂增英華字典』 (1883~1884)*2
Absolute	unlimited in power, free, 自主(이하, 발음기호 생략: Punti / Mandarin pronunciation); absolute as applied to Gob, when referring to his existence &c., 自然; complete, 全, 齊全; absolute authority, 獨主其權, 自已作主, 自主權柄, 無限之權勢, 自然之權勢; an	絕對、按、絕對孤立自得之義、對又作待、義同、絕對之字、出千法華玄義、純全、專制(政)、Absolute right純權.0	a. 完全, 齊全, 全; unlimited in power, free, 自主, 凡事自主; absolute as applied to Gob, when referring to his existence &c., 自然; complete, 全, 齊全; absolute authority, 獨主其權, 自已作主, 自主權柄, 無限之權勢, 自然之權勢; an

27 飛田良文·宮田和子, 『十九世紀の英華·華英辭典目錄: 翻譯語研究の資料として』, ICU語學科飛田研究室, 1997, 86~101쪽.

28 金敬雄, 「井上哲次郎の『訂增英華字典』における譯語の削減についての考察」, 『行政社會論集』 11:4, 福島大學行政社會學會, 34쪽.

29 沈國威, 『近代日中語彙交流史: 新漢語の生成と受容(改訂新版)』, 笠間書院, 2008, 140쪽; 宮田和子, 「井上哲次郎の『訂增英華字典』の典拠: 增補譯語を中心に」, 『英學史硏究』 32, 日本英學史硏究, 1999, 53쪽.

	absolute estate, 小康之家; an absolute promise, 無爽約, 無退違之許; an absolu-te refusal, 斷不肯, 是必唔肯; how absolute the kna-ve is, 個光棍咁躁暴; 定, 實; arbitrary, 任意., 實; ar-bitrary, 任意.		absolute estate, 小康之家; an absolute monarchy, 君權無限制; absolute power, 全權; absolute promise, 無爽約, 無退縮之諾, 無退違之許, 定然応許; an absolute refusal, 断不肯, 是必唔肯; how absolute the knave is, 個光棍咁躁暴; 定, 実; arbitrary, 任意.
Abstract	to, to take from, 除, 除去, 分別; to distil, 烝; to de-duct, 除; to take out, 抽去, 抽出; to take from amongst, 拔出; to steal other people's ideas, 掠美, 抄竊; to take clandestinely, 偷竊, 竊取.	抽象、虛形、形面上、按、易繫辞、形而上者謂之道、	vt. To take from, 除, 除去, 分別, 減除; to distil, 烝; to deduct, 除; to take out, 抽去, 抽出; to take from amongst, 拔出; to steal other people's ideas, 掠美, 抄竊; to take clandestinely, 偷竊取.
Ambiguous	indistinct expression, 含糊之語、雙關說、兩便講得	曖昧、糊塗、滑疑、按、荘子濟物論、滑凝之耀、聖人之所圖也、口義、滑凝言不分不曉也、	a. Indistinct expression, 含糊之語, 雙關說, 暗意的, 兩便講得, 糊有兩意義的; an ambiguous expression, 半明半暗之語; ambiguous affairs, 可疑之事.

* 1 W. LOBSCHEID, ENGRISH AND CHINESE DICTIONARY, Daily Press, 1866~1869. 同志社大學 소장 총 4권을 사용(PART Ⅰ: 1866, PART Ⅱ: 1867, PART Ⅲ: 1868, PART Ⅳ: 1869). 모든 번역어에 사성을 포함한 발음(Punti and Mandarin pronunciation)을 표기하고 있다.

* 2 井上哲次郎訂增, 『訂增英華字典』, 藤本次右衛門出版, 1883. 上智大學所蔵의 7분책을 초판을 사용.(제1분책이 1883년 9월, 마지막 7분책이 1884년 7월에 발간되었다. 참고로 2판은 1899년, 3판은 1906년에 출판되었다.

〈표 1〉를 보면 먼저, 『영화자전』에 열거된 한자어는 생략된 Punti/Mandarin pronunciation까지 포함하여 그 다양성이 눈에 띈다. 이는 사이토가 지적하듯이 19세기 이후에 활발하게 간행된 영화사전에서 공통적으로 보이는 현상으로, "새로운 한어 생산"에 영향을 미쳤을

뿐만 아니라 전통적인 "한어"의 범위를 넘음으로써 "한어"의 "다양한 변종"을 가능케 했다.[30] 즉, 『영화자전』도 『철학자휘』처럼, 한적에서 그 문맥을 제외하고 말만 따오는 식으로 작업되었기 때문에 한적 문맥으로부터 개념이 떨어져 나오게 된 과정과 관계한다.

그럼에도 불구하고 〈표 1〉의 세 개념을 보면 『영화자전』 및 『정증영화자전』에서 『철학자휘』와 일치하는 번역어가 보이지 않는다는 점에서, 이노우에가 롭샤이드의 원 사전을 전제로 그것에서 벗어나지 않는 범위 내에서 증보 작업을 행했다는 점을 알 수 있다.[31] 즉, 『정증영화자전』에 수록할 한자번역어를 늘이면서도 모든 개념을 싣고자 하지는 않았다는 것이다. 이 점은 1882년에 간행된 『영화자휘(英和字彙)』(柴田昌吉·子安峻)가, 『철학자휘』 초판의 번역한자어를 눈에 띄게 반영하고 있는 것과도 대조적이다.

이노우에는 『정증영화자전』에 서문을 남기고 있는바,[32] 이 서문을 통해서 다음 두 사실을 확인할 수 있다. 먼저 이노우에가 롭샤이드의 사전을 높게 평가한 이유는 원어의 뜻을 알고자 하는 영어학자에게 이 사전이 도구적인 역할을 한다는 점, 두 번째는 『정증영화자전』은 책방 주인 후지모토(書肆藤本氏)의 권유에 의해 간행되었다는 점이다.

---

30 齋藤希史, 「近代漢字圈の成立: 翻譯と漢文脈」, 한국일본연구단체 제2회 국제학술대회 발표문에서 인용, 2013년 8월 23일, 가천대학교 주최, 337쪽.

31 이에 관해서는 앞의 金敬雄의 연구를 참조.

32 我邦雖既有二三對譯辭書而大抵不完備詳于此者則略于彼備于彼者則浅于此不啻意義未尽譯語無往々欠妥意義既盡譯語又妥而最便象胥家者其唯西儒羅存德氏所著英華字典耶世之修英學者拠此書以求意義則無字不解無文不曉左右逢原何所不通之有但此書乏坊間而価極貴學者憾其難得書肆藤本氏有見于此乃欲刷行此書以便學者謀之于余々賛其挙曰今夫修英學磨智識者益多則我邦之文運駸々乎. (井上哲次郎, 「英華字典叙」, 『訂增英華字典』(上智大學 소장), 1883~1884, 서문)

이는 신문의 평설(評說)을 보아도 잘 알 수 있다. 예를 들면 『메이지일보(明治日報)』 평설에는 다음과 같이 적혀 있다.

> 애초에 이 책은 서유(西儒) 롭샤이드(羅存德)가 쓴 책인바, 이 책이 우리나라에 많이 없고 희귀해서 구하기 곤란했다. 후지모토 씨가 이를 걱정하여 대학 조교수인 이노우에 데츠지로 군에게 증정판을 내도록 간청하여 인쇄하게 되었다. 세상사람 중에 영서를 배우는 사람이라면 필시 한 질 사서 책상 오른쪽에 휴대해야 할 것이다.[33]

이 외의 신문 평설에서도 증보판의 "인쇄 상태의 선명함", "간편함", "싼 가격"을 내세우고 있다. 이 점 또한 『철학자휘』의 광고를 실은 『철학회잡지(哲學會雜誌)』 잡보란과 대조적이다.[34]

영화(英華) 자전의 증보 작업이 이노우에 자신이 의도한 것이 아니라는 점에서 보면 두 사전에서 보이는 간극은 자연스럽게 이해될지 모른다. 그러나 이노우에가 영학자들에게 『영화자전』이 좋은 참고서가 됨을 인정하면서도 같은 표제어를 가리킨다고 명시된 모든 한자어를 "증보"에 반영하지 않았다는 사실은 간과할 수 없는 문제인 듯하다. 『정증영화자전』과 『철학자휘』는 각각 같은 표제어에 대하여 의도적으로 한자번역어를 구분하고 있는바, 번역에는 이처럼 의미 이상의 어떠한 목표된 행위가 수반됨을 드러내는 예라고 할 수 있다.

---

33 위의 책, 제5회분(1884) 표지.

34 『철학자휘』에 관해서는 실용성 이전에 "자휘" 자체의 필요성이 제기되었다. 예를 들면 『哲學會雜誌』 2:14, 1888.3.를 참조.

4. 『철학자휘』의 대칭적 구조

위에서 『철학자휘』가 특이한 구조를 하고 있다고 했다. 이 절에서는 이 점에 관해 서술하겠다.

먼저 가장 큰 특징으로 『철학자휘』는 로마자 표제어와 이에 대응하는 한자어로 되어 있다. 즉, 의미 기술이 없다. 그러므로 이 사전으로는 표제어가 쓰이는 의미 범위를 알 수 없다. 이 외에도 이노우에가 적은 서문을 중심으로 속을 들여다보면서 『철학자휘』의 특징을 나열해 보자. 이노우에는 서문에서[35] 첫째, 플레밍의 철학사전을 가지고 썼다고 밝힌다.[36] 알려졌듯이 원서는 William Fleming, The Vocabulary of Philosophy, Mental and Metaphysical, with Quotations and References; For the Use of Students(1856). 그러나 실제로 이 플레밍의 사전을 보면 이노우에가 "자전"이라 표현했듯이 표제어가 있고 의미 설명이 행해진다. 이러한 구조에서는 표제어와 의미가 대응되기 때문에 이 둘은 상호교환적일 수 없다. 반면에 『철학자휘』는 표제어와 한자어가 서로 상호교환 되는 것처럼 대응된다. 둘째, 서문에서는 "플레밍의 철학자전이 근세에 관한 글자(字)를 누락하고 있어서 표제어를 늘리고 "선배들의 번역어" 등을 참조하면서 번역어를 정해갔다"고 말한다. 실제로

---

35 一、此書拠英人弗列冥フレミング氏哲學字典而起稿、然該書不多載近世之字、因與文學士和田垣謙三、文學士國府寺新作、併有賀長雄等、徧搜索諸書、所増加甚多、/一先輩之譯字中妥当者、盡採而収之、其他新下譯字者、佩文韻府淵鑑類函五車韻瑞等之外、博参考儒仏諸書而定、今不尽引証獨其意義艱深者、攙入註脚、以便童蒙(『哲學字彙附清國音符』, 東京大學三學部印行, 1881, 緒言)

36 구체적인 내용에 관해서는 飛田良文, 「『哲學字彙』の成立と改訂について」, 『英獨仏和哲學字彙 覆刻版』, 名著普及會, 1980을 참조.

이노우에는 절반 이상의 표제어를 보충하고 있다. 또한 "선배들의 번역어"라 함은, 알기 쉬운 예로 "철학"이라는 번역어에 "니시 아마네가 번역했다"고 주를 다는 식이다. 셋째, 서문에 "패문운부(佩文韻府), 연감유함(淵鑑類函), 오차운서(五車韻瑞) 그 외에도 널리 유불서를 참고로 역자를 정했다"고 적혀 있듯이 실제로 본문에는 역어 아래에 출처가 명시되어 있다. 상기했듯이 『철학자휘』는 표제어의 뜻을 알려주는 사전이 아니라, 표제어에 대하여 대응할 만한 한자어를 고전을 통해 제시하는 사전이다.

실제로 이들은 로마자의 표제어가 "어느 한자어에 대응될 수 있을까"를 집중적으로 고민했다.[37] 이 고민의 실천은 경전이나 선배의 역어에서 말을 수집하는 형태로 이루어졌다. 그 말이 속한 문맥이 섞여 들어옴은 당연했고 나아가서 각각의 번역어에 달린 주석을 통해서 그 섞임을 직접 확인할 수도 있다. 그러나 당연한 말이지만 고전 문맥은 표제어와 아무런 관련이 없고 그로부터 "뽑아진" 한자어만 표제어와 대응관계를 갖는 것처럼 제시된다.

> 보통 상식이라는 선에서 우리들은 …(중략)… 원문과 번역은 똑같은 의미작용을 하며 같은 사건 및 판단, 사태를 가리킨다고 여긴다. …(중략)… 이상적으로는 어떤 하나의 언어로 적힌 원문과 다른 말로 적힌 번역 사이에 존재하는 호환성 때문에 번역을 다시 번역하면 원문으로 돌아가서 원문과 일치할 것이라고 믿는다. 물론 현실적으로는 잉여의 의미를 낳지 않는 이상적인 번역은 원초적으로 불가능하며 원문에서 어긋나는 번역을 피할 수 없다는 점도 인정한다.[38]

37 井上哲次郎, 『井上哲次郎自傳 三十年祭記念』, 冨山房, 1973, 33쪽.

『철학자휘』는 여기서 말하는 번역의 "이상적"인 상태를 정색하고 재현하고자 한다. 즉, 아주 단순하게 표제어와 한자어는 같은 의미작용을 한다고 내보이는 사전이다. 『철학자휘』의 구조에서는 표제어를 번역하면 한자어가 되고 한자어를 번역하면 다시 표제어로 돌아간다. 물론 그것은 『철학자휘』의 양립적인 대칭 구조 그 안에서만 가능했다.

5. 기호로서의 번역어(1)

『철학자휘』에서 표제어와 한자어가 상호 대응하는 이질적인 두 언어로밖에 보이지 않는 데에는 『철학자휘』가 최소한의 에크리튀르만 제시하고 있다는 점과 관계한다. 이를 『철학자휘』 이전에 간행된 사전 중에 특히 호리 다츠노스케(堀達之助, 1823~1894)의 『영화대역수진사서(英和對譯袖珍辭書)』(1862, 이하 『수진』)[39] 및 시바타 쇼키치(柴田昌吉, 1842~1901), 고야스 다카시(子安峻, 1836~1898)가 간행한 『부음삽도영화자휘(附音挿図英和字彙)』(1873, 이하 『영화』)[40]와 비교해 보자.

---

38 酒井直樹, 『過去の声: 18世紀日本の言説における言語の地位』, 以文社, 2002, 306~307쪽.

39 여기서 사용한 『英和對譯袖珍辭書』는 재판 2쇄를 저본으로 1869년에 간행된 구라타야 세이에몬(藏田屋清右衛門) 판이다(일본국회도서관, 近代デジタルライブラリー 소장). 초판과 재판의 관계를 요약해 둔다. 1862년 초판→(개정증보)→1866년 개정증보판→(내용 동일)→1867년 제2쇄→(내용 동일)→본 사료(1869). 초판은 요쇼시라베쇼(洋書調所), 개정증보판 및 제2쇄는 개성소(開成所)에서 간행된 데 반해, 본 사료는 제2쇄 간행에 참여한 세이에몬이 관의 허가를 얻어서 찍은 것이다. (杉本つとむ, 『辭書·字典の研究Ⅱ』, 八坂書房, 1999, 491~500쪽을 참조.)

40 柴田昌吉·子安峻, 『附音挿圖英和字彙』, 日就社, 1873. (일본국회도서관, 近代デジタルライブラリー 소장.)

먼저 눈에 띄는 점은 『철학자휘』의 간략함이다. 같은 표제어에 대하여 각각의 사전에서 제시하는 한자번역어가 『철학자휘』의 것인지, 그렇지 않은지를 바로 알 수 있는데, 그 이유는 다음 예에서 바로 알 수 있다.

Absolute	n.限リナキ、充分ナル、整フタル、自由ナル
Bad	n.悪キ、病アル、不好ノ
Being	n.顕ハレテ居ルモノ、形體

(『수진』)

Abstract	vt.抜萃(ヌキトリ)スル、省略(ツツムル)スル、減少(スクナク)スル、除去(ノゾキサ)ル、抜出(ヌキイダ)ス a.異(コトナ)リタル、深意(イミフカキ)ノ、抜出シタル、難解(ケシフタキ)ノ n.抜萃、摘要(ヌキガキ)、畧言(ツヅメゴト)、簡約(ツヅメ)

(『영화』)

Absolute	絕對 (주석 생략)
Bad	惡、不善、凶邪
Being	實在、現體
Abstract	抽象、虛形、形而上(주석 생략)

(『철학자휘』)

위에서 『영화(英和)』의 번역어는 음운을 동반하고 있으며 『수진』에서는 소수의 예를 제외하면 덧붙는 가타카나 없이는 읽을 수 없다. 「Premise 前ニ説ク、序文凡例抔ノ如ク前ニ用ユル」(『수진』)와 같이 설명체로 명사를 번역한 예도 많아서 이들 예를 통해 사전 편찬이 상정된 독자 세계의 음운 체계를 전제로 함을 알 수 있다. 나아가서 『영화』의 Absolute 번역에서 보듯이, 극단적으로는 적힌 문자를 의식하지 않아도 번역이 성립했을 거라고 추측되는 예도 있다. 물론 "누키토리(ヌキトリ)"에 "발췌(拔萃)"를 붙였다는 사실 또한 간과할 수 없는 문제이다. 표기와 입말의 관계에 관해서는 여기서 말할 만큼 간단한 문제가 아니므로 일단 두자.[41] 어쨌거나 『수진』과 『영화』의 번역어는 의미에 관여하는 음운이 매개되어 있어서 특정 음운체계를 습득하고 있지 않으면 원어를 이해할 수 없다. 즉 이들 사전에서는 해당 한자가 신조어라고 한다면, 이를 시각적으로 익숙토록 하기 위해서는 여기에 붙은 물질적인 요소들을 떼어내는 별도의 단계가 필요했다고도 할 수 있다.

여기서 다시 『철학자휘』로 돌아가면, 이 사전의 한자번역어에는 가나가 붙어 있지 않다. 이는 이노우에들이 사전을 간행한 당시에 그 한자들이 "번역어"라기 보다는 기호와 같은 성질로 인식되었을 가능성을 상기시킨다. 실제로 『철학회잡지』에는 다음과 같은 기술이 보인다.

> 무릇 어떤 학문이든지 간에 그 학문에 관한 완전한 자휘는 강습자에게 반드시 필요한 것이다. …(중략)… 우리나라에서도 최근에 철학을 강구해야 할 필요성을 알고 그 학문을 배우고자 하는 이들이 많아졌다. 그러나 여기에 한 가지 큰 장애가 있어서 강구자들의 학습을 매우 방해한다. 그것

41 고마츠 히데오(小松英雄)의 다음 언급은 논의의 여지가 많으나 데리다의 음성중심주의 비판과 함께 한번 생각해 볼만하다. "「기죠유」라는 말을 모르면 「生醤油」는 읽을 수 없으나, 그 말을 알기만 하면 (이 한자는) 달리 읽을 방도가 없다. 일본어에 「나마쇼유」, 「이키쇼유」, 「쇼죠유」와 같은 말은 없기 때문이다." (小松英雄, 『日本語書記史原論·補訂版·新装版』, 笠間書院, 2006, 13쪽.)

> 은 완전 전량(善良)한 철학자휘가 없다는 점이다. 애초에 철학에 관한 술어(術語)는 그 수가 매우 많고 또한 이해하기 어렵다. 그리하여 우리나라에서는 구(舊) 동경대학이 간행한 『철학자휘』와 이를 아리가 문학사가 증보한 『철학자휘』가 사용되었다. 이 책은 세상에 널리 알려져서 최근에는 저자나 역자들이 그 번역어에 의거하고 있다. 그러나 주 목적이 번역하는 이들의 편리를 도모하기 위한 것이라, 영어의 그 말을 한자의 어디에 대응시켜야 할지를 알고자 하는 번역자에게는 실로 유익하다고 할 수 있으나 철학을 강구하고자 하는 자에게는 조금도 편의를 주지 않는다.[42]

이 인용문에서 『철학자휘』는 "영어의 그 말을 한자의 어디에 대응시켜야할지를 알고자 하는 번역자"에게는 유익해도 철학을 공부하는 이들에게는 편리하지 않다고 말한다. 이 사전을 통해서 말을 바꿀 수는 있어도 바꾼 후에 그 말이 어떤 문맥을 이룰 지는 별개의 문제였다. 『철학자휘』의 한자번역어가 기호처럼 받아들여졌으리라 추측하게 되는 데에는 또 다른 배경이 존재한다. 아래 절에서는 개념의 일대일 대응관계라는 측면에서 살펴보자.

6. 기호로서의 번역어(2): 개념의 일대일 대응관계

학술어에 관한 당시 논의를 몇 가지 살펴보자. 예를 들면 1882년, 기쿠치 다이로쿠(菊地大麓, 1855~1917)는 "학술상 역어를 일정하게 하고자 하는 의견(學術上ノ譯語ヲ一定スル論)"에서 다음과 같이 말한다.

---

42 앞의 책, 『哲學會雜誌』 2:14, 115~116쪽.

> 학술 연구에 가장 필요한 일 중 하나는 그 명사를 확정(確當)짓는 일이다. 더 나아가서 말하자면 동일한 명사는 언제나 동일한 뜻을 나타내도록 해야지, 두세 가지에 통용하도록 해선 안 된다. 또한 동일한 사물은 언제나 동일한 명사로 가리켜야지, 하나의 것에 수가지 명사가 있어서는 안 된다. 만일 그렇지 않으면 학자들이 학술을 진보토록 함에 있어서 서로 상통하여 도울 수가 없게 된다. …(중략)… 소위 경제 부문에서 말하는 분업법이란 학술상에 있어서도 필요한 것이다. 각 전문 학자들은 이로써 상통해야 한다. 상통하고자 한다면 동일한 명사를 사용하지 않으면 안 된다. 이는 명백하다.[43]

"진보하는 학술"이라는 관점에서 각 학과를 유기물처럼 파악하고 있다는 점은 메이지 초기에 이미 영국을 두 번이나 유학하고 22살에 동경대학 교수로 부임한 기쿠치 다운 논조이다. 『철학자휘』에서도 이와 같은 문제가 제기되었음을, 학과별로 자휘를 구분하고자 했다는 점을 통해 알 수 있다.[44] 물론 『철학자휘』에서 제시한 학과명에 따른 분류법이 당시에 얼마나 실행되었는지, 실천 가능한 것으로 인식되었는지는 알 수 없다. 다만 한 가지 『보지신문(報知新聞)』 창간에 관여한 야노 후미오(矢野文雄, 1851~1931)가 쓴 『역서독법(譯書讀法)』(1883)에서 "물리", "정리(政理)" 등의 개념을 써서 번역서를 분류한 예는 보인다. 여기서도 번역어에 관한 다음과 같은 우려가 지적된다.

---

43 菊地大麓, 「學術上ノ譯語ヲ一定スル論」, 『東洋學藝雜誌』 8, 마이크로필름 56, 1882.5., 154쪽.

44 一字彙往々從學科而異故附括弧以分別、一目瞭然易會者、及哲學之外不用者、并不附括弧其例如左 / (倫)倫理學(心)心理學(論)論法(世)世態學(生)生物學(數)數學(物)物理學(財)理財學(宗)宗教(法)法理學(政)政理學(앞의 책, 『哲學字彙附清國音符』, 緒言).

역서를 읽을 때 한 가지 곤란한 점은 번역자가 한자를 사용하는 것이 서로 같지 않다는 점이다. 열 종류의 역서를 읽으면 동일한 원어에 관해 열 개의 다른 한자어를 보게 된다. 그러므로 역서를 깊이 이해하지 못한 역자는 반드시 이물(異物)을 낳게 된다.[45]

여기서 야노는 "번역서를 읽을 때의 곤란함"으로 번역어가 같지 않음을 들고 있다. 앞서 든 기쿠치의 주장과 같다. 이처럼 실제로 "국어" 만들기에 문부성이 착수하기 시작한 시기에 "번역어의 통일"이라는 과제도 등장했음을 알 수 있다. "번역어 통일"이라는 문제는 이노우에 등이 『철학자휘』에서 지향한 것이기도 했다. 이노우에는 『철학자휘』 3판에서 영어 서문을 남기고 있는바, 다음과 같이 말한다.

전문 용어에 대해 정확한 등가물을 우리 언어에서 찾는 일은 매우 어려웠다. 하나의 용어 및 같은 용어는 때때로 다양한 표현으로 번역되기도 했으며 원문과 일치하지 않아서 독자들은 구별되는 뜻으로 받아들이기도 했다. 그러므로 유럽의 전문 용어와 등가적인 일본말을 최종적으로 결정하는 일이 매우 절실했다.[46]

유럽의 학술용어와 등가적으로 교환할 수 있는 일본말을 찾아야

45 矢野文雄, 『譯書讀法·全』, 報知社發兌, 1883, 80쪽.

46 it has been very difficult for us to find exact equivalents in our own language for the technical terms employed in it. One and the same term had sometimes been translated by various expressions which might be considered quite distinct in their signification by readers unaquinted(원문 그대로) with the original. It was, therefore, very necessary to settle finally the Japanese equivalents of the European technical terms. (井上哲次郎, 元良勇次郎, 中島力造, 『英獨佛和哲學字彙』, 丸善株式會社, 1912, PREFACE)

한다는 의식. 1881년에 간행된 한자권 최초의 철학 사전은 그 원어를 이해하기 보다는 표제어에 정확하게 대응할만한 하나의 번역어를 만드는 목적에서 매우 간명한 형태로 만들어졌다고 할 수 있다. 그러므로 실제로 『철학자휘』에서 하나의 표제어에 대하여 복수의 한자번역어를 제시하고 있는 경우라 해도, 이는 다른 사전에서 표제어를 복수의 말로 번역하고 예문을 제시하는 것과는 그 형태가 다르다. 『철학자휘』의 한자번역어들은 서로의 관계를 물을 수 없다.[47] 즉, 『철학자휘』에서는 복수의 번역어 중에서 최종적으로 하나만 남고 나머지는 떨어져 나가는 상태가 처음부터 전제되었다고 할 수 있다.

이처럼 『철학자휘』는 애초부터 서양 개념에 "최종적인 등가물"을 결정할 목적에서 만들어졌다고 해야 한다. 즉, 『철학자휘』에서 제시된 번역어 중에서 지금은 쓰이지 않는 사어(死語)가 많은 점은 "아쉬

---

47 "Object"를 예로 보면, 먼저 『철학자휘』에서는 "物, 志向, 正鵠, 客観", 『수진』에서는 "物, 目当トスル物, 主トナリテ居ル物", 『영화』에서는 "物(モノ), 意志(ココロザシ), 目的(モクテキ)、趣意(シユイ)"라 되어 있다. 먼저 『수진』에서 보이는 "物"이 『영화』까지 이어지고 있음을 알 수 있다. 그러나 『영화』에서는 후리가나를 통해 각각의 번역어를 유의어로 인식하는 것도 가능하나, 『철학자휘』에서는 그렇지 않다. 또 다른 예 "One"을 들어 두겠다. ① 『수진』→One 一ッ、人、或人[In is all one to one. ソレハ捴テ我ト一ッ者ナリ/One another. 是モ彼モ、互ニ / Someone, anyone. 人, 或人 / One'sself. 己レニ、己レト / A little one. 小児, ② 『영화』→One 一(ヒトツ)ノ、単(ヒトヘ)ノ、或(ア)ル、独(ヒトリ)ノ、一様(ヤウ)ナル、物(モノ)、人(ヒト)[One after the other. 次第(シダイ)ニ / Every one. 各人(カクジン) / One o'clock. 第一時(ダイイチジ) / One-half. 一半(ハンブン)/All one. 同様(ドウヤウ)/To love one another. 互(タガヒ)ニ愛(アイ)スル / At one. 合(ガツ)シテ, 一致(イツチ)シテ/One-fourth. 四分(ブン)ノ一/One day. 或日(アルヒ), 他日(タジツ) ……] ③ 『철학자휘』→One 泰一, 按, 前漢郊祀志, 以大牢祀三一, 注, 天一地一泰一, 泰一者, 天地未分元炁也, 泰又作太, 准南詮言, 洞同天地, 渾沌為樸, 未造而成物, 謂之太一, 注, 太一元神, 總万物者, 一儀, 一箇. 이 예에서 보듯, 『철학자휘』가 매우 간명한 형태로 번역어를 제시하고 있다는 점이 한 눈에 보인다. 또한 다수의 한자어가 제시되어도 그것이 유의관계를 가지거나 예문을 통해 문맥적으로 한정된다고 볼 수 없다.

운" 것이 아니라, 오직 하나의 개념을 지향한 사전 자체의 의도와 합치하는 것이다.

7. 「청국음부」 및 「범한대역불법어수」에 관하여

『철학자휘』에는 부록이 있다. 초판(1881)에는 「청국음부(淸國音符)」가, 개정증보판(1884)에는 「청국음부」에 더하여 「범한대역불법어수(梵漢對譯佛法語藪)」도 부록으로 붙어 있다. 이들 부록은 중요도에 비해서 지금껏 제대로 고찰되지 못했다.

「청국음부」에 관한 첫 정보를 주는 것이 부록 첫 페이지의 다음 표기이다. "Chinese Symphonious Characters. From Notitialingu æ sinic æ Translated by J. G. Bridgman" 이 표기를 통해 다음 두 가지 사실을 알 수 있는데, 하나는 이노우에 등이 직접 본 자료는 브릿지만(J. G. Bridgman)이 번역한 *The Notitia Linguae Sinicae of Premare*(1847)라는 것이고, 이 때 "Premare"가 원저자를 가리킨다는 점이다. 즉, 원서는 프레마르(Joseph Henri De Prémare, 1666~1736)라는 프랑스 선교사가 쓴 *Notitia Linguae Sinicae*. 이는 1720년에 나온 중국어 문법서로,[48] 일본에서도 일찍부터 알려져 있었다. 이시다 미키노스케(石田幹之助, 1891~1974)의 『유럽인의 지나 연구(欧人の支那研究)』에서는 "최초로 지나에 도착한 불란서 상선" "안피토리트호"가 태웠던 열 명의 선교사 이야기

48 何群雄編, 『初期中國語文法學史研究資料: J. プレマールの, 「中國語ノート」, 三元社, 2002.

를 싣고 있는데 프레마르는 그 중 한 명이었다. 좀 길지만 인용해 둔다.

> 조셉 앙리 드 프레마르(馬若瑟)는 1666년에 르아브르(Le Havre)에서 태어나서 1736년에 마카오에서 세상을 떠났다. 중국(이하 모두 원문은 支那)에 와서는 강서성(江西省) 원주부(袁州府)에서 포교에 종사했으나 선교보다도 오히려 중국 문물의 학술적 연구에 힘을 쏟았다. 그는 부붸 및 부케(傅聖澤, 쟝 프란소와 부케, 1690년에 중국 도래)와 함께 역경, 춘추, 노자, 회남자 등의 고전을 검토하고 이들 고적에 그리스도교와 동일한 취지가 있는지 없는지를 발견하고자 했다. 또한 이와 별도로 태고사를 연구한 저술에 「서경 이전의 시대와 중국 신화에 관한 연구(Recherches sur les temps antérieurs à ceux don't parle le Chou-king, et sur la mythologic chinoise)」가 있다. …(중략)… 그러나 무엇보다도 프레마르의 대저는 「한어찰기(Notitialinguæsinicæ)」라고 할 수 있다. …(중략)… (이 책은) 중국어의 성질 및 구조를 유럽인들에게 제대로 전달한 최초의 책이다. 저자는 겸손하게도 한 권의 작은 문법서라고 표현하지만 실제로 그렇지 않다. 이 책이 오랫동안 간행되지 못하고 (사본 형태로만 전해진) 사정에는 먼저, 문례로 열거하는 만 이천 조의 한문을 인쇄하기 위해서 오만개의 한자 활자가 필요했다는 점을 들 수 있다. …(중략)… 1831년에 와서야 영국 런던 전도 교회(London Missionary Society)가 경영하는 영화서원(英華書院, Anglo-Chinese College)에서 간행, 유포되었다. 1847년에는 이 교회의 선교사 브릿지만을 통해 영어 번역이 광동에서 출판되었다.[49]

실제로 「청국음부」에서는 서양말을 음역하는 경우에 참조할 수 있도록 한자음을 로마자 순서로 배열하고 있으나[50] 실제 『철학자휘』에는

49 石田幹之助, 『歐人の支那研究』(現代史學大系 8), 共立社書店, 1932, 184~187쪽.

음역의 예가 없기 때문에 어느 정도 유용성을 가졌는지는 의문이다.

근대 일본의 번역에 관하여 그 기점을 기리시탄(切支丹·キリシタン) 도래로 상정한다면 "음역한자"라는 문제 또한 그 역사가 길다. 메이지 이전의 기리시탄 자료와 난학자들의 저술 등, 자료 또한 방대해서 여기서 모두 언급할 수는 없으나 음역한자 자체에 관한 관심과 정리 작업이 이른 시기에 시작되었음은 분명하다.[51] 특히 한문으로 쓰인 난학의 경우, 잘 알려진 『해체신서』(1774)를 예로 들면, 서양인명이나 한방에서 번역할 수 없는 장기 명칭은 한자로 음역되었다. 오토모의 연구를 참고하면 난학 분야에서 음역한자가 정리되기 시작한 빠른 예로 아라이 하쿠세키(新井白石)의 『동음보(東音譜)』(1719)를 들 수 있으며, "본격적으로 서양어 특히 네덜란드 말을 음역할 때 사용하는 한자를 고찰"한 이가 모토키 료에(本木良永, 1735~1794)였다.[52] 특히 모토키의 경우, 정확히 당음에 의거하여 음역하고자 했다. 지동설을 알린 책으로 일본에서 가장 오래된 모토키의 『성술본원태양궁리료해신제천지이구용법기(星術本原太陽窮理了解新制天地二球用法記)』(1792)에

---

50 고유명사의 음역 표기법을 통일해야 한다는 주장의 이른 예로, 야노 후미오(矢野文雄)는 다음과 같이 지적한다. "지명, 인명과 같이 아무런 뜻을 가지지 않는 말은 갖가지 글자를 쓰지 않아도 되지 않나? 그럼에도 불구하고 번역서에 따라서 어떤 책은 가타카나로 쓰고 어떤 책은 한자로 쓴다. 한자로 쓸 적에는 이 한자 저 한자를 사용한다. 예를 들면 유명한 영국 수도 런던을 표기할 때 "龍動"이라고 쓰기도 하고 "倫敦"이라고 적기도 한다. 이 외에도 갖가지 다른 문자를 사용한다. 프랑스 파리도 마찬가지다. 어떤 이는 "巴里"라고 적고 어떤 이는 "巴黎"라고 쓰지 않는가? 이런 예는 너무 많아서 다 열거할 수도 없다." (矢野文雄, 앞의 책, 80~81쪽.)

51 大友信一, 「蘭學者はどのように工夫して西洋語を音譯したか」, 『辭書·外國資料による日本語研究』, 和泉書院, 1991을 참조.

52 大友信一, 「津山洋學資料館藏『字韻集』『華音集要』なるもの－その背景と評価」, 『洋學資料による日本文化史の研究』 一, 吉備洋學資料研究會, 1988, 7쪽.

는 「당음가차문자(唐音假借文字)」라는 일람표가 붙어 있으며 이 일람표는 본문에서도 원칙적으로 적용되었다.[53] 한편, 우노 메이카(宇野明霞, 1698~1745)의 『화한용자식(和漢用字式)』에 서양어를 추가로 기재한 우다가와 겐신(宇田川玄真)의 『자운집(字韻集)』, 우다가와 요안(宇田川榕庵)의 『화음집요(華音集要)』 등, 난학의 음역한자 계보에 관해서는 한학을 근간으로 당음까지 의식되고 있었다고 일단 정리할 수 있겠다.[54]

반면에 『철학자휘』의 경우, 실제로 음역을 목적으로 「청국음부」를 붙였다고 보기 어렵다. 물론 실제로 서양인명 등을 음역할 때 참조되었을지도 모르나 이는 또 다른 문제이다. 「청국음부」에서 중요한 점은 『철학자휘』에서는 위에서 논한 시기와는 완전히 다른 방식으로 즉, 서양의 시선에서 한자를 정리하고 있다는 점이다.

프레마르의 중국어 문법책을 보면, 서문에서 그는 "한자"에 관한 기존의 "엘리건트(우아)"한 "옛 서물(書物)"에 적힌 문자라는 인식을 부정하고 "회화로 사용할 수 있는" "일상 회화"로서의 "중국어"가 전제된 문자로서 한자를 대하겠다고 적고 있다.[55] 먼저 프레마르는 제1부에서 "속어" 및 "구어"로 자주 쓰이는 한자를 로마자 순서로 나열하고 그 뜻을 라틴어로 적었다. 로마자 순서로 한자를 나열했다는 것은, 한자를 음으로 인식했음을 뜻한다. 이러한 한자의 탈문맥 현상이 서양의 선교사들을 통해 이루어졌다는 점은 주지의 사실이다. 이처럼 『철학자휘』는 선교사에 의해 탈문맥된 한자를 발췌하여 로마자를 앞

---

53 위의 글.

54 大友信一, 앞의 글을 참고.

55 西山美智江, 「Prémare(1666~1736)のNotitia Linguae Sinicae, 1720」, 『或問』 14, 近代東西言語文化接觸研究會, 2008, 44쪽.

에 세우고 한자를 나열하고 있는 것이다.

『철학자휘』가 서양의 선례들을 기준으로 한자를 축척하고 있다는 점은 개정증보판(1884) 부록으로 실린 「범한대역불법어수」를 통해서도 알 수 있다. 개정증보판 서언에서 아리가 나가오는 이노우에의 유럽행과 이에 따른 부재를 알리는 말과 함께 "최근 인도 철학이 유행함"을 의식해서 범한대역어를 부록으로 부쳤다고 쓰고 있다. 이는 학우 이코마(生駒)가 독일 출신 영국 선교사였던 에른스트 아이텔(Ernest J. Eitel, 중국명: 歐德理, 1838~1908)이 쓴 *Hand-book of Chinese Buddhism* (1870)을 발췌한 것이었다. 또한 처음에는 "영국 선교사 愛啼兒 씨"의 "지나불법요령(支那不法要領)"을 참조하고 싶었으나 절판되어서 구할 수 없었기에 유럽에서 "중국의 종교적 문학을 공부하고 있는 학생"들의 참고서로 편찬된 에른스트의 산스크리트어-중국어 대역사전을『철학자휘』에 도입했다고 했다. 즉, 부록 전 과정에서 참조하고자 했고 참조된 것은 서양에서 행해져 온 동양학이었다.[56]

한 가지 더, 기억해야 할 것은 시기이다. 서양의 선교사들이 자신들의 중국학을 도와줄 색인으로 새롭게 구조화한 「청국음부」 및 「범한대역불법어수」를 이노우에 등이 『철학자휘』에 도입한 시기는, 동경대학에서 "철학과"가 독립하고 "인도급지나철학(印度及支那哲學)" 과목이 추가된 1881년이라는 시기와 일치한다. 또한 『철학자휘』 초판이 그 판권장에 편자들의 이름을 올리지 않고 "동경대학삼학부인행(東京大學三學部印行)"이라고 적고 있는 점도 간과해서는 안 된다. 이는 상기했

---

56 E. J. EITEL, *HAND-BOOK FOR THE STUDENT OF CHINESE BUDDHISM*, LONDON: TRÜBNER, 1870, PREFACE.

듯이 문부성 편찬국이 앞으로 쓰일 각종 교과서를 편찬해 나가기 시작한 시기와도 일치한다. 즉,『철학자휘』 편찬에 관해서는 단순히 신조어가 어떻게 탄생했으며 어떠한 변천을 보이는가, 하는 부분만 볼 수 없다.『철학자휘』는 사상적인 구조 전체가 변화해 나간 지점을 정확히 대변한다. 단순히 서양철학이라는 학지를 수용했다, 로 끝낼 수 없는 문제 즉, 그들은 필로소피를 계기로 스스로의 과거를 뒤집어엎어가는 방식으로 구조를 재생산했음을 우리는『철학자휘』를 통해 확인할 수 있다. 물론 "인도급지나철학" 또한 이 과정에서 재생산된 것이다. 이노우에가 동경대학을 졸업한 후 계속 "동양철학사" 편찬에 힘을 쏟아왔으며 독일로 유학을 떠나는 상선에서도 이 "동양철학사" 초고를 "소중히 품고" 있었다는 사실도[57] 그냥 지나쳐서는 안 된다. 그는 서양의 필로소피 학지에 "철학"으로서 참여하기 위해서 "과거"를 "인도급지나철학"으로 범주화한 것이며,『철학자휘』의 두 부록이 이를 정확히 보여준다.

8. 맺음말:『철학자휘』가 지향한 것

표제어는 영어, 로마자, 로마자로 표기되는 산스크리트어. 즉, 기준은 철저하게 서양에 있었다는 점에서 보면 본문에서 예로 든 시바타 등의『영화자휘(英和字彙)』와『철학자휘』는 공통된다. 전자가 서양을

57 今西順吉,「わが國最初のインド哲學講義(三)－井上哲次郎の未公刊草稿」,『北海道大學文學部紀要』78, 1993, 61쪽.

통해 속어 일본어를 의식한 반면, 후자는 “번역어는 우리들이 제조”해야 한다는 새로운 시도를 부상시켰다.

근대 일본을 경유한 한자번역어라는 문제를 다룸에 있어서 우리말과 타자의 말이라는 구조에서 접근해 버리면 지금까지 보아 온 『철학자휘』는 이해하기 어렵다. 첫째, 국어국자문제에서 이노우에가 펼친 주장, 특히 한자에 관한 그의 의견을 단순한 한자비판으로 정리할 수 없다. 한자가 일본어이기도 하고 “지나” 말이기도 한 점은 그에게 있어서 전혀 모순되지 않는다. 동시에 동질성을 강조하는 “한자문화권” 개념을 통해서 볼 수도 없다. 이노우에는 “지나”에 대항하는 의식 속에서 “신조어 발명”을 주장하고 있기 때문이다.

한편, 『철학자휘』에서는 플레밍의 사전에서 뽑아왔다고 하는 표제어에 대응되는 한자번역어를 다시 표제어로 번역하는 일도 가능하지 않다. 그 한자번역어들은 『철학자휘』의 양립하는 구조에서 벗어나는 순간 철학자휘임을 잃는다. 그런 점에서 『철학자휘』는 언어를 극단적인 부분까지 가져간다. 문맥과 음운의 배제를 통해 표제어와 그에 대응한다는 한자번역어는 각각 서로만을 목적으로 성립한다. 이노우에가 바란 “정확하게 대응”하는 관계가 바로 그것이었다.

『철학자휘』는 문부성의 교과서 편찬과 동경대학의 체계화, 구체적으로는 학지로서의 “동양철학”의 최초 시도와도 밀접한 관련을 갖는다. 또한 일본어로 서양철학을 가르치고자 한, 그렇게 할 수 있다는 자신감이 대두된 시기와도 일치한다. 물론 이는 제국주의와도 밀접한 관계를 가진다. 이들 문제에 관해서는 차후의 과제로 남겨두고자 한다.

제3부

근대 주체로 등장한 여성과 백정

- 근대전환공간에서 새롭게 부상한 여성주체: 여권통문을 선언한 여성들
- 1910년 전후 장지연과 이인직의 여성서사와 식민지적 굴절
- 형평운동과 천도교, 그리고 고려혁명당

근대전환공간에서 새롭게 부상한 여성주체: 여권통문을 선언한 여성들

윤정란

1. 머리말

조선시대 여성들의 유일한 활동 공간은 외부와 격리된 가정뿐이었다. 가옥의 구조도 외부와 철저하게 차단시키기 위해 안채와 사랑채로 구분하여 중문을 사이에 두었다. 그러나 19세기말 이후 한국여성들은 외부와 차단된 가정을 뛰쳐나오기 시작했다.[1] 그리고 '여권통문'을 통해 자신들이 당당한 근대의 주체임을 천명하였다.

한국 최초의 여성권리선언문인 '여권통문'은 1898년 김소사와 이소사에 의해 주장된 '여학교설시통문'을 가리킨다. 서울 북촌에 거주하던 김소사와 이소사는 1898년 9월 1일자로 작성한 '여학교설시통문'을 여러 신문에 게재하며 여성 지지자들을 모집하였다. 3~4백 명의 회원이 모집되자 한국 최초의 근대여성운동단체인 찬양회를 조직

1 윤정란, 「글을 시작하면서」, 『왕비로 보는 조선왕조』, 이가출판사, 2015.

하고 한국여성들에 의한 최초의 사립여학교인 순성여학교 설립을 결의하였다.

'여권통문'은 여성들의 참정권, 직업권, 교육권 등을 주장함으로써 아내나 어머니로서의 역할이 아닌 여성도 시민의 권리를 마땅히 향유해야 할 자율적인 개인으로서의 여성을 주장한 한국 최초의 여성권리선언문이었다. 즉 여권통문을 통해 당시 여성들은 자신들이 근대의 주체임을 공적으로 선언하였다.

이러한 역사적 의의가 있는 '여권통문'은 오랫동안 잊혀진 역사였다. 그러다 70여년이 지난 후에야 '여권통문'에 대한 연구논문이 발표되어 한국근대여성운동의 기원으로서 자리 잡게 되었다. 한국근대여성운동의 기원인 '여권통문'에 대한 연구는 박용옥의 연구에서 시작되었다. 그는 1971년 9월 이와 관련된 내용을 「1896~1910 부녀단체의 연구」라는 논문을 통해 발표하였다.[2] 그 뒤를 이어 1971년 11월 정요섭이 자신의 저서 『한국여성운동사』(일조각)에서, 1979년 김영정이 「한말 사회진출 여성의 유형과 활동양상」에서 이 내용을 다루었다.[3] 이와 같이 '여권통문'연구는 1970년대부터 시작되었으며, 그 중에서 박용옥의 연구 성과가 가장 구체적이었다.

오늘날 '여권통문'이라 불리는 여성권리선언문은 당시 신문지상에서 발표되었을 때는 '여학교설시통문'이었다. 『독립신문』 영문판에서는 'Female Education Society'로 소개되었다. '여학교설시통문'은 1898

---

2 박용옥, 「1896~1910 부녀단체의 연구」, 『한국사연구』 6, 한국사연구회, 1971.

3 김영정, 「한말 사회진출 여성의 유형과 활동양상」, 『한국문화연구원 논총』 34, 이화여자대학교 한국문화연구원, 1979.

년 9월 1일자로 작성되었다. 작성자는 김소사와 이소사였다.

1970년대까지 '여권통문'은 1898년 알려진 당시 그대로 '여권설시통문'으로 소개되었고 "부녀가 스스로 남녀평등을 제창한 것"으로 해석하였다. 그러다 1980년대에 들어서서 박용옥은 이를 '여권통문'으로 명명하고 이를 적극적으로 해석하였다. 즉 '여권통문'은 "천부인권사상을 바탕으로 참정권, 직업권, 교육권" 등의 획득을 주장한 근대여권운동의 효시로 규정하였다.[4] '여학교설시통문'을 '여권통문'으로 명명한 이후에도 박용옥 이외에는 이 용어를 사용하지 않았다. 1992년 한국여성사연구회 여성사분과에서 펴낸 『한국여성사: 근대편』에서는 여전히 '여학교설시통문'을 한국 최초의 여권선언문으로 소개하였다.[5] 1998년에 이르러서야 '여학교 설시통문'을 '여권통문'으로 사용하기 시작했다. 1998년 한국여성연구소 여성사 연구실에서 펴낸 『우리 여성의 역사』에서 "『독립신문』과 『황성신문』"에 '여권통문'을 발표하였다고 소개하였다. 이후 일반적으로 '여학교설시통문'을 '여권통문'으로 사용하기 시작하였다.[6]

이 글에서는 기왕의 연구성과를 토대로 여권통문을 선언한 여성들이 정치 사회적인 상황에 따라 시기별로 어떻게 대응하면서 자신들의 주장을 관철시키려 했는지에 대해 재조명하고자 한다.

---

4 박용옥, 『한국 근대여성운동사 연구』, 한국정신문화연구원, 1984, 59쪽.

5 한국여성연구회 여성사분과 편, 『한국여성사』, 풀빛, 1992, 24쪽.

6 한국여성연구소 여성사연구실, 『우리 여성의 역사』, 청년사, 1998, 259쪽.

2. '여권통문' 발기, 찬양회 조직, 순성여학교 설립 모색

1) '여권통문' 발기와 홍문석골 사립소학교에서 찬양회 조직 및 순성여학교 설립 결의

한국여성 최초의 권리선언문인 '여학교설시통문'이 세상에 알려진 것은 신문 보도에 의해서였다. 1898년 9월 6일자 『제국신문』에서는 다음과 같이 소개하였다.

> 북촌 엇던 부인네들이 국가를 ᄀᆡ명ᄒᆞᆯ 목뎍으로 부인회를 설시 ᄒᆞ려하고 ᄯᅩ 녀인학교를 셜립ᄒᆞ려 ᄒᆞ야. …(중략)… 남ᄌᆞ즁에도 쥬션ᄒᆞᄂᆞᆫ 이가 잇다 ᄒᆞ니 이ᄂᆞᆫ 진실노 국가에 흥왕ᄒᆞᆯ 표적이라 이일이 아모됴록 실샹으로 시힝되기를 간졀히 ᄇᆞ라노라[7]

『제국신문』에서는 북촌 여성들에 의해 부인회 설치와 여학교 설립 운동이 전개되고 있다는 사실을 알리고 이를 환영한다는 뜻을 보였다. 이어 1898년 9월 8일자 『황성신문』에서 처음으로 '여학교설시통문' 전문을 논설 대신 실었다. 전문 끝에는 "구월일일 녀학교 통문 발귀인 리소ᄉᆞ 김소ᄉᆞ"로 되어 있다. 『독립신문』 9월 9일자에도 전문이 실렸다. 전문 끝에는 "구월일일 통문 고표인 리소ᄉᆞ 김쇼ᄉᆞ"라고 되어 있다. 전문에서는 "부녀 중 영웅호걸들"은 회원으로 가입해줄 것을 요구하였다.

'여학교설시통문'이 언론을 통해 세상에 알려지게 된 것은 북촌에 거주하는 김소사와 이소사가 이 통문을 지어 신문으로 알렸기 때문

---

7 「잡보」, 『제국신문』, 1898.9.6.

이었다. 그에 대한 사실은 다음 『제국신문』 1898년 9월 9일자 기사를 통해 알 수 있다.

> 북촌에 엇던 부인네들이 부인회와 녀학교를 설시ᄒᆞ련다ᄂᆞᆫ 말은 젼호에 긔ᄌᆡᄒᆞ엿거니와 어졔 황셩신문을 본즉 리소ᄉᆞ와 김소ᄉᆞ 두 부인이 녀학교 셜시ᄒᆞᄂᆞᆫ ᄉᆞ실과 입학 권면ᄒᆞᄂᆞᆫ 말노 광고를 써셔 돌녓ᄂᆞᆫ지라[8]

위 기사를 보면 이소사와 김소사가 '여학교설시'와 입학을 권하는 글을 써서 돌렸다고 되어 있다. 『황성신문』 9월 8일자에도 다음과 같이 보도되어 있다.

> 북촌엇던 녀즁군ᄌᆞ 슈삼분이 ᄀᆡ명샹에 유지ᄒᆞ야 녀학교를 셜시ᄒᆞ랴ᄂᆞᆫ 통문이 잇기로 ᄒᆞ도 놀납고 신긔ᄒᆞ야[9]

북촌여성 두 세 명이 '여학교설시통문'을 작성해서 돌렸다는 것이다. 『제국신문』 9월 13일자에도 "리김 두소ᄉᆞ가 입학 권면ᄒᆞ난 말과 학교 셜시ᄒᆞᄂᆞᆫ 쥬의로 통문을 지어 돌녓다"라고 되어 있다. 지금까지 각 신문사에서 보도된 사실로 보면 '여학교 설시통문'은 1898년 9월 1일 김소사와 이소사에 의해 작성되었으며, 이 두 사람이 이를 각 언론사에 돌렸던 것이다.

'여학교설시통문'을 돌린 후 3~4백명의 여성회원이 모집되자 북촌 여성들과 이를 지지하는 남성들이 홍문석골 사립소학교에 모였다.

8 『제국신문』, 1898.9.9.

9 『황성신문』, 1898.9.8.

1898년 9월 12일 『독립신문』에서는 그 모임에 대해 다음과 같이 소개하였다.

> 녀학교 빗셜 흘ᄎᆞ로 유지 ᄒᆞᆫ 남녀들이 어졋긔 홍문셕골 샤립 쇼학교로 모혀 의론들 ᄒᆞ엿다더라[10]

1898년 9월 11일 일요일에 '여학교설시통문'을 실천에 옮기기 위해 이후 어떻게 해야 할지를 남녀들이 모여서 의논했다는 것이다. 다음날인 12일 월요일에도 독립협회 회원인 안영수, 이광하, 신석린 등을 비롯한 여러사람들이 굽은 다리 이시선(李時善)집에 모였다. 여기서 굽은 다리는 홍문석골 근처의 곡교(曲橋)라는 곳이었다. 『매일신문』 9월 14일자와 『독립신문』 9월 15일자에 따르면 돌아오는 토요일 즉 9월 17일에 "여중군자"들이 다시 모여 설립할 규칙과 확장 등에 논의하고 연설할 계획이라고 했다. 즉 9월 11일부터 계속 남녀유지들이 함께 모여 '여학교설시통문'의 취지에 따라 찬양회 조직, 운영 규칙과 확장, 순성여학교 설립 결의 등에 대해서 논의하고 연설했음을 알 수 있다.

12일에 홍문석골 사립소학교 이시선의 집에서 결정한 것은 첫째 학교 이름을 순성이라고 할 것, 둘째 양성원(찬양회) 설치, 셋째 부인들이 각각 자본금을 각출하여 학교를 설립할 것, 넷째 남자 찬성원과 찬성원장으로 윤치호를 추대한 것 등이었다. 이 날까지 찬양회 회원은 4백여명에 달했다. 『제국신문』에서는 3백여명이라고 보도했다. 즉 3~4백여명의 많은 여성들이 '여학교설시통문'의 취지를 받아들이

---

10 『독립신문』, 1898.9.12.

고 회원이 되었던 것이다. 김소사와 이소사가 9월 1일 작성한 '여학교설시통문'은 3~4백여명의 여성회원들의 동의를 얻어 9월 12일 홍문석골 사립소학교에서 공식적으로 결의되었던 것이다.[11]

홍문석골 사립소학교는 김소사와 이소사를 비롯한 3~4백여명의 여성들이 '여학교설시통문'의 취지를 실천에 옮기기 위해 한국 최초의 근대여성단체인 찬양회를 조직하고 순성여학교 설립을 결의한 곳이었다. 즉 이곳은 '여권통문' 결의 장소이며 한국근대여성운동의 기원지였다.

다음 날인 9월 13일 『독립신문』에서는 여학교를 설립하려는 일은 정말 반갑고 환영할 만 하다고 하면서 정부 차원에서 여성교육에 투자할 것을 주장하였다. 즉 전환국(典圜局) 이전비 12만원, 구주 각국에 불필요하게 사신 보내는 비용 5~6만원, 양지아문(量地衙門)에서 불필요한 비용 2만여원, 급하지 않은데 증가시키는 군사(軍事) 비용 100여만원 등을 모두 거두어 여성교육에 사용하면 될 것이라고 제안하였다.[12] 『제국신문』 9월 13일자 「논설」에서도 여학교 설립 운동에 대해서 중요하게 생각하고 이 운동이 성공할 수 있는 조언을 아끼지 않았다.

찬양회를 조직하고 여학교를 설립한다는 소식을 들은 일본 여성 항옥성복은 이를 지원하는 글을 9월 13일에 작성해서 지원금 4원과 함께 찬양회에 보냈다. 그는 "늙으신 부인네들"이 찬양회를 창립하여 학교를 설립한다는 소식을 듣고 이를 찬성하여 여학생들의 지필 값

11 「잡보」, 『독립신문』, 1898.9.15.

12 「녀인교육」, 『독립신문』, 1898.9.13.

을 보조한다는 내용의 글을 작성해서 보냈다.[13]

2) 승동 찬양회 사무실에서의 '여권통문' 낭독, 연설회, 토론회

1898년 9월 25일 일요일 승동 수사 홍건조 집에서 찬양회 주최로 연설회와 토론회가 개최되었다. 『독립신문』 9월 26일자에서 그 개최 내용을 다음과 같이 보도했다.

> 유디흔 부인 회원 백여명이 어젯긔 승동 홍슈스 집으로 모혓는디 부인 회장과 부인 부회쟝을 창시흐는 대대를 연설흐고 녀학교 창립흐기를 위흐야 회를 연 대대를 연설흐고 녀학교 설립흐랴는 방칙을 란만히 의론흐엿다[14]

『독립신문』에서는 9월 27일부터 29일까지 이와 관련된 내용을 실었다. 3일 동안 보도된 내용에 따르면 9월 25일 일요일 오후 2시에 개최된 모임 장면은 다음과 같았다. 회장 이양성당은 개회하기 전 교의(의자)에 앉아 있었다. 이날 부회장 김양현당, 총무원 이창길당, 태양진당, 사무원 고정길당 등을 비롯한 55명의 여성회원들과 방청하러 온 100여명의 여성들이 참석하였다. 이날 참석하지 못한 여성회원들은 수백명이었다. 이양성당은 일어나서 '여학교설시통문'을 크게 낭독했다. 그러자 참석한 여성들은 모두 단정히 앉아서 통문을 듣고 그 취지에 감동하여 모두 회원으로 가입하였다. 회장은 다시 일어나 연설하였다. 그리고 여학교 설립에 대해 의논했다. 『독립신문』에서는 찬양회

---

13 「외국인의연」, 『독립신문』, 1898.10.7.

14 「부인 긔회」, 『독립신문』, 1898.9.26; 1898.9.27.

임원들에 대해서 다음과 같이 찬사를 아끼지 않았다.

> 회장이 또 이러나셔 연셜을 ᄒᆞ니 쾌쾌ᄒᆞᆫ 말과 격당한 ᄆᆞᆯ이 다 학문 쇽에셔 나와 언언 ᄉᆞᄉᆞ이 시톄에 ᄆᆞᆺ고 ᄎᆞ뎨와 죠리가 털ᄭᅳᆺ도 차착이 없시며 시ᄉᆞ를 의론 ᄒᆞᄂᆞᆫᄃᆡ 듯ᄂᆞᆫ 사ᄅᆞᆷ들이 모도 흠탄들 ᄒᆞ며 회쟝의 식견은 셔양 각국에 가셔 학문 ᄇᆡ혼 남ᄌᆞ들 보다 낫고 부회쟝은 유ᄒᆞᆫ 졍졍 ᄒᆞ야 동용 쥬션이 례절에 합 ᄒᆞ지 아니 ᄒᆞᆷ이 없셔 교육에 렬심 ᄒᆞ고 춍무 원은 명민 ᄒᆞ야 회즁 규모를 짜고 ᄆᆞ음을 극진히 ᄒᆞ며 힘을 다 ᄒᆞᄂᆞᆫ 것이 긔이 ᄒᆞᆫ지라
>
> 녀학교 설시 하려는 일들을 의론ᄒᆞᄂᆞᆫᄃᆡ 그럿케들 홀줄은 일즉히 ᄯᅳᆺ ᄒᆞ지 못 ᄒᆞ엿ᄂᆞᆫ지라 양셩당 리씨와 양현당 김씨ᄂᆞᆫ 릉히 우리 나라로 ᄒᆞ여곰 몃 천(千)년 미혹 ᄒᆞ던 풍쇽을 ᄀᆞ명케 ᄒᆞ니 이 두 부인은 엇지 ᄣᅢ를 응ᄒᆞ야 셰샹에 난 것이 아니랴고들 ᄒᆞᆫ다더라

회장에 대해서는 학문이 깊고 시대에 맞는 조리있는 연설과 시사문제에 대한 뛰어난 지식으로 모인 청중들을 모두 감탄하게 했으며, 그의 식견은 서양 각국에서 유학을 한 남자들도 보다 더 뛰어나다고 평가했다. 부회장에 대해서는 높은 인품을 갖추고 있으며 얌전하고 점잖으며 태도와 주선하는 솜씨가 뛰어나고 교육에 열성적이라고 칭찬하였다. 1899년 5월 4일자 『황성신문』에서 여학교 찬성원 김소사, 같은 신문 10월 3일자에서 여학교 찬성원 김양현당이라고 보도하고 있는 것을 보면 김양현당은 '여학교설시통문'을 작성한 김소사였음이 확실하다. 1899년 5월 4일자 『황성신문』에서는 찬성원 김소사가 여학생 수십명을 데리고 학부를 방문했다는 기사를 다음과 같이 실었다.[15]

> 女學校에셔 女學徒數十名과 贊成員 金召史가 學部에 來ᄒᆞ야 學校設始ᄒᆞ기를 迅速히 ᄒᆞ야달나 請願ᄒᆞ얏다더라

10월 3일자에서는 찬성원 김양현당이 여학생 수십명을 데리고 학부를 방문했다는 기사를 다음과 같이 보도했다.[16]

> 女學校贊成員 養賢堂 金氏가 七八歲或 十二三歲쯤된 女學徒數十名을 率ᄒᆞ고 學部에 來ᄒᆞ야 千字童蒙先習과 或小學을 試讀ᄒᆞᆫ 後에 金氏가 女學校의 設立ᄒᆞᆷ을 請願코저ᄒᆞ더니 맛츰 該部大臣이 仕進치아니ᄒᆞᆷ으로 虛歸ᄒᆞ얏다더라

위 두 기사를 보면 찬양회 부회장이자 순성여학교를 운영하던 김양현당은 김소사로도 불려졌음을 알 수 있다. 즉 '여학교설시통문' 작성에서부터 계속 이 운동의 중심에 있었던 김소사는 김양현당이었다. 총무원에 대해서는 명민하며 회중 규모를 기획하고 정성을 다하여 열심히 한다고 평가하였다. 『독립신문』에서는 이러한 여성들의 놀라운 모습에 대해 칭찬을 아끼지 않았다.

사무원 고정길당에 대해서는 러시아어와 중국어에 능하고 범절이 완전 "개화학문"이기 때문에 "여중호걸"로 평하였다.[17] 고정길당은 1860년대에 함경도에서 러시아로 이주한 후 러시아인으로 귀화한 부친 밑에서 성장하였다. 20여 년을 러시아와 청나라에서 거주하였다고 되었기 때문에 1880년대에 내한했던 것으로 추정할 수 있다. 왜냐

---

15 「여교청원(女校請願)」, 『황성신문』, 1899.5.4.

16 「아낭능독(兒娘能讀)」, 『황성신문』, 1899.10.3.

17 「녀즁호걸」, 『독립신문』, 1898.9.29.

하면 1865년에 친러내각이 성립되었기 때문이었다. 러시아 세력이 한반도에서 강해지던 분위기에 편승해서 내한했던 것으로 보인다.[18]

10월 초에 다시 찬양회 모임을 개최하였는데 이날 찬성원장 윤치호, 서양여성 1명, 청나라 여성 1명 등이 참석하였다. 이날 서양 여성이 연설을 했는데 윤치호가 통역을 했다. 윤치호는 이날 통역과 함께 연설도 했다.[19] 찬양회는 일요일마다 연설과 토론 모임을 개최하였다.[20]

3. 찬양회의 관립여학교 설립운동과 만민공동회 활동

1) 경운궁 인화문 앞 진복상소와 관립여학교 설립운동

1898년 10월 11일 화요일 오후 2시 찬양회 회원 100여 명은 장례원 주사 김용규 집에서 모임을 개최하였다. 그리고 경운궁 인화문 앞으로 나아가서 고종 황제에게 관립여학교를 설립해달라는 진복상소를 올렸다.[21] 『독립신문』과 『제국신문』에서는 찬양회 상소에 대해서 10월 12일부터 13일에 걸쳐서 보도했다. 10월 13일자 『독립신문』과 『제국신문』에서는 상소 전문을 실었다. 『제국신문』에서는 12일과 13일에 걸쳐 상소 내용을 실었는데, 12일에는 상소 내용을 잘못 실어서[22] 13일

---

18 『구한국외교문서』 18, 아안 2, 1683, 1684, 1686, 1692, 1693, 1696, 1708; 『일신』 1901, 4~6; 박용옥(1984), 앞의 책, 70쪽에서 재인용.

19 「부인회연셜」, 『독립신문』, 1898.10.7.

20 「잡보」, 『제국신문』, 1898.10.12.

21 「여인상소」, 『독립신문』, 1898.10.12.

22 1898년 10월 12일자 『제국신문』에서 찬양회 상소에 다음과 같이 설명했다. 사람은 누구나 똑같은데 남자들이 벌어다주는 것만 먹고 규중에 들어 앉아 갇힌 죄인처럼

에 이를 정정하여 다시 실었다. 『제국신문』에 실린 상소 전문 중 그 일부를 소개하면 다음과 같다.[23]

> 신쳡 이양셩등(당)
>
> 비록 남ᄌᆞ라도 확(학)식이 업ᄉᆞ와 시외(사의)에 영합ᄒᆞ고쟈 ᄒᆞ옵ᄂᆞᆫ 쥬의라. 그러ᄒᆞ면 도로혀 학문잇ᄂᆞᆫ 녀ᄌᆞ만도 못ᄒᆞ오니 일노써 미루워 보면 녀ᄌᆞ라도 ᄯᅩᄒᆞᆫ 츙의지심과 문명지학을 힘쓰ᄂᆞᆫ이만 갓지 못ᄒᆞ온지라. 소이로 신쳡등이 찬양회를 셜시ᄒᆞ와 츙ᄋᆡ이ᄌᆞ를 규즁으로부터 독실히 ᄒᆞ야 젼국이 흥왕케 ᄒᆞ려 ᄒᆞ오나 학교가 아니면 춍명ᄒᆞᆫ 녀아등을 ᄇᆡ양ᄒᆞᆯ 도리가 업습기로 감히 외월을 불피ᄒᆞ옵고 츙쟝을 실록ᄒᆞ와 졔셩앙유어 쥬광지하ᄒᆞ오니 북걸 셩명은 깁히 통쵹ᄒᆞ오셔 학부에 칭령나리오샤 특별히 학교를 셜시케 ᄒᆞ시와 방년 묘아(어린 계집) 등으로 학업을 닥샤와 동양에 문명지국이 되옵고 각국과 평등의 우ᄃᆡ를 밧기를 복망ᄒᆞ옵ᄂᆞ이다

회장 이양성당의 명의로 된 상소에서는 여학교를 설립하여 어린 여아들을 가르쳐야만 대한제국도 문명국이 되고 각국과 평등하게 된다는 것을 강조하였다. 찬양회의 상소에 대해 고종은 즉시 비답을 내렸다.[24]

> 학부로 ᄒᆞ여금 죠처를 잘 ᄒᆞ야 ᄇᆡ양ᄒᆞ고 셩취ᄒᆞᄂᆞᆫ 도를 힘써 극진케 ᄒᆞ리라

권리도 없고 학문도 없으며 바깥출입을 할 때도 교군을 타거나 장옷을 쓰야 하므로 자유롭게 출입할 수가 없으니 우산이나 들고 다니게 해 달라는 것이라고 했다. 그러나 이 상소 내용은 잘못 보도한 것이라고 사과하고 13일에 다시 정정 보도했다.

23 「잡보」, 『제국신문』, 1898.10.13.

24 『부인샹쇼」, 『독립신문』, 1898.10.13.

고종의 비답을 받은 찬양회는 1898년 10월 13일 오후 1시에 모임을 가지고 비답 내용을 참석자들에게 알리고 연설을 한 후 '애국가'를 지어 불렀다. 그 노래 가사는 다음과 같았다.

> 삼천리 넓은 강토 이천만중 만ᄒᆞᆫ 동포 슌셩 학교 찬양회에 ᄋᆡ국가를 드러 보오 단군 긔ᄌᆞ 긔천년에 부인 협회 처음일셰. 처음일셰. 처음일셰. 녀학교가 쳐음일셰 문명동방 대한국에 황뎨 폐하 처음일셰. 셩상의 놉흔 은덕 하늘 아ᄅᆡ 하늘이라 슌셩학교 챵셜ᄒᆞ고 동포 녀ᄌᆞ 만히 모하 ᄇᆡᆨ양 셩취ᄒᆞ량으로 각항 ᄌᆡ죠 갈ᄋᆞ치니 구미 각국 부러 마쇼 문명 동방 더욱 좃타 만셰 만셰 억만셰라
>
> 황뎨 폐하 억만셰라 만셰 만셰 억만셰라 대한 뎨국 억만셰라 천만셰라 동궁 뎐하 만천셰라 천셰 천셰 만천셰라 슌셩 학교 만천셰라 백셰 백셰 천백셰라 찬양 회쟝 천백셰라 백셰 백셰 천백셰라 찬양회원 천백셰라

이와 같이 황제의 비답에 찬양회 회원들은 기뻐하며 노래했으나 곧 실행되지 않자 10월 18일에 비답을 신속하게 실행해 달라는 청원을 학부대신 이도재(李道宰)에게 올렸다.[25]

> 비지를 밧자왓ᄉᆞ오니 귀부에서 응당 시ᄒᆞᆼ ᄒᆞ시려니와 여러날이 되와도 힝ᄒᆞᄂᆞᆫ 실적을 보옵지 못ᄒᆞ옵기로 앙고ᄒᆞ오니 속히 학교를 설시ᄒᆞ게 ᄒᆞ여 쥬심을 복망ᄒᆞᄂᆞ니다

이에 학부에서 여학교 설립하는 경비 4천원을 지출하여 줄 것을 탁지부에 요청하였다. 1898년 11월부터 12월까지 사용할 경비였다.[26] 12월에는 학부에서 중학교, 의학교, 여학교, 그리고 각 사립학교를

---

25 「청설자교(請設姿校)」, 『황성신문』, 1898.10.19; 「잡보」, 『제국신문』, 1898.10.20.

26 「잡보」, 『제국신문』, 1898.11.2.

확장하는 경비를 1899년도 예산에 포함시켰다.[27] 이어 1899년 1월 16일 탁지부(度支府)에서 여러 대신이 모여 예산을 결정할 때 의학교, 여학교, 중학교 등에 예산을 책정하였다.[28] 여학교에는 3,750원이 할당되었다.

2) 만민공동회 활동

찬양회에서는 독립협회의 정치적 활동에도 동참하여 여성들의 정치참여권을 실천에 옮겼다. 1896년 4월 7일 서재필은 『독립신문』을 창간한 후 동년 7월 2일 『독립문』 건립을 위해 독립협회를 조직하였다. 1898년 3월 10일부터 독립협회를 중심으로 만민공동회가 개최되었다. 회장은 미전 시정인 현덕호가 선출되었다.

동년 9월 11일 김홍륙이 고종과 황태자를 독살하려 했다는 독다사건(毒茶事件)이 발생하였다.[29] 이에 정부에서는 김홍륙과 그의 공모자들의 처벌에 갑오개혁 때 폐지된 연좌법과 노륙법(孥戮法)을 적용하기 위해 중추원 의관들을 소집하여 이 법들을 통과시켰다. 이에 독립협회에서는 제정된 근대적인 재판제도에 따라 김홍륙 재판을 주장하였다.

---

27 「학사일광(學舍日廣)」, 『황성신문』, 1898.12.9.

28 「예산결정(預算決定), 『황성신문』, 1899.1.18; 「금년예산표」, 『독립신문』, 1899.2.1.

29 김홍륙은 조선 후기의 역관으로서 아관파천 때 고종과 베베르 사이의 통역을 맡았다. 고종의 총애를 믿고 권세를 부리다 러시아와의 통상에서 거액을 착복하여 유배형을 받았다. 그는 유배지인 흑산도로 떠나기 직전 부인 김소사(金召史), 공홍식(孔洪植)과 함께 궁중 주방에 있는 김종화(金鍾和)를 유인하여 고종의 커피에 아편을 넣었다. 고종은 냄새가 이상하여 마시지 않았으나 황태자는 마시고 피를 토한 채 쓰러졌다. 김홍륙은 유배지에서 잡혀 다시 한성으로 올라와 교수형에 처해졌다.

10월 6일 독립협회와 황국중앙총상회 두 회원들이 연합하여 고등재판소 문 앞에서 개회하고 김홍륙 옥사에 대해 공정하게 재판하라고 상소 투쟁을 벌였다. 그날 밤 찬양회의 많은 회원들도 이곳에 와서 지지하였다.[30]

독립협회에서는 이 상소 투쟁에서 더 나아가 보수 내각 전원을 규탄하고 개혁파 중심의 내각으로 교체시키기 위한 만민공동회를 개최하였다. 10월 8일부터 12일에 걸친 상소 투쟁 끝에 이를 관철시켰다. 독립협회에서는 여기서 멈추지 않고 전제군주제를 입헌군주제로 개혁하기 위해 관민공동회를 준비하였다.

관민공동회가 1898년 10월 28일부터 11월 2일에 걸쳐 전개되었다. 10월 29일 오후 4시 관민이 합석한 가운데 관민공동회가 개최되었다. 맹인, 승려, 학생, 백정 등 많은 민중들이 참석하였고, 사회 단체로는 황국중앙총상회, 협성회, 배재학당학생 토론회, 광무협회, 중인교육회, 신사국민협회, 진명회, 일진회, 보신사, 찬양회 등이 참석하였다. 찬양회에서는 이양성당을 비롯한 회원들이 참석하였다.[31]

그런데 관민공동회가 성공한 직후 동년 11월 5일 아침 이상재를 비롯한 독립협회 지도자 17명이 체포되었다. 이어 독립협회 해산 칙령이 반포되었다. 박정양 내각 대신에 보수 내각이 정권을 획득하였다. 독립협회 회원들과 시민들은 이에 항의하기 위해 백목전 도가에 만민공동회를 개최하고 경무부 앞으로 가서 정부에 대해 항의 연설을 하였다. 찬양회 간부들은 회원들에게 이러한 사실을 알리는 편지

30 「부인충애」, 『독립신문』, 1898.10.8.

31 『대한계년사』 상(광무2년 10.29), 281쪽.

를 돌렸다. 처음에는 여성들의 참여를 막으려고 하였다. 그러나 찬양회 회원들은 나라를 위하다 체포되는 것은 신민의 직분이며 이는 큰 영화로운 일이라고 하면서 자신들도 체포되기를 원했다. 『독립신문』에서는 찬양회의 이러한 정치적 행동을 보도하면서 참여하지 않는 남자보다 더 애국적이라고 치하하였다.[32] 『제국신문』에서도 이를 자세히 보도하였다.[33]

만민공동회가 계속되고 있는 가운데 보수파들은 각지의 황국협회 회원들을 서울로 집결시켜 만민공동회를 습격하도록 지시하였다. 11월 22일 신기료 장수인 김덕구가 중상을 입고 사망하였다. 이에 만민공동회 몇천 명의 회원들은 12월 1일 오전 10시 김덕구의 장례를 만민장으로 거행하였다. 찬양회 회원들도 참석하였다.[34] 찬양회 회원들 120여 명은 장례에 참여하기 위해 사무실로 찾아갔으나 대표들만 참석할 수 있었다. 회장은 자신의 옷가지 등 물건을 팔아 장례비를 지원하였고, 찬양회 대표들은 제물을 준비해 정구소(停柩所)에 나가서 노제를 지내고 찬미가를 불렀다. 이에 장례식에 참석한 모든 사람들은 이를 듣고 감동하였다고 한다. 대표들은 사인교와 장독교를 타고 상여의 뒤를 따랐다.[35]

이에 황실파 관료들인 홍종우, 길영수, 박유진 등은 김덕구 장례식에 참가한 것 때문에 배재학당과 이화학당에 비난하는 편지를 보냈다. 이화학당에는 "계집들이 모여가서 찬양ᄒᆞᄂᆞᆫ거시 도리가 아니라"

---

32 「잡보」, 『제국신문』, 1898.11.10.

33 「만민충애」, 『독립신문』, 1898.11.7.

34 「별보」, 『황성신문』, 1898.12.3.

35 『제국신문』, 1898.12.3; 「의사장례」, 『독립신문』, 1898.12.2.

라고 써서 보냈다.[36] 『독립신문』에서는 당시 김덕구 장례 노제에서 찬미가를 불렀던 여성들은 이화학당 교사들이 아니라 찬양회 회원들이었음을 바로 잡는 보도를 했다.[37]

이외에도 찬양회에 대한 악의적인 소문도 있었다. 『독립신문』 12월 10일자에는 찬양회 회원들이 부유한 회원들에게는 값을 내기 전에 회표를 주고 그렇지 못한 회원에게는 값을 내기 전에는 절대로 회표를 주지 않는다면서 개명한 여성들이라 매우 존경했는데 사실을 알고 보니 매우 애석한 일이라며 한탄했다.[38]

> 찬양회 부인들은 ᄆᆡ양 ᄀᆡ회 ᄒᆞᄂᆞᆫ ᄂᆞᆯ을 당 ᄒᆞ면 응쟝 셩식에 각ᄉᆡᆨ 금은 보ᄑᆡ들이며 비단 두루막이에 ᄉᆞ인교 쟝독교들을 타고 구름 ᄀᆞᆺ치 모혀 연셜도 잘 ᄒᆞ고 음식은 쥰비 ᄒᆞ야 먹ᄂᆞᆫ이들ᄆᆞᆫ 먹고 구ᄎᆞᄒᆞᆫ 회원들은 도라도 아니 보며 회표를 ᄆᆞᆫ드러셔 돈량 잇다ᄂᆞᆫ 회원들은 의례히 갑을 내기 젼에라도 회즁에셔 츄앙 ᄒᆞ야 ᄎᆡ여 주고 구ᄎᆞᄒᆞᆫ 회원들은 갑을 몬져 내기 젼에ᄂᆞᆫ 회표 주기ᄂᆞᆫ 가망 밧기더라고 말이 만타니 과연 그러 ᄒᆞᆫ지 그 부인 회원들이 ᄀᆡ명에 대단히 유의 ᄒᆞᆫ다 ᄒᆞ기에 우리ᄂᆞᆫ 십분 흠모 ᄒᆞ얏더니 요ᄉᆞ이 이 쇼문을 드른니 우리ᄂᆞᆫ 그 회의 명예을 위 ᄒᆞ야 대단히 ᄋᆡ셕 ᄒᆞ노라

이와 같은 찬양회에 대한 비난 기사가 나가자 찬양회 회원들은 『독립신문』에 편지를 보내어 거세게 항의했다. 그러자 『독립신문』에서는 이를 사과하는 기사를 실었다.[39]

---

36 「잡보」, 『제국신문』, 1898.12.9.

37 「리화 학당 셜명」, 『독립신문』, 1898.12.9.

38 「부인회 쇼문」, 『독립신문』, 1898.12.7.

> 찬양회 부인 회원들이 비단 두루막이 입고 회표ᄂᆞᆫ 돈량 잇다ᄂᆞᆫ 회원들의게ᄆᆞᆫ 츄앙 ᄒᆞ야 주고 간란ᄒᆞᆫ 회원들은 갑을 몬져 내기 젼에ᄂᆞᆫ 아니 주더라고 말이 잇기에 우리ᄂᆞᆫ 그 명예를 ᄋᆡ셕히 녁여 이ᄃᆞᆯ 七일 뎨 二百九호 본샤 신문 잡보에 긔ᄌᆡ ᄒᆞ여 그 회원들을 찬셩 ᄒᆞ엿더니 찬양회에셔 본샤에 편지 ᄒᆞ기를 본회에셔 동포 형뎨 간에 엇지 빈부를 보아 회표를 몬져 주고 뒤에 주리요 의복으로 말 ᄒᆞ더ᄅᆡ도 본회 규칙이 검쇼 ᄒᆞ기로 완뎡 ᄒᆞ야 회원 즁에 혹 비단 의복 입은이가 잇스면 벌금을 밧고 혹 방청 ᄒᆞᄂᆞᆫ 부인은 비단 의복 입은이가 잇다고 셜명을 ᄒᆞ엿기에 이에 긔ᄌᆡ ᄒᆞ거니와 부인네들이 신문을 렬심으로 보아 명예에 관계 되ᄂᆞᆫ 일을 이럿케 셜명 ᄒᆞᄂᆞᆫ것을 보니 그 부인네들이 ᄀᆡ명 진보에 유의 ᄒᆞᄂᆞᆫ것은 이에 가히 짐쟉 ᄒᆞᆯ지라 그러나 아모죠록 회즁 규칙을 더 엄젹히 ᄒᆞ야 상등 명예를 셰계에 젼파 되게 셔로 힘들 쓰기를 우리ᄂᆞᆫ 간졀히 찬셩 ᄒᆞ노라

찬양회에서는 회원을 차별하고 있다는 잘못된 기사는 명예와 관련된 것이므로 보도 정정을 요청했다. 즉 회원 규칙에는 의복의 검소도 있으므로 혹시 회원 중에 비단옷을 입었을 경우에는 벌금을 받기 때문에 절대로 회원 차별은 있을 수 없다는 것이었다. 회원이 아닌 방청하려 온 여성들 중에 비단옷을 입은 여성이 있을 수 있다고 설명했다.

4. 창선방 느릿골에서 순성여학교 운영과 김양현당의 사망

1899년에 들어서자 찬양회에서는 관립여학교가 설립될 것으로 믿고 있었다. 그런데 구체적인 소식이 들리지 않았다. 그럼에도 분명

---

39 「부인회 셜명」, 『독립신문』, 1898.12.10.

관립여학교가 설립될 것이라 믿고 일단 학교부터 열었다. 이양성당은 개교하기 전부터 여학생 30~50명을 모집하였다. 교과서는 학부에 요구하고 여가에는 자봉침기계를 구입해서 침공을 교습시키려 하였다.[40]

찬양회에서는 1898년 2월 26일 한성부 창선방 어의동(느릿골)에서 순성여학교를 개교하였다. 이 학교는 한국 여성에 의해 최초로 설립된 여학교였다. 그러나 처음 계획한 대로 자봉침 교습은 이루어지지 않았던 것 같다. 『독립신문』 3월 1일자 기사에 따르면 여학교에서 가르친 과목은 『천자문』, 『동몽선습』, 『소학』, 『태서신사』 등이었다. 학생들의 연령은 8세에서 10세 사이였다. 교사는 서양부인 한 명과 고정길당이었고 교사 모두 국한문에 능통하였다.[41] 나중에는 국문, 한문, 산술, 침선, 여공(女紅) 등을 가리켰다.[42]

학부에서 학교 규칙을 마련하면서 여학교에 교인 2인, 교장과 교관은 주임, 그리고 서기와 교원은 판임으로 정할 것이라고 규정했다. 그래서 여학교 교원은 남자였다. 찬양회에서는 남자 교원을 반대하였다. 남자들은 아직 개명되지 않았고 내외분별이 분명하기 때문에 남자교원이 여학생들을 가르치는 것은 어렵다는 것이었다. 그래서 현재 순성여학교 교사인 여교사 2명을 교원으로 임명해줄 것을 요구하였다.[43]

학부에서는 여전히 여학교 설립의 의지가 있었으나 구체적인 방책을 마련하지 않았다. 이에 찬양회에서는 여러 차례 청원을 하거나

---

40 「여교사설(女校私設)」, 『황성신문』, 1899.2.24.

41 「여ᄌᆞ교육」, 『독립신문』, 1899.3.1.

42 「적녀교장(吊女校長), 『황성신문』, 1903.3.19.

43 「三죵학도」, 『독립신문』, 1899.2.27; 「남녀유별」, 『독립신문』, 1899.3.4.

학부를 방문하여 학교 설립을 요구하였다. 『독립신문』 1898년 5월 4일자에는 5월 3일 찬양회에서 10여 명의 회원들이 여학생 10여 명을 데리고 국기를 앞세워 학부로 가서 여학교를 설립하면 찬양회에서 학생을 뽑을 것이라고 주장했다.[44] 『황성신문』에서는 찬양회 찬성원 김소사가 여학생들을 데리고 학부를 찾아가 청원했다고 보도하였다.[45] 김소사는 전술한 바와 같이 김양현당이었다.

학부에서는 고종의 비답도 있었고 여학교 경비도 예산안에 있으므로 1899년 5월 22일에 여학교령 칙령안을 정부에 제출한다고 하였다.[46] 이에 따르면 여학교 관제는 다음과 같이 13조로 구성되어 있었다.[47]

제1조 여학교는 여아 신체의 발달함과 생활에 필요한 보통 지식과 기술을 가르치는 것으로 본 뜻을 삼을 일
제2조 여학교에 쓰는 경비는 국고에서 지출 할 일
제3조는 여학교에 심상과와 고등과를 나눠 둘 일
제4조는 여학교의 수입 연한은 심상과인즉 3개년이고 고등과 인즉 2개년으로 정할 일
제5조는 여학교에 심상과의 과목은 몸을 닦고 글을 읽고 글씨 익히고 산술 하고 바느질 하기며 고등과의 과목은 몸을 닦고 글을 읽고 글시 익히고 산술 하고 글 짓고 바느질 하고 지리학 배우고 역사 배우고 이과학 배우고 그림 그릴 일

---

44 「학교 직촉」, 『독립신문』, 1899.5.4.
45 「여교청원(女校請願)」, 『황성신문』, 1899.5.4.
46 「여교청의(女校請議)」, 『황성신문』, 1899.5.24.
47 「녀학교 관뎨」, 『독립신문』, 1899.5.27.

제6조는 여학교 서책은 학부에서 편집한 외에도 혹 학부 대신의 검정 함을 지낸 자로 쓸 일
제7조는 여학교에 계집아이의 나이 아홉 살 이상으로 열다섯 살까지 정한 일
제8조는 여학교의 가르치는 과목에 가세와 편급과 구별과 교수의 시한과 일체 세칙은 학부 대신이 정 할 일
제9조는 여학교 교장은 교원이나 혹 학부 판임관이 겸임도 할 일
제10조는 여학교 교원은 사범학교 졸업장이 있는 자로 임용 할 일
제11조는 여학교에 지금은 혹 외국 여교사도 고용 할 일
제12조는 각 지방에 여학교를 공립으로도 설시하고 사립으로도 설시 하기는 마땅 할 데로 허락 할 일
제13조는 본령은 반포 하는 날로 부터 시행 할 일

김양현당은 다시 여학교 설립을 학부에 청원하였다. 학부에서는 여학교설립규칙을 정부에 제출하였으니 기다리라고 답변하였다.[48] 1899년 10월 2일 김양현당과 찬양회 여러 회원들이 국기를 높이 세우고 10여명의 여학생들과 함께 학부로 가서 『천자문』, 『동몽선습』, 『소학』 등을 시험 삼아 읽히고 여학교 설립을 다시 청원하였다. 그런데 학부 대신이 자리에 없어 그냥 나왔다.[49]

정부에서는 1900년 1월 23일에 여학교령 칙령안에 대해 의정부회의에서 부의(附議)하였다. 이날 회의에는 정부 대신 16명 중 10명만 참석

48 「여교재청(女校再請)」, 『황성신문』, 1899.6.7.

49 「아랑능독(兒娘能讀)」, 『황성신문』, 1899.10.4; 「녀학교 수건」, 『독립신문』, 1899.10.3.

하였다. 이 중에서 4명만 가표를 던져 부결되어 버렸다. 부결 이유는 국가 재정이 부족하기 때문이라는 것이었다.[50] 탁지부에서는 1900년도 예산안에서 상공학교, 여학교, 농업학교의 예산을 제외하였다.[51]

그러자 순성여학교 교장 김양현당은 1900년 1월 22일에 여학생 10여 명을 데리고 학부를 찾아가서 여학교 경비를 예산에 편입해줄 것을 청원하였다. 학부에서는 여학생들에게 책자를 암기해보도록 하고 백지 7장, 붓, 그리고 먹을 나누어 주었다.[52] 순성여학교 학생 중에는 의지할 곳이 없는 학생들이 많아 김양현당은 자비를 들여 가르쳤으나 재정이 곤란한 상태에 이르게 되었다.[53] 그래서 경비를 감당하기 위하여 학교를 담보로 일본인에게 경비를 빌렸다. 그런데 그 비용을 갚지 못하자 일본인은 학교를 폐쇄하고 여학생들을 모두 쫓아냈다. 그래서 김양현당은 여학생들을 이끌고 1901년 9월 12일 학부로 찾아가 입직 주사를 만나 학부에서 학교 경비를 지출하지 않아서 일본인에게 학교까지 빼앗겼다며 오늘 밤부터 학부에서 유숙하겠다고 항의하였다. 그러나 학부에서는 김양현당을 설득시켜 내보냈다.[54]

김양현당은 여학교를 시작한 지 5년만인 1903년 3월 17일에 세상을 떠났다. 『황성신문』에서는 김양현당의 사망에 대해 다음과 같이 보도하였다.[55]

---

50 「관청사항(官廳事項)」, 『황성신문』, 1900.1.26; 『주의(奏議)』 39, 1901.1.23; 박용옥, 앞의 논문, 71쪽.

51 「교비정지(校費停止)」, 『황성신문』, 1900.1.19.

52 「여교경비의 청지(女校經費의 請支)」, 『황성신문』, 1900.1.24.

53 「잡보」, 『제국신문』, 1900.2.27.

54 「교사전일(校舍典日)」, 『황성신문』, 1901.9.14.

55 「적녀교장(吊女校長), 『황성신문』, 1903.3.19.

貞善女學校長 某氏ᄂᆞᆫ 本是西京女子로 上京居生하다가 女學校를 設立하고 漢文教師를 延聘하며 女學徒를 募集하야 熱心으로 敎育ᄒᆞᆫ 지 五六載에 國文 漢文 筭術 針線 女紅 等 敎課에 頗多○就된 者 有之하되 但 學費가 窘絀하야 自已家産을 蕩盡하야도 難繼ᄒᆞᆫ지라 女學徒도 皆貧窶ᄒᆞᆫ 女子로 學費一分을 能辦치 못하고 蔬菜糜粥ᄒᆞ며 學從와 同喫하고 辛苦萬狀으로 經過하더니 陰本月十九日에 不幸病逝ᄒᆞᆫ지라 臨終에 遺言하기를 我以一個女子로 我韓女子를 外國과 如히 文明教育하기를 晝夜로 天地神明씌 祝禱하얏더니 不幸殘命이 不長하야 九泉에 歸하니 至極寃痛ᄒᆞᆫ 恨은 我死後에 學徒를 誰가 敎育ᄒᆞᆯ고하고 一聲大叫에 不省人事하얏ᄂᆞᆫᄃᆡ 四顧無親ᄒᆞᆫᄃᆡ 收尸埋葬ᄒᆞᆯ 道가 無하다니 實노 氏를 爲하야 悼惜을 不堪하도다.

위 기사에 의하면 김양현당은 평양 출신으로 한성에 와서 여학교를 설립하여 여학생들을 5년여 동안 가르쳤으나 재정 부족으로 곤란을 겪었으며, 3월 17일(음력 2월 19일)에 병으로 세상을 떠났다는 것이다. 그는 세상을 떠나면서 우리나라 여성들이 외국의 여성들처럼 문명 교육받기를 주야로 천지신명에게 기도하였는데 불행하게도 병에 걸려 세상을 떠나니 남아 있는 여학생들을 누가 교육할 것인가 라며 통곡하였다는 것이다. 『황성신문』에서는 김양현당이 사고무친이어서 장례를 치를 사람도 없다며 안타까워했다.

김양현당이 세상을 떠난 후 학교 설립 초부터 열성을 보인 이자순당이 여학생들을 책임졌다. 여학생들이 이자순당을 교장으로 원했기 때문이었다.[56] 이자순당은 학부에 학교 인가를 청원하였다.[57] 이자순당은 계동에 있는 전화선 주사 마희률(馬羲律)의 집을 빌려서 여학교

56 「여교유장(女校有長)」, 『황성신문』, 1903.4.25.

57 「여교유장(女校有長)」, 『제국신문』, 1903.4.28.

를 운영하였는데 다시 돌려주고 1903년 5월 11일에 학부에 청원해서 돈화문 앞 사헌부 조방을 교사로 사용하였다.[58] 이후 더 이상 신문지상에 보도되지 않았다. 아마 이곳을 끝으로 여학교는 더 이상 운영되기 어려웠던 것으로 보인다.

5. 맺음말

지금까지 한국 최초의 여성권리선언문인 '여권통문'이 각 신문지상에 발표되고 수백명의 여성들 지지하에 찬양회를 조직하고 순성여학교 설립을 결의했던 장소부터 순성여학교 운영 및 폐교에 이르기까지 여성운동의 전개과정을 각 시기별, 장소별로 살펴보았다. 이를 정리해서 요약하면 다음과 같다.

'여권통문'은 북촌에 거주하던 김소사와 이소사가 1898년 9월 1일 작성한 후 『제국신문』, 『황성신문』, 『독립신문』 등을 통해 이를 전 여성들에게 알리고 회원을 모집하였다. 3~4백명의 회원들이 확보되자 김소사 등을 비롯한 관련 인물들이 9월 11일부터 12일에 걸쳐 모임을 가졌다. 모임의 취지는 '여권통문'에서 주장한 내용들을 어떻게 현실화할 것인지에 대한 논의를 하기 위한 것이었다. 9월 12일 주도 인물들은 홍문동사립소학교 이시선 집에 모여 한국 최초의 근대여성 단체인 찬양회를 조직하고 한국 여성들이 최초로 설립한 사립여학교

58 「마탈여교(馬奪女校)」, 『황성신문』, 1903.5.13; 「허이조방(許移朝房)」, 『황성신문』, 1903.5.25.

인 순성여학교 설립을 결의하였다.

1898년 9월 25일 찬양회 회원들은 승동 수사 홍건조의 집에 모였다. 이후 이곳을 찬양회 사무실로 이용하였다. 이날 이곳에는 55명의 회원들과 100여명의 여성들이 방청을 위해 참석하였다. 회장 이양성당은 '여학교설시통문'을 크게 낭독한 후 연설을 하고 여학교 설립에 대해서 논의하였다.

1898년 10월 11일부터 찬양회 회원들은 순성여학교를 관립여학교로 설립하기 위해 관립여학교 설립운동에 돌입하였다. 그 장소는 경운궁 인화문 앞이었다. 10월 11일 오후 2시 찬양회 회원 100여명은 장례원 주사 김용규 집에서 모임을 개최한 후 경운궁 인화문 앞으로 나아가서 진복상소를 올렸다. 이에 고종은 즉시 비답을 내렸다. 찬양회 회원들은 이에 애국가를 지어 부르며 기뻐했다.

1898년 10월 28일부터 11월 2일에 걸쳐 독립협회가 주최하는 만민공동회가 개최되자 이에 찬양회도 참가하여 그 뜻을 함께 하였다. 만민공동회에서 황국협회로부터 습격을 받아 사망을 한 김덕구의 장례를 12월 1일 만민공동회 몇 천 명의 회원들이 만민장으로 거행할 때 이에 참가하여 함께 하였다.

1899년에 들어서서 찬양회 회원들은 관립여학교가 설립될 것으로 믿고 창선방 느릿골에서 순성여학교를 개교하였다. 학부에서는 여학교 관제도 작성하였고 여학교 설립의 의지를 가지고 있었다. 1900년 1월 23일 여학교 칙령안에 대해 의정부회의에서 부의하였으나 부결되었다. 찬양회 부회장이었던 김양현당은 여학교를 5년 동안 운영하였으나 재정적으로 어려움을 겪다가 1903년 3월 17일에 세상을 떠났다. 그 후 이자순당이 순성여학교를 책임졌으며, 학교는 계동 전화선 주사 마희률 집, 돈화문 앞 사헌부 조방에서 운영되었다. 더 이상 순성여학교 관련 기사는 보도되지 않았다.

1910년 전후 장지연과 이인직의 여성서사와 식민지적 굴절

윤영실

1. 머리말: 근대계몽기 여성-국민론과 젠더, 민족, 계층의 교차적 읽기

본고는 1910년 전후 장지연과 이인직의 여성 서사들을 중심으로 여성-국민담론이 초과되고 균열되는 양상들을 살펴보고자 한다. 근대계몽기 '여성'에 대해서는 지금까지 다양한 갈래에서 논의가 진행되어 왔다. 유학자들의 문집이나 신문·잡지 등 근대매체에 나타난 여성론이나 가정학 및 수신교과서에 담긴 여성교육에 대한 연구들이 그것이다.[1] 기존 연구들은 분야를 막론하고 근대계몽기 여성론이 여

1 조경원, 「개화기 여성교육론의 양상 분석」, 『교육과학연구』 28, 제주대 교육과학연구소, 1998; 조경원, 「대한제국 말 여학생용 교과서에 나타난 여성교육론의 특성과 한계」, 『교육과학연구』 30, 제주대 교육과학연구소, 1999; 김경연, 「근대계몽기 여성의 국민화와 가족-국가의 상상력-『미일신문』을 중심으로」, 『한국문학논총』 45, 한국문학회, 2007; 송인자, 「개화기 남녀 수신교과서의 지향점 분석」, 『한국문화연구』 13, 이화여대 한국문화연구원, 2007; 김언순, 「개화기 여성교육에 내재된 유교적 여성관」, 『페미니즘

성-가족-국가의 3항관계 속에 긴박되어 있었음을 규명해왔다. 봉건적 유교 질서가 여전히 강력한 힘을 발휘하며 전통적 여성상(효열, 부덕 등)을 활발히 재생산하는 와중에, 근대의 새로운 여성론은 가부장적 질서를 근본적으로 뒤흔들지 않는 한도 내에서 제한적으로 수용되었으며, 특히 '국민 양성자'로서의 '현모양처'상[2]으로 수렴되어 갔다는 것이다. 여성 교육 역시 여성 자신의 권리 신장보다는 "가정의 개조를 통한 국가 건설로 귀결"됨으로써, "유교적 가부장제와 가부장적 국가주의는 큰 충돌 없이 병존"[3]할 수 있었다.

국민국가론과 현모양처론에 머문 근대계몽기 여성담론의 한계는 당대의 '문학적' 글쓰기에도 반영되었다. 선행연구들이 보여준 것처럼, 근대계몽기의 대표적 여성영웅서사인 『애국부인전』이나 『라란부인전』은 여성-국민 만들기라는 기획에도 불구하고 정작 '국민'으로 환원되지 않는 '주체적 여성'상을 그려내지 못했다.[4] 신소설 쪽에서는 좀더 다양한 여성 표상들[5]이 나타나는 듯 보이지만, 그 또한 '나라'(國)

연구』 10:2, 한국여성연구소, 2010; 김수경, 「개화기 여성 수신서에 나타난 근대와 전통의 교차」, 『한국문화연구』 20, 이화여대 한국문화연구원, 2011; 김소영, 「대한제국기 '국민' 형성과 여성론」, 『한국근현대사연구』 67, 한국근현대사학회, 2013; 김기림, 「개화기 호남 유림의 여성 인식-송사 기우만을 중심으로」, 『한국고전연구』 30, 한국고전연구학회, 2014; 김경남, 「근대 계몽기 가정학 역술 자료를 통해 본 지식 수용 양식」, 『인문과학연구』 46, 강원대학교 인문과학연구소, 2015 등.

2 홍인숙, 『근대계몽기 여성 담론』, 혜안, 2009, 27~86쪽.

3 박애경, 「근대 초기 공론장의 형성과 여성주체의 글쓰기 전략」, 『한국고전문학여성연구』 31, 한국고전여성문학회, 2015, 248쪽.

4 송명진, 「역사·전기소설의 국민여성, 그 상상된 국민의 실체-〈애국부인전〉과 〈라란부인전〉을 중심으로」, 『한국문학이론과 비평』 46, 한국문학이론과 비평학회, 2010.

5 김경애, 「신소설의 '여성 수난 이야기' 연구」, 『여성문학연구』 6, 한국여성문학회, 2011; 이영아, 「신소설의 개화기 여성상 연구」, 서울대 석사학위논문, 2000; 이영아, 「신소설

와 '집(家)'을 은유적, 환유적으로 연결시키는 당대의 정치적 무의식에서 자유롭지 못했다. 무엇보다 신소설의 "여성에게 요구된 것은 개인으로서의 성취가 아니라 가정-사회-국가라는 새로운 체계 내에서의 재생산자로서의 역할"이었으며, 남녀동등권의 희망은 '동부인(同夫人)'의 자리, 즉 "성공한 남성 곁에 서 있음으로써 '여자계'의 대표 인물로 자처할 수 있는"[6] 자리로 현실화되었을 뿐이다.

시야를 넓혀 보면, 근대 초기 '여성'이 국민의 일환으로 새롭게 호명되었던 것은 중국과 일본에서도 마찬가지였다.[7] 다만 1900년대 말이라는 시점에서 일본의 여성론이 좀더 다양한 사회 활동과 직업군에 열려 있었고, 중국 여성론의 일부가 '여군인'론으로까지 급진화되었던 것에 비해, 한국의 여성담론은 가족을 매개로 미래의 국민을 양성한다는 현모양처론 쪽에 더 기울어져 있었던 것으로 보인다. 그런

에 나타난 육체 인식과 형상화 방식 연구」, 서울대 박사학위논문, 2005; 이선경, 「이인직 신소설의 상호텍스트성 연구-여성수난서사를 중심으로」, 『비평문학』 57, 한국비평문학회, 2015; 장노현, 「신소설 여성인물의 탈주 양상과 가치유형」, 『비평문학』 58, 한국비평문학회, 2015; 조혜란, 「근대 전환기 소설에 나타난 유교적 이념의 모호성-강릉추월전의 효열 귀신을 중심으로」, 『국어국문학』 180, 국어국문학회, 2017; 조윤정, 「자선하는 부인과 구제된 소녀-신소설의 우연성과 여성 표상의 양가성」, 『한국현대문학연구』 60, 한국현대문학회, 2020 등.

6 권보드래, 「가족과 국가의 새로운 상상력-신소설의 여성 주인공을 중심으로」, 『한국현대문학연구』 10, 한국현대문학회, 2001, 27~51쪽; 권보드래, 「신소설의 성, 계급, 국가」, 『여성문학연구』 20, 한국여성문학회, 2008, 23~25쪽.

7 조경란, 「국민국가 형성과 여성정체성의 문제-청말 민국초 여성담론을 중심으로」, 『철학과 현실』, 철학문화연구소, 2004; 김정수, 「만청 여성 전기와 '국민' 상상의 형성」, 『중국문학』 69, 한국중국어문학회, 2011; 장윤선, 「청말 '여국민' 양성론의 전개」, 『중국근현대사연구』 51, 중국근현대사학회, 2011; 김경희, 「제국 일본의 '국민' 형성과 여성 차별-후쿠자와 유키치의 여성관을 중심으로」, 『일어일문학연구』 110, 한국일어일문학회, 2019.

데 여성-가족-국가라는 삼각형이 대한제국기 여성담론의 지배적인 구조였다고 해도, 그 3항의 절합이 매끄럽게 작동했던 것만은 아니다. 이질적인 3항은 서로 상충되거나 어긋나면서 균열음을 내곤 했다. 그 결과 여성-국민이 가족적 질서에서 이탈하거나, 가족 윤리와 국가 윤리 사이에서 동요하거나, 상이한 여성상들로 분화되는 양상들이 나타났다. 무엇보다 기존의 논의에서 누락된 바는 대한제국이 식민지로 접어들면서 여성-국민론 자체가 사산되었다는 점이다. 국가가 상실된 빈 자리에서, 남성지식인들의 여성-국민 담론은 어떻게 변화하고 재조정되었을까.

본고는 이런 질문들을 규명하기 위해 1910년 전후에 쓰인 장지연과 이인직의 여성서사들에 주목했다. 두 사람은 사상적으로 다른 계보에 놓여 있고, 문학사에서도 각기 '역사·전기소설'과 '신소설'이라는 분류 속에서 별개로 다뤄지거나 대비되어 왔지만, 당대 여성담론의 첨단을 이끌었다는 점에서 공통점을 지닌다. 장지연은 『여자독본』과 『애국부인전』을 역술해서 개신유학자로서는 가장 진보적인 여성담론을 주도했고, 이인직은 『혈의 누』 등의 신소설과 『만세보』 논설을 통해 메이지일본의 여권론을 소개하는 데 앞장섰다. 이들 역시 여성-가족-국가라는 당대 여성담론의 자장 안에 있었지만, 그 첨점에 위치한 이들의 글쓰기는 주류 여성담론의 균열을 가장 선명하게 가시화한다는 점에서 주목된다. 또한 1910년 전후에 걸쳐 있는 이들의 글쓰기는 국권상실이 가져온 여성-가족-국민 담론의 굴절 내지 와해의 양상도 잘 보여준다.

본고는 이들의 여성**서사**에서 특히 '비혼녀'들과 '미친 여자'들의 형상에 주목할 것이다. 흥미롭게도 장지연과 이인직의 여성서사들은 비혼녀들(잔다르크, 논개, 옥련, 옥순)을 주인공으로 삼고 있다. 이들의 여성담론이 여성-가족-국가의 연결고리를 위협하는 '불온'한 존재인 비혼녀를 통해 어떻게 균열되는지, 혹은 이러한 불온/균열을 어떻게 순치하거나 봉합하고 있는지를 살펴보는 것이 논의의 한 축을 이룰 것이다. 한편, 이들의 여성서사에는 서로 다른 맥락에서 '미친 여자'(잔다르크, 옥남과 옥순의 모친, 장옥련)가 등장하는 바, 이를 통해 드러나는 '문학적 부권의 은유'를 살펴보는 것이 논의의 또 다른 축을 이룬다.

여기서 나는 페미니즘 문학 연구의 고전인 『다락방의 미친 여자』를 염두에 두고 있지만, 그들과는 다른 접근법을 취할 것이다. 이 책의 저자들(산드라 길버트와 수잔 구바)은 남성작가가 여성 인물들을 창조하여 "그들에게 생명을 줄 때조차도 그들로부터 (독립적으로 말할 수 있는) 자율성을 박탈함으로써 침묵시킨"다는 점을 '문학적 부권의 은유'가 지닌 역설로 일컫는다. 이로부터 벗어나기 위해 이들은 여성작가들의 텍스트를 중심으로 19세기 영문학사를 재구성하면서, 특히 반복적으로 등장하는 '미친 여자'들에 주목한다. 텍스트에서는 부차적인 '미친 여자'들이야말로 여성 작가들이 "자신의 자아분열, 즉 가부장적 사회의 억압을 수용하고자 하는 욕망과 동시에 거부하고자 하는 욕망을 극화"시키고 있기 때문이다.[8]

그러나 남성작가들의 텍스트에 반복적으로 등장하는 '미친 여자'는 저자들이 생각하듯 "단순히 여주인공에 대한 적대자거나 들러리"인 것은 아니다. 여성작가들의 텍스트 속 '미친 여자'들이 "작가의 분

8 산드라 길버트·수전 구바, 박오복 옮김, 『다락방의 미친 여자』, 이후, 2009, 79쪽; 176~177쪽.

신이며, 작가 자신의 불안과 분노의 이미지"로 해석될 수 있는 것처럼, 남성작가들의 텍스트에 등장하는 '미친 여자'는 작가의 '공포'의 대상이거나, 혹은 억압된 무의식이라는 의미에서 작가 자신의 '분신'으로도 읽힐 수 있다. 여성 저자들의 글쓰기를 적극적으로 발굴하고 여성들의 목소리에 좀더 세심하게 귀 기울여야 한다는 점은 이론의 여지가 없지만, 남성 작가의 글쓰기 역시 징후적 독해를 통해 당대 여성의 정치적 무의식을 읽어낼 수 있는 창이 될 수 있다.

한편, 『다락방의 미친 여자』가 설정한 남성/여성의 이원적 대립 구도는 인종, 계급 모순을 고려하여 좀더 입체화되어야 한다는 비판도 꾸준히 제기되어 왔다. 『제인 에어』에 등장하는 자메이카 크레올 출신 여성 버사(Bertha Mason)를 백인 여성 작가의 무의식으로 환원하는 독법이 지닌 식민주의적 한계는 『제인 에어』를 버사의 관점에서 다시-쓰기 한 존 리스(Jean Rhys)의 소설 『광막한 사르가소 바다(Wide Sargasso Sea)』에서도 설득력 있게 그려진 바 있다.[9] 인종, 젠더, 계급, 섹슈얼리티, 민족 등 다양한 모순이 교차하는 억압 구조를 하나의 의미 있는 전체로 파악해야 한다는 요구는 최근 '교차성(intersectionality) 페미니즘'으로 새롭게 명명되고 있으나, 유색인종이나 식민지 페미니즘의 오랜 경험을 통해 가다듬어진 시각이기도 하다.[10]

---

9 Firdous Azim, *The Colonial Rise of the Novel*, N.Y.: Routledge, 1993, p.88. (오정화 외, 『젠더와 재현』, 이화여자대학교출판문화원, 2018, 293쪽에서 재인용); 가야트리 스피박, 태혜숙·박미선 공역, 『포스트식민 이성 비판』, 갈무리, 2005, 2장 참조; 진 리스, 윤정길 옮김, 『광막한 사르가소 바다』, 펭귄클래식코리아, 2008.

10 최근 교차성 페미니즘을 설명한 책으로는 한우리 외, 『교차성X페미니즘』, 여이연, 2018; 교차적 시각을 지닌 페미니즘 연구서로는 스피박의 저술들 이외에도 다음을 참조할 수 있다. 찬드라 탈파드 모한티, 문현아 옮김, 『경계 없는 페미니즘』, 여이연,

이러한 관점의 복잡화, 입체화는 국민국가 비판론에 치우친 기존의 근대계몽기 여성담론 분석들에서 가려진 부분들을 가시화시키는 데 일조할 수 있다. 예컨대, 유교적 정렬(貞烈)과 근대적 가정(학) 담론이 공히 여성을 가(家)/가정 내에 속박하고자 할 때, 국망의 위기 앞에서 고조된 여성-국민론은 때로 여성이 가족의 매개 없이 공적 영역에 접속하고 주체화할 수 있는 통로가 되기도 했다. 반면 장지연과 이인직의 비혼여성, 미친 여자 표상은 식민화로 국민-국가 기획이 좌절된 후 여성-국민담론이 급속히 자취를 감추고 가족 질서 안으로 봉인되는 양상을 잘 보여준다. 한편 이인직 소설에서 여성/남성 인물들의 대비는 1907년 이후 자강론의 국민국가 기획이 좌절되고 민족(반일)/문명(친일) 담론으로 분기하는 과정 속에서 작가 자신이 겪은 내적 분열을, 버림받고 미친 여성들의 표상은 이인직 같은 개화엘리트와 민중(하위주체)의 괴리를 보여주는 것으로도 읽힐 수 있다. 본고에서는 이런 징후적 독해를 통해 장지연과 이인직의 여성서사에 나타난 비혼여성과 '미친 여자'의 함의를 젠더, 계급, 민족 모순이 복합적으로 뒤얽힌 당대의 정황 속에서 해석해 볼 것이다.

2. 장지연의 '애국'과 식민화 전후의 여성 표상

1) '애국부인'과 '미친 여자' 사이에서: 약안(잔다르크)

잔다르크의 일생을 다룬 장지연의 『애국부인전』은 근대계몽기에

2005; 페트리샤 힐 콜린스, 주해연·박미선 옮김, 『흑인 페미니즘 사상』, 여이연, 2000.

가장 널리 읽혔던 여성영웅서사였다. 일본과 중국을 경유한 동아시아 번역 텍스트 중의 하나이지만, 고소설적 요소와 더불어, 국권 상실의 위기감이 팽배했던 1907년 무렵의 대한제국 상황도 짙게 투영되어 있어, 적극적 개작이 이뤄졌다고 평가된다.[11] 그 결과 『애국부인전』은 당대 언론에서 남녀를 막론하고 "애국성이 유(有)ᄒᆞ신 동포는 맛당이 보실 서책"[12]으로 선전되었다. 순국문으로 쓰인 까닭에 땔감장수 같은 하층민들에게도 "국민자격과 국민의무"를 가르치는 "보통교육의 기관" 역할을 했고,[13] 여성독자들에게는 "국민될 자의 어미"로서 여자교육이 필요함을 입증하는 사례로 각인되었다.[14] 1910년 사립여학교연합운동회에서 『애국부인전』이 『애국정신담』, 『라란부인전』, 『서사건국지』와 함께 기증되었던 것에서 볼 수 있듯, 『애국부인전』은 실제로 근대계몽기 여성교육의 교과서로 활용되기도 했다.[15] 『애국부인전』에

---

11 서여명에 따르면 『애국부인전』은 풍자유(馮自由)의 미완작(熱誠愛國人, 『女子救國美談』(廣智書局, 1902.7)을 장지연 나름대로 보충하여 번안한 것이다. 일본의 잔다르크 번역에 대해서는 배정상, 노연숙의 논문들을 참조할 수 있다. 배정상, 「위암 장지연의 『애국부인전』 연구」, 『현대문학의 연구』 30, 한국문학연구학회, 2006; 박상석, 「『애국부인전』의 연설과 고서설적 요소－그 면모와 유래」, 『열상고전연구』 27, 열상고전연구회, 2008; 노연숙, 「20세기 초 동아시아 정치서사에 나타난 '애국'의 양상」, 『한국현대문학연구』 28, 한국현대문학회, 2009; 서여명, 「여성 영웅의 등장과 국민 만들기－신소설 〈애국부인전〉」, 『중국을 매개로 한 애국계몽서사 연구－1905~1910년의 번역작품을 중심으로』, 인하대 국문과 박사논문, 2010.

12 광고 「신소설 애국부인전」, 『대한매일신보』, 1907.10.9.~11.12.

13 "乙曰 余ᄂᆞᆫ 日前에 隣家某友를 從ᄒᆞ야 愛國婦人傳을 得覽ᄒᆞ니 其意가 甚好ᄒᆞᆫ 故로 恒常 妻兒를 對ᄒᆞ야 朗讀ᄒᆞ노라 …(중략)… 國文으로 發行ᄒᆞᄂᆞᆫ 新聞 雜誌와 小說 等屬이 皆普通教育의 機關이라" 「柴商談話」, 『황성신문』, 1909.4.28.

14 "신쇼셜 ᄋᆡ국부인젼과 라란부인젼을 볼지라도 그 사ᄅᆞᆷ도 ᄯᅩᄒᆞᆫ 일개 녀ᄌᆡ로ᄃᆡ 이ᄀᆞᆺ치 큰ᄉᆞ업을 셩취ᄒᆞ엿스니 그 사ᄅᆞᆷ들은 엇지 무식ᄒᆞᆫ 녀ᄌᆞ로 이를 ᄒᆞ엿스리오" 장경주, 「녀ᄌᆞ교육」, 『대한매일신보』 국문판, 1908.8.11.

15 「廣告: 日昨西闕內에셔 各女學校聯合運動寄付ᄒᆞᆫ 氏名이 如左ᄒᆞ니」, 『황성신문』, 1910.

대한 당대 독자층의 반응은 이처럼 가족을 매개로 미래의 국민을 양성하는 어머니로서의 여성상을 크게 벗어나지 않았다. 그러나 잔다르크의 서사는 애초부터 이러한 담론의 틀을 초과하는 잠재적 불온성을 띠고 있었다. 그렇다면 텍스트에서 서사의 잠재적 불온성은 어떻게 순치/봉합되었으며, 그럼에도 불구하고 어떤 흔적을 남겼는가?

> ① 그 동네 사람들이 약안의 총민함을 칭찬 아니 할 이 없어 특별히 이름을 정덕이라 부르며 말하기를 아깝도다. 정덕이 만약 남자로 생겼다면 반드시 나라를 위하여 큰 사업을 이룰 것이거늘 불행히 여자가 되었다 하니 약안이 이렇듯이 칭찬함을 듣고 마음에 불편하게 여겨 하는 말이 <u>어찌 남자만 나라를 위하여 사업하고 여자는 능히 나라를 위하여 사업하지 못할까. 하늘이 남녀를 내심에 이목구비와 사지백체는 다 일반이니 남녀가 평등이거늘 어찌 이같이 등분이 다를진대 여자는 무엇 하러 내시리오 하니 이런 말로만 보아도 약안이 타일에 능히 법국을 회복하고 이름이 천추 역사상에 혁혁히 빛날 여장부가 아닐쏜가.</u>(1회, 1~2쪽)

인용문에서 보듯, 『애국부인전』은 1회에서부터 남녀평등의 사상을 표나게 내세운다. 동네사람들은 약안이 뛰어난 능력을 지녔음에도 여자임을 안타깝게 여기는 데 그치지만, 약안은 하늘이 남녀를 '평등'하게 만들었으니 "나라를 위한 사업"에도 남녀의 구별이 없다는 신념을 품고 있다. 그런데 당대 남성지식인들의 여성담론은 추상적인 차원에서 남녀평등을 인정하면서도 남녀의 사업에 구별을 두는 것이 좀더 일반적인 경향이었다. 예컨대, 이원긍의 『초등여학독본』은 「인권」 절

5.20.

에서 “사람이 처음 생겨났을 때, 사람의 권리는 남자와 여자가 동등하여 본디부터의 자유가 있는 것이고 지적인 능력 역시 남여가 같”다고 주장한다. 그러나 정작 여자의 일은 “어진 아내”와 “어진 어미”의 역할에 국한되어 있으며, 정(貞)과 열(烈)이 여자교육의 가장 중요한 덕목으로 제시된다. 여학(女學)의 내용도 여자의 행실(女行)과 마음 씀씀이(傳心), 부모, 남편, 시부모를 섬기고(事父母, 事夫, 事舅姑) 시숙 및 시누이와 화목하게 지내는 것(和叔妹) 등 전통적 여성윤리로 일관한다.[16]

여자의 사업을 가정 내로 제한하는 것은 유교적 토양의 개신유학자들에 국한된 것은 아니었다. 진명여학교 교사를 역임한 노병선이 저술하고 이화학당장인 부라이(富羅伊), 진명여학교감 여메례황(余袂禮黃), 양원여학교장 윤고라(尹高羅)가 교열한 『녀자소학슈신서』도 사정은 크게 다르지 않았다. 마지막 장인 「여자 수신 총론」에서 저자는 “여자학교에 교과서”로 삼기 위해 이 책을 저술했다고 밝히면서, “좋은 여자”가 되기 위해서, 그리고 “좋은 어머니와 좋은 시어머니와 좋은 며느리와 좋은 동서와 좋은 올케와 좋은 자녀가 되”기 위해 이 책을 공부하도록 권한다.[17] 책의 내용 또한 1과의 ‘얌전’을 비롯해서 어진 아내(15~17과), 어진 어머니(20~22과)의 덕목 등 ‘여자로서의’ 덕목들을 가르치는 데 치중해 있다. 한편, 일본에서 수입된 ‘신지식’으로서의 ‘가정학’은 서구적 ‘근대’와 유교적 ‘전통’을 가부장적 가족질서 안에서 융합하는 데 적절한 틀을 제공했다. 「부인의독」(「婦人宜讀」, 『조양보』 1~7

16 이원긍, 『초등여학독본』, 보문사, 1908. (허재영 외 옮김, 『근대 수신교과서』 1, 소명출판, 2011, 187쪽; 185~207쪽.)

17 노병선, 『녀자소학슈신서』, 박문서관, 1909. (허재영 외 옮김, 『근대 수신교과서』 1, 소명출판, 2011, 251쪽, 216~252쪽.)

호), 이기(李沂)의 「가정학설」(「家庭學說」, 『호남학보』 1~9호), 박정동의 『신찬가정학』(우문관, 1907)은 모두 일본의 시모다 우타코(下田歌子)의 가정학 이론을 역술한 것으로[18], 태교, 아이 키우는 법, 시부모 봉양, 하인 부리는 법 등 가정에서의 여성 역할을 가르치는 내용이었다.

사정이 이러하다면, 남녀평등을 젠더 역할 구분에 대한 비판까지 밀고 간 『애국부인전』은 당대 여성담론의 지형에서 상당히 급진적인 쪽에 속했다. 이러한 급진성을 텍스트 번역의 우발적인 결과로만 치부할 수는 없다. 선행연구들이 밝힌 것처럼, 잔다르크 서사는 일본과 중국보다 한국에서 더 크게 각광받았는데, 국망의 위기에서 나라를 구한다는 줄거리가 고종 폐위까지 내몰린 대한제국 말의 '애국'적 열정에 호소하는 바가 컸기 때문일 것이다.[19] 국망을 앞두고 고조된 위기감과 애국심 고취의 긴급한 필요성이야말로, 지배적 여성담론의 제약을 뛰어넘는 급진적 여성서사인 『애국부인전』이 환대받을 수 있었던 조건이었던 셈이다. 무엇보다 여성독자들은 『애국부인전』의 이러한 '과도함' 속에서 자신들의 억압된 목소리의 반향을 감지했던 것은 아닐까. 잔다르크의 독백(인용문 ①)을 한국 최초의 여권선언이라 일컬어지는 「여권통문」과 비교해보면 이런 심증이 더욱 굳어진다.

> ② 혹자 이목구비와 사지오관육체가 남녀가 다름이 있는가. 어찌하여 병신모양으로 사나이 벌어주는 것만 앉아먹고 평생을 심규에 처하여 남의 절제만 받으리오. 이왕에 우리보다 먼저 문명개화한 나라들을 보면

---

18 가정학 역술의 상세한 내용은 김경남, 「근대 계몽기 가정학 역술 자료를 통해 본 지식 수용 양식」, 『인문과학연구』 46, 강원대학교 인문과학연구소, 2015 참조.

19 노연숙, 앞의 논문, 9쪽.

> 남녀가 동등권이 있는지라 …(중략)… 슬프도다. 전일을 생각하면 사나이가 위력으로 여편네를 압제하려고 한갓 옛글을 빙자하여 말하되 여자는 안에 있어 밖을 말하지 말며 술과 밥을 지음이 마땅하다 하는지라. 어찌하여 사지육체가 사나이와 일반이거늘 이 같은 압제를 받아 세상 형편을 알지 못하고 죽은 사람 모양이 되리오. 이제는 옛 풍규를 전폐하고 개명진보하여 우리나라도 타국과 같이 여학교를 설립하고 각각 여아들을 보내어 각항 재주를 배워 일후에 여중 군자들이 되게 할 차로 방장 여학교를 창설하오니 …(후략)…[20]

두 글은 남녀의 '이목구비'와 '사지(오관)육체'가 다를 바 없다는 수사에 기초해서, 여성도 가정 안에만 머물지 않고 남자와 동등하게 '세상 형편'에 통달하고 '나라 사업'에 힘써야 한다고 주장한다는 점에서 매우 흡사한 구조를 띤다. 「여권통문」은 독립협회의 활동으로 근대적 공론장이 예외적으로 활성화되었던 시대적 배경과 맞물려 1898년이라는 매우 이른 시기에 작성되었다. 이에 비하면 1900년대 이후 남성지식인들이 주도했던 여성담론은 오히려 퇴행과 반동에 가까웠다. 「여권통문」은 과거와 현재, 문명개화한 나라들의 남녀동등권과 옛 풍규를 따르는 우리나라의 여성 압제, 가정의 안('술과 밥을 지음')과 밖(세상 형편)을 선명하게 대비시킴으로써 여성교육과 사회활동의 필요성을 주장했다.[21] 「여권통문」의 (서구) '문명'은 여성을 조선의 전통적 가부장 질서에서 해방시킬 수 있는 유력한 도구로 활용되었던 것이다.

---

20 별보 「五百年有」, 『황성신문』, 1898.9.8.

21 문명개화와 함께 밀려들어온 남녀평등론에 대한 유학자의 반응은 『남녀평권론』(1908)에 대한 규헌 김광수의 글에서 엿볼 수 있다. 김광수·김건중, 『규헌선생문집』, 扶餘郡: 雉岩宗中, 1989 참조.

반면 십 수 년이 흐른 대한제국 말기의 지배적 여성담론은 '문명'의 이름으로 여성을 가부장적 가족 질서 내에 다시 귀환시키고 있었던 셈이다. 이러한 '융합'은 전통과 근대, 서양과 동양을 막론하고 편재한 가부장적 질서의 견고함을 보여준다. 예외는 오히려 국망의 위기 앞에서 일시적으로 가족 바깥의 불온한 여성상을 허용했던 『애국부인전』 쪽이었다. 그러나 텍스트는 이러한 '허용'이 국난 앞에서의 일시적 예외일 뿐임을 여러 가지 방식으로 표시하고 있다. 그중 하나가 바로 약안에게 따라붙는 '미친 여자'라는 꼬리표였다.

> ① 천신께서 저렇게 누누히 분부하시니 필연 나라에 큰 난이 있을지니 내 마땅히 구하리라 하고 이로부터 나라 원수 갚기를 스스로 책임 삼아 혹 군기도 전습하며 혹 목장에 나아가 말도 달리며 총과 활도 배우니 부모는 여아의 이러한 거동을 보고 심히 근심하여 염려하여 매양 금지하되 이미 뜻이 굳어 암만 권하여도 듣지 아니할 줄 짐작하고 어찌 할 수 없어 그대로 두더라. 그 동리 사람은 모두 약안더러 미친 여자라 지목하되 약안은 추호도 뜻을 변치 않고 동리 사람더라 이르되 내 이미 상제의 명을 받았노라 하매 듣는 이가 해연이 웃고 이상히 알더라. (1회, 4쪽)

> ② 오늘은 여식이 부친과 모친을 하직하고 문외에 나아가 큰 사업을 세우고자 하오니 혹 요행으로 우리 국민 동포의 환란을 구제하고 우리나라 독립을 보전할는지 알지 못하나이다. 부모가 이 말을 듣고 대로하여 말하되 네가 광풍이 들렸느냐. 네가 규중에 생장한 여자로서 어찌 전장에 나아가 칼과 총을 쓰리오. 만약 이같이 용이할 것 같으면 허다한 남자들이 벌써 하였을지라. 어찌 너 같은 아녀자에게 맡기리오. 우리 지원은 네가 슬하에 있어 늙은 부모를 받들고 전장에 나아가 공업 이루기를 원치 아니하노니...우리 부처가 다른 혈육이 없고 슬하에 다만 너 하나 뿐이어늘 네가 집을 떠나면 늙은 부모를 누가 봉양하겠느냐. 너는 효순한 자식이

되고 호걸 여자가 되지말라.... (3회, 10~11쪽)

③ 그 여자가 즉시 장군의 휘하에 들어와 절하고 여쭈되 저는 일개 향촌 여자요 이름은 약안 아이격인데 법국의 난을 구원코자 왔나이다. 장군이 이 말을 듣고 크게 놀라 생각하되 반드시 광병 들린 여자로다. (4회, 13쪽)[22]

텍스트에서 집요하게 반복되는 '미친 여자'라는 낙인은 약안의 행위가 상례가 아니라 예외적 허용의 대상일 뿐임을 각인시킨다. 마을 사람도, 프랑스의 장군도, 심지어 약안의 부모조차 처음에는 약안의 행위를 받아들이지 못한다. 주변 사람들의 거듭된 의심과 시험에서 약안의 행위를 정당화하는 논리는 "국민동포의 환란을 구제하고 우리나라 독립을 보전"하려는 애국의 당위와 이를 보장해주는 신탁이다. 서사 말미에서 서술자는 그 신탁의 진실성마저 회의한다. 약안이 당대의 "어리석고 비루"한 인심을 격발하여 "국권을 회복"하기 위해 불가피하게 "상제의 명령이라 천신의 분부라 칭탁"(38쪽)했다는 것이다. 그 결과 유일하게 남는 것은 국난 극복의 애국심이다. 텍스트는 국난의 예외적 상황이 지나가면 약안의 행동이 언제든 다시 '광증'으로 치부될 것임을 경고하는데, 서사의 결말은 정확히 이를 예시한다.

영인이 그 불복함을 어찌 할 수 없어 비밀히 꾀를 내어 약안을 정한 곳으로 옮겨 가두고 거짓 사나이 복장으로 약안의 평시와 같이 새 옷을

22 숭양산인(장지연), 「신소셜 익국부인젼」, 광학서포, 1907. 원문은 고어체지만 가독성을 위해 현대어로 바꿔서 인용함.

> 꾸며 약안의 앞에 벌여 놓으니… 약안이 그것을 계교인줄 알지 못하고 그 의복을 갖추어 입고 그림자를 돌아보며 스스로 어여삐 여겨 노래하고 춤추며 신세를 슬퍼하더니 영인이 그 곁에서 엿보다가 이로 요술의 증거를 잡아 드디어 좌도요망으로 사람을 혹하게 하고 법교를 패란케 한다는 법률에 처하여 로앙시에 보내 화형이 처하니 곧 1431년 9월이라. (10장, 37쪽)

인용문은 약안이 남장을 한 죄로 화형에 처해지는 서사의 말미 부분이다. 복잡하게 중첩된 번역 연쇄 과정에서 사건의 의미와 맥락이 뒤섞이고 희미해지기는 했으나, 실제로도 잔다르크의 남장(cross-dressing)은 이교도의 혐의와 함께 처형의 주된 요인이 되었다. 중세 가톨릭 교의에 따르면 여성의 남장은 전쟁 중에 예외적으로 허용되었지만 일상적으로는 중죄에 해당했다. 적대자들은 잔다르크를 구금한 후 다시는 남장을 하지 않겠다는 서약을 속여서 받아낸 후, 남장을 빌미로 그녀를 처형했다. 후대의 증언과 기록은, 잔다르크가 감옥 안에서도 남장을 고집한 것은 강간의 위험으로부터 스스로를 보호하기 위해서였다고 전한다.[23] 증언의 진위야 어떠하든, 잔다르크의 남장이 당대에 젠더의 경계를 허무는 위협으로서 사형에 처해질 만큼의 중죄로 다뤄졌음은, 그녀의 무훈과 공적이 프랑스의 국난 극복을 위해 한시적으로만 허용되었던 예외임을 뚜렷하게 보여준다. 예외적 상황이 종결된 후 여성은 다시 가정 안의 여성 역할로 복귀해야 하며, 이를 거부할

---

23 잔다르크의 남장을 둘러싼 갈등과 해석들에 대해서는 〈위키피디아〉의 꽤 전문적이고 상세한 설명을 참조할 수 있다.
https://en.wikipedia.org/wiki/Cross-dressing,_gender_identity,_and_sexuality_of_Joan_of_ Arc

경우 그녀를 기다리는 것은 죽음 내지는 상징적 죽음, 곧 '미친 여자'로서 사회에서 배제되는 것뿐이다. 잔다르크 서사의 결말이 암시하는 이러한 메시지는, 15세기 프랑스에서 20세기 초의 대한제국까지, 수많은 역사적, 장소적 맥락을 건너뛰고도 어김없이 전달되었다.

2) 충(忠)에서 유사-정렬(貞烈)로의 위치 변화: 논개

근대계몽기 여성담론에서 장지연의 『여자독본』은 또 하나의 빼놓을 수 없는 텍스트다. 상권에서는 주로 우리나라 여성 인물들을, 하권에서는 중국과 서양의 여성 인물들을 배치하고 있는데, 서여명에 따르면, 상권의 총론 부분과 하권은 중국 양천리(楊千里)의 편저 『여자신독본』를 번역한 것이다.[24] 『여자독본』은 제 1장 제 1과에서 "여자는 나라 백성된 자의 어머니 될 사람이라.. 고로 여자를 가르침이 곧 가정교육을 발달하여 국민의 지식을 인도하는 모범이 되느니라"라고 밝히고 있다. 이러한 명제는 국민의 어머니라는, 당대 동아시아 여성담론의 전형성에서 크게 벗어나지 않았다. 장지연은 여성-가족-국가의 구도 아래에서 상권의 각 장을 좋은 어머니(2장 母道)와 아내(3장 婦德), 정렬(4장 貞烈)의 사례들로 채워 넣고 있다.

그러나 흥미로운 것은 여성-가족-국가라는 삼각형을 균열시키는 〈5장 잡편〉이다. "유명한 부녀의 행실을 섞어 기록함"이라고 밝힌 '잡편'에는 논개, 계화월 같은 기생, 첩(금섬, 애향), 무녀(일금) 등 전통적

---

24 『여자독본』 하권은 양천리(楊千里)의 편저 『여자신독본』(女子新讀本)(上海文明書局, 1904)의 번역이다. 서여명, 「매개로서의 여성과 번역-『여자독본』의 창작문제 및 『여자신독본』의 한국 편역에 대하여」, 2019년 7월 연세대학교 근대한국학연구소 국제학술대회 자료집.

가족 질서 바깥에 놓인 여성들의 미담이 소개된다. 그들은 또한 여자는 '국민의 어머니'라는 근대적 대전제에도 부합하지 않는 인물들이었다. '잡'(雜)이라는 모호한 분류 아래에서나마 이들이 선택될 수 있었던 것은 주로 충(忠)-애국(애국)으로 이어지는 덕목 때문이다. 이를 가장 잘 보여주는 것이 논개의 예화다.

그런데 1910년 전후 장지연의 글쓰기에는 논개의 서사가 세 번 반복되면서 그때마다 논점이 미묘하게 변화하고 있어 주목된다.[25]

> ① 우리나라는 충의를 숭상하므로 창기(娼妓) 중에도 능히 절행 있는 자가 많으니 논개는 진주 기생이라. 선묘(宣廟) 계사(癸巳) 삼월에 일본 군사가 진주를 함성하고 한 장수가 논개의 얼굴을 기뻐하여 심히 사랑하더니 일일은 촉석루에 잔치를 배설하고 질탕이 놀 즈음에 논개가 그 장수의 술이 취함을 기다려 허리를 안고 바위 위에서 떨어지니 그 아래는 남강물이라. 지금 그 바위 이름을 의기암(義妓岩)이라 하고 충신열사와 같이 해마다 제사하니 그 별호는 농월당(弄月堂)이러라.[26]

> ② 국난을 당하여 세력이 고갈되면 죽음으로써 보국(報國)하는 것이 당연한 분의(分義)라 하겠지만, 몸이 관기에 속하여 나뭇가지가 남북의 새를 맞아들이고 나뭇잎이 오가는 바람을 떠나보내듯 함은 흔한 일이라. 누가 이러한 기생들(紅粉隊) 가운데서 능히 장부도 하기 어려운 일을 행

25 장지연의 여성담론이 국망을 전후로 점차 보수적, 전통적 가치로 회귀하고 있음은 이미 선행연구들에서도 지적된 바 있다. 본고에서는 기존 연구에서 주목하지 않은 논개 표상의 차이들을 통해 이 점을 규명하고자 한다. 이강옥, 「장지연의 의식 변화와 서사문학의 전개」, 상·하, 『한국학보』 60·61, 일지사, 1990; 서신혜, 「〈일사유사〉 여성 기사로 본 위암 장지연의 시각, 그 시대적 의미」, 『한국고전여성문학연구』 8, 한국고전여성문학회, 2004.

26 장지연(숭양산인), 「뎨 오십삼과 의기 론기」, 『녀즈독본』 상, 광학서포, 1908, 94~96쪽.

할 자 있다고 생각했으리오. …(중략)…[27] 이때는 곧 선조 계사년이라. 불행히 국난을 당하여 외로운 성을 적군이 달무리처럼 에워싸고 지원병이 이미 끊겨 장강(長江) 천혜의 요지에 말채찍을 버리고 뛰어드는 수밖에 없더라. 이윽고 6월 28일에 전성이 함락되니 최공(崔慶會-인용자)이 관청의 인신(印信)을 품고 강에 뛰어들어 순난(殉難)의 절개를 세우니 단지 논개 혼자 비바람 가운데 외로운 꽃처럼 남아 처량한 눈물을 흘리니. …(하략)…

③ 논개는 본래 장수현(長水縣)의 양가 여자로 재모(才貌)가 매우 뛰어났다. 어려서 부모를 잃고 집은 가난하여 의지할 데가 없으므로 마침내 기적(妓籍)에 들게 되었다. 현감 황진(黃進)의 사랑을 받고 있다가 진양 전투에서 황공이 순난(殉難)하자 논개도 물에 빠져 죽기로 결심하여 홀로 곱게 화장하고 아름답게 차려입은 채로 바위 위에 서있었다. 일본 모(某) 장군이 이를 보고 기뻐하여 유혹하여 끌어내고자 했다. 술자리가 무르익자 논개가 홀연 그의 허리를 잡고 바위에서 뛰어내려 함께 죽었다. 그러므로 그 바위를 의암(義岩)이라 이름 짓고 바위 위에 비를 세워 표창하고 고을 사람들이 촉석루 서쪽에 사당을 세워 매년 6월 29일에 꼭 제사를 드리니, 그날이 논개가 계사년에 순사한 날이기 때문이다.[28]

---

27 "國難을 臨ᄒᆞ야 勢孤力竭ᄒᆞ면 一死報國ᄒᆞᄂᆞᆫ 것은 當然ᄒᆞᆫ 分義라 ᄒᆞ려니와 身이 官妓에 屬ᄒᆞ야 枝迎南北鳥ᄒᆞ고 葉送往來風은 卽其常事라 誰料此紅粉隊裏에셔 能히 丈夫의 難行ᄒᆞᆯ 事를 行ᄒᆞᆯ 者ㅣ 有ᄒᆞ얏스리오 …(중략)… 是時ᄂᆞᆫ 卽 宣祖癸巳라 不倖히 國難을 値ᄒᆞᆫ야 孤城月暈에 援兵이 已絕ᄒᆞ고 長江天塹에 投鞭可渡라. 遂於六月二十八日에 全城이 陷落ᄒᆞᆷᄋᆡ 崔公은 抱印投江ᄒᆞ야 殉難의 節을 立ᄒᆞ고 但 論介一身이 風雨中孤花와 如히 香淚가 凄涼ᄒᆞ더니…" 「三綱의 逸史-晉州 孝烈 十」, 『경남일보』, 1909.11.23.; 「三綱의 逸史-晉州 孝烈 十一」, 『경남일보』, 1909.11.24. 『경남일보』에 연재된 「삼강의 일사」는 저자를 밝히고 있지 않으나, 반재유는 여러 가지 정황과 문체상의 특징들을 종합하여 이 글이 장지연의 저작임을 규명했다. 반재유, 「장지연의 〈삼강의 일사〉 연구-작가 고증과 편찬의식을 중심으로」, 연세대 근대한국학연구소 국내학술대회 자료집, 2020.

28 "論介ᄂᆞᆫ本長水縣良家女니才貌絕倫ᄒᆞ고幼失父母ᄒᆞ고家貧無依ᄒᆞ야遂落籍爲妓라가爲

선행연구들[29]이 밝힌 것처럼 논개가 의기(義妓)로서 집단적, 역사적 기억 안에 자리잡은 시초에는 유몽인의 『어우야담』(1621)이 있었다. 유몽인에 따르면, "왜적을 만나 욕을 보지 않으"려고 죽음을 택한 논개의 행위는 그녀가 원래 '음탕한 창녀'(淫娼)였다는 점에서 '정렬(貞烈)'로 칭양될 수는 없었다. 대신 논개의 죽음에는 임금의 교화를 입은 백성으로서 적군을 따르지 않으려는 '충(忠)'의 의미가 부여되었다.[30] 전란 후의 민심을 수습하고 '국(國)'을 재건하기 위해 '충'의 가치를 하층민들에게까지 확장하는 과정에서, 기생 논개가 가족이라는 매개 없이 곧바로 '충'의 주체로 의미화되고 국가 차원에서 공인될 수 있는 공간이 열렸던 것이다. 그런 점에서 장지연이 1908년 『여자독본』(①)에서 논개를 곧바로 '충의'의 주체이자 '충신열사'의 반열에 올려놓는 것은 조선 후기 논개 표상을 대한제국 말기 '애국' 담론이라는 새로운 배치 안에서 계승하고 있었다.

그런데 1909년 말 『경남일보』에 연재한 「삼강의 일사」(②)에서는 미묘한 변화가 일어난다. 한편으로는 '국난'을 당하여 죽음으로써 보

縣監黃進의所愛러니及晉陽之役에黃公이殉難이라論介欲赴水死ᄒᆞ야獨凝粧艶服으로立岩石上이러니日將某ㅣ見而悅之ᄒᆞ야 將誘而引之러니酒酣에論介忽抱其腰ᄒᆞ고投岩下俱死故로名其巖曰義岩이라ᄒᆞ고立碑岩上而旌之ᄒᆞ고州人이又立祠于矗石樓西ᄒᆞ야每歲六月二十九日에必祭之ᄒᆞ니盖癸巳殉義日也러라." 장지연(숭양산인), 『逸士遺事』 券之一, 32~33쪽. (단국대학교 동양학연구소 편, 『장지연전서』 2권, 단대출판부, 1981, 652~653쪽.)

29 정지영, 「'논개와 계월향'의 죽음을 다시 기억하기 – 조선시대 '의기(義妓)'의 탄생과 배제된 기억들」, 『한국여성학』 23:3, 한국여성학회, 2007; 박노자, 「의기(義妓) 논개 전승 – 전쟁, 도덕, 여성」, 『열상고전연구』 25, 열상고전연구회, 2007.

30 유몽인, 신익철·이형대·조융희·노영미 옮김, 「人倫篇: 孝烈」, 『어우야담』, 돌베개, 2006. (원문본, 43쪽.)

국(報國)함을 마땅한 가치로 전제하지만, 서사의 전개에서는 국가와 논개 사이에 다른 요소들이 삽입된다. 논개가 원래 양가의 규수였다거나, 조실부모하여 어쩔 수 없이 기생이 되었다거나, 임진왜란 당시 경상우도병사로 전사하여 사후에 충의공(忠毅公)에 봉해진 최경회의 애첩이었다는 화소들이 그것이다. 특히 최경회의 순국(殉國)이 크게 부각됨으로써 논개의 죽음의 의미는 모호해진다. 논개가 기생보다는 최경회의 첩이라는 위치로 이동하고, 최경회의 죽음 이후 슬픔에 빠진 논개가 "순의(殉義)의 지(志)를 회(懷)"했다는 인과관계가 설정됨으로써, 논개의 죽음이 국가에 대한 충(忠)보다는 지아비에 대한 열(烈)로 해석될 여지가 생긴 것이다.

이러한 모호성은 병합 이후 『매일신보』(1916.1.11.~9.5.)에 연재되었다가 단행본으로 출간된 『일사유사』(③)에서 열(烈)쪽으로 수렴되었다. 『일사유사』의 논개 서사에서는 논개와 관계된 남성이 최경회가 아닌 현감 황진으로 바뀌고, 서사의 분량이 줄어들면서 충이나 애국을 상기시킬 수 있는 요소들이 모두 삭제되었다. 논개는 자신을 사랑했던 황진이 전사하자 "물에 빠져 죽기로 결심"하고 바위 위에 올랐다가 자신을 유혹하려는 왜장을 우연히 만나 함께 죽은 것으로 묘사된다.

이러한 변화를 야기한 것은 물론 식민지적 조건이었다. 장지연이 1908년 블라디보스톡으로 망명했다가 석연찮은 이유로 귀국한 후 점차 일제에 협력적인 길을 걸어갔다는 점도 일정한 영향을 끼쳤을 것이다. 대한제국기의 국민-국가 기획이 좌절된 후 여성-국민의 무매개적 접속은 더 이상 용인될 수 없었고, 여성은 국가가 부재한 가부장적 가족 질서 내로 재봉인되어야 했다. 가족 질서 바깥에 놓여 있던 기생 논개를 '첩'이라는 가족 안팎의 경계선까지 끌어들임으로써, 논개의 죽음은 정렬(貞烈)까지는 아니어도 그와 유사한 의(義)로 칭양될 수 있었다. 『애국부인전』이 보여주듯 국망의 위기 앞에서 고양되었던 여성-국민담론에는 애초에 남성 계몽주체들의 의도를 초과하는 점들이 있었고, 이제 국민-국가의 주체(성)을 포기한/박탈당한 남성들은 전통과 근대를 잇는 방식으로 재강화된 가부장적 가족질서 안에서나마 잃어버린 위신을 회복하고자 했다. 그러나 국민-국가 기획의 좌절과 훼손된 가부장의 위신은 집단의 정치적 무의식에 지울 수 없는 흔적을 남겼던 바, 당대의 일상성을 담은 일련의 신소설들이 대개 '아버지의 부재'라는 특징을 공유하고 있다는 점은 이러한 정치적 무의식의 반영이었을 것이다.

3. 이인직의 '문명'과 식민화 전후의 여성 표상

1) 문명의 교육과 무위의 비혼 여성: 『혈의 누』와 『모란봉』의 김옥련

장지연이 유학적 토양을 바탕으로 근대 국가 기획으로 나갔던 개신유학자를 대표한다면, 이인직은 메이지 일본을 통한 서구 '문명'의 수용에 훨씬 더 경도되었던 인물이다. 그의 공적 생활 이전의 행적에 대해서는 여전히 밝혀지지 않은 부분이 많지만, 1896년 친일 개화파 내각의 붕괴 이후 일본에서의 망명과 유학생활을 시작했으리라고 추정된다.[31] 그는 일본동경정치학교 수학과 『미야코신문』 견습 생활 등

31 이인직의 생애 및 사상 전반에 대해서는 고재석, 「이인직의 죽음, 그 보이지 않는

을 거쳐, 1906년 초 일진회 계열의 『국민신보』 창간에 관여하면서부터 본격적인 공적 생활을 시작했다. 제국주의 열강들이 주도하는 국제정세에 밝았던 그는 일체의 구습 및 구지식을 비판하며 오로지 "문명국 문명인 문명설을 취"[32]하는 것만이 대한이 취할 '자강'의 길임을 설파했다. 유교적 세계관을 고수하는 위정척사파나 봉건적 신분질서의 압제에 대한 강한 적개심도 엿보인다. 그러나 당대 최고의 문명적 지식인임을 자부했던 이인직은 부패하고 완고한 양반들이 주도하는 '정치사회'와 우매한 '인민사회'에 실망을 거듭한 나머지, 1907년 고종 퇴위를 전후하여 대한의 독자적인 국민-국가 수립이라는 전망을 일찌감치 포기한 채 '연방론'으로 포장된 일본 제국 통치체제로의 편입에 동조하게 된다.[33]

이인직의 여성 표상 또한 이러한 정치사상의 굴곡에 따라 급격히 변모하는데, 『혈의 누』와 그 후편인 『모란봉』 사이의 '거리'[34]는 이

유산」, 『한국어문학연구』 42, 한국어문학연구학회, 2004; 다지리 히로유끼, 『이인직 연구』, 국학자료원, 2006; 구장률, 「신소설 출현의 역사적 배경-이인직과 「혈의 누」를 중심으로」, 『동방학지』 135, 연세대 국학연구원, 2006; 다지리 히로유끼, 「이인직의 창작의식과 방법론에 대한 고찰-마쯔모토 군페이의 영향관계를 중심으로」, 『국어국문학』 171, 국어국문학회, 2015; 표세만, 「이인직 문학의 주변-동경정치학교와 마쓰모토 군페이를 중심으로」, 『한민족어문학』 83, 한민족어문학회, 2019 등 참조.

32 「秋夜讀書」, 『만세보』, 1906.10.6. "盖我國에 傳來ᄒᆞᄂᆞᆫ 書籍은 胷中에 비록 五車書를 藏하얏더ᄅᆡ도 今世界에 出頭하야 知識競爭ᄒᆞᆯ 수ᄂᆞᆫ 업ᄂᆞᆫ지라. 苟或個人은 個人과 知識을 競爭하고 國家ᄂᆞᆫ 世界와 富强을 競爭코ᄌᆞ ᄒᆞᆯ진ᄃᆡ 爲先 全國教科書를 改良ᄒᆞ려니와 尋常히 一覽ᄒᆞᄂᆞᆫ 書籍이라도 文明國 文明人 文明說를 取ᄒᆞᆯ지어다."

33 『혈의 누』에 나타난 이인직의 정치사상에 대해서는 윤영실, 「〈혈의 누〉와 〈만세보〉 논설을 통해 본 이인직의 정치사상-자강론과 연방국가론을 중심으로」, 『한국근대문학연구』 21, 한국근대문학회, 2020.

34 식민화 전후 이인직 정치사상의 변모를 『혈의 누』와 『모란봉』의 비교를 통해 살펴본

변화를 극적으로 보여준다.

> ① 옥련이가 구씨의 권하는 말을 듣고 조선 부인 교육할 마음이 간절하여 구씨와 혼인 언약을 맺으니, 구씨의 목적은 공부를 힘써 하여 귀국한 뒤에 우리나라를 독일국 같이 연방도를 삼되, 일본과 만주를 한데 합하여 문명한 강국을 만들고자 하는 비사맥 같은 마음이요, 옥련이는 공부를 힘써 하여 귀국한 뒤에 우리나라 부인의 지식을 넓혀서 남자에게 압제받지 말고 남자와 동등권리를 찾게 하며, 또 부인도 나라에 유익한 백성이 되고 사회상에 명예 있는 사람이 되도록 교육할 마음이라.[35]

①은 『혈의 누』의 유명한 결말부로 옥련이 미국에서 부친 김관일과 재회하고 구완서와 함께 미래를 기약하는 장면이다. 구완서는 조선을 독일 같은 연방국이자 문명강국으로 만들기 위한 정치가가 되겠다고 다짐하며, 옥련은 우리나라 부인교육을 담당하겠다는 포부를 밝힌다. 『혈의 누』의 옥련이 당대로서는 상당히 진보적인 여성상을 띠고 있음은 누차 지적된 바 있다. 비록 우연들에 떠밀려 유학을 떠났고 구완서에 비해 정치적 전망이 뚜렷하지 않으나, 옥련은 일본과 미국의 낯선 상황에서 구완서보다 뛰어난 언어 능력과 적응력을 보이며 위기를 헤쳐 나간다. 『애국부인전』이나 『라란부인전』의 여성상이 시공간적으로 멀리 떨어진 사례들이었다면, 일본과 미국을 두루 거쳐

논문으로는 김재용, 「〈혈의 누〉와 〈모란봉〉의 거리－이인직의 개작의식과 정치적 입장의 상관성」, 김재용·윤영실 편, 『한국 근대문학과 동아시아 1: 일본편』, 소명출판, 2017 참조.

35 이인직, 「혈의 누」, 권영민 외 편, 『한국신소설선집』 1, 서울대학교출판부, 2003, 54~55쪽.

'문명'을 교육받은 조선 여성 '옥련'은 『혈의 누』가 발표된 1906년 시점에서 독자들에게 신선한 충격으로 다가왔을 것이다. 더욱이 『혈의 누』에서는 남편을 잃은 이노우에 부인의 개가가 "문명한 나라"(29쪽)의 풍속으로 소개되고, "서양 문명한 풍속"(54쪽)을 좇는 구완서와 옥련이 "부모의 명령"이 아닌 당사자의 의사로 혼인을 결정한다. "부인의 지식을 넓혀서 남자에게 압제받지 말고 남자와 동등권리"를 누리게 하겠다는 옥련의 포부는 「여권통문」의 선언처럼 가부장적 질서 자체를 겨냥하고 있다는 점에서, 당대의 주류적 여성담론을 초과하는 측면도 있었다.

그러나 정작 작가 이인직의 여성론이 여성의 자율적 주체성을 긍정하는 데까지 나아갔는지는 의문이다. 『혈의 누』 연재와 같은 시기에 쓰인 『만세보』 논설에서 이인직은 여자를 규방에만 가두고 교육시키지 않음을 '야만(土蠻)'의 풍속으로 비판하면서도, 여성 교육의 목표는 "군자를 보익(輔翊)"하고 "자녀를 양육"하는 데 한정하고 있기 때문이다.[36] 이러한 제약은 부인교육에 대한 옥련의 포부가 "구씨의 권하는 말을 듣고" 촉발되었으며, "구씨와 혼인 언약을 맺"는 장면에 뒤따르고 있다는 점에서도 드러난다. 옥련의 사회활동은 구완서와의 혼인을 전제로만 보장되고 성취될 수 있다. 이인직의 여성관과 『혈의 누』 서사에 은밀하게 내장된 이러한 경계선은 귀국 후의 옥련을 다룬 『모란봉』에서 더욱 선명하게 드러난다.

---

36 "女子의 知覺은 漸漸 卑劣하고 見聞은 漸漸 孤陋하고 事爲는 漸漸 闇매하야 一部 土蠻에 蠢蠢 氣質을 免치 못하는지라. 女子의 品行이 是와 如한 즉 其 君子를 輔翊하는 智德이 豈有하며 其 子女를 養育하는 知識이 豈有하리오" 「婦人開明(女子教育會)」, 『만세보』, 1906.7.8.

> ② 인간의 회포 많은 옥련이가 또한 그 못 가운데 고기 노는 것을 내려다보다가 제 그림자를 보고 홀연히 감동되는 일이 있었더라. …(중략)… "옥련아, 옥련아" 부르는 소리를 듣고 돌아다보니, 옥련의 옆에 섰던 그 부친과 구완서가 그 아래 정자나무 휴게소로 향하여 가며 부르는지라. 옥련이가 또한 휴게소로 향하여 가려고 돌아서다가, 그 그림자를 떠나기가 섭섭한 마음이 있는 것같이 다시 돌아서서 고개를 숙여 내려다보는데, 물고기 한 마리가 물 위에 뜬 마른 나뭇잎을 물려 하다가 사람을 보고 놀란 것같이 꼬리를 탁 치고 거꾸로 서서 내려가는데, 거울 같은 수면이 진탕하여 옥련의 그림자가 천태만상으로 변하는지라. 옥련이가 애석한 마음이 있는 것같이 주저주저하다가 돌아서서 휴게소로 내려가는데, 물 아래에 활동사진같이 황홀하던 옥련의 그림자가 간 곳 없고 상오 열두시 태양광선 아래 이목구비가 있는지 없는지 모르게 된 난쟁이 같은 그림자가 옥련의 뒤를 따라간다.[37]

『모란봉』은 『혈의 누』 하편으로 『매일신보』에 연재(1913.2.5.~6.3.)되다가 중단되었다. 『모란봉』 서두인 인용문 ②는 옥련과 옥련의 부친 김관일이 귀국하면서 샌프란시스코 공원에서 구완서와 석별의 정을 나누기 직전의 장면이다. 옥련은 공원 연못에 비친 자신의 그림자를 물끄러미 들여다보며 상념에 젖는다. 모란봉 밑에서 총에 맞고 누웠다가 야전병원에 실려 가고 일본을 거쳐 워싱턴까지 유학 왔던 옥련의 10년에 걸친 삶이 회상된다. 그것은 시련의 과정이기도 했지만 옥련이 고난을 극복하고 어엿한 한 사람의 인간이자 당대 최고의 근대 지식인으로 성장해온 궤적이기도 하다. 옥련이 제 그림자를 보며 "홀연히 감동"하고, "반갑"게 여기며, 그림자를 떠나기 "섭섭한 마음"과 "애석한

37 이인직, 「모란봉」, 권영민 외 편, 『한국신소설선집』 2, 서울대학교출판부, 2003, 94쪽.

마음"에 자꾸 뒤돌아보는 까닭이 여기에 있다. 물에 비친 옥련의 그림자란, 거울에 비친 약안의 그림자(『애국부인전』)처럼, 가부장적 질서가 여성에게 부과한 삶의 제약을 넘어 온전한 한 인간으로서 주체적 삶을 살고자 하는 욕망, 혹은 라캉적 의미에서 여성의 '이상적 자아'에 해당한다.

의미심장하게도, 옥련과 이상적 자아의 상상계적 만남은, 아버지 김관일과 미래의 남편 구완서가 옥련을 부르는 소리로 중단된다. 그들이 '옥련아 옥련아'라고 부르는 소리에 돌아보는 옥련의 모습에서 알튀세르의 호명을 떠올리는 것은 자연스럽다. 옥련은 자신의 그림자(이상적 자아)를 떠나기 섭섭하고 애석한 마음에 주저하면서도, 결국 그들의 부름에 이끌려 간다. 이제 "물 아래에 활동사진같이 황홀하던 옥련의 그림자"는 간 곳 없고, "상오 열두 시 태양광선 아래 이목구비가 있는지 없는지 모르게 된 난쟁이 같은 그림자"가 옥련을 뒤따른다. 태양 아래 비친 옥련의 '난쟁이 같은 그림자'는 옥련이 자기 자신의 욕망과 대면하며 꿈꾼 이상적 자아가 아닌, 아버지의 호명/법에 종속된 '자아-이상'이다.

『모란봉』의 상징적인 서두는 옥련의 미래가 어떻게 전개될 것인지를 뚜렷하게 암시한다. 많은 논자들이 지적했듯, 『모란봉』의 서사는 진부하고 퇴영적인데, 특히 『혈의 누』에서 일정 정도나마 그려냈던 옥련의 주체성이 거의 사라져버렸다는 점에서 그러하다. 미국을 떠나기 전 옥련과 구완서는 다시 한 번 혼인 언약을 맺지만, 이번에는 옥련을 빼놓고 오로지 구완서와 김관일의 대화로 언약이 이뤄진다(97~98쪽). 귀국 후 옥련이 공적 장소에 나간 것은 단 한 번, 평양 유지들이 김관일 부녀의 귀국을 축하하는 자리였다. 소설은 그 장면을 이렇게 서술한다.

"평양은 조선에 제일 먼저 개화한 지방이라 하나, 말이 개화이지 그때 평양 부내 신사가 연회에 동부인(同夫人) 출석한 사람은 하나도 없고, 다만 김관일이가 그 부인과 그 딸 옥련이를 데리고 온 터이라."(118쪽) 요컨대, 옥련은 독립된 주체가 아니라 김관일의 '동부인'의 자격으로서만 공적 공간에 출현할 수 있었다. 더구나 옥련이 누군가의 부인(婦人)이 아닌 미혼녀로 공적 공간에 출현했을 때, 그녀를 기다리고 있는 것은 "옥련의 얼굴에 정신이 팔려서 까닭 없이 흥이 나고 주책없이 거드럭거리는"(125쪽) 뭇남성들의 시선과 추파뿐이었다. 얼개화꾼 서일순이 옥련에게 반한 것도 이 자리에서였으며, 이후 서사는 온통 서일순이 옥련을 차지하기 위해 벌이는 음모담으로 일관한다.

그토록 '높은 학식'을 지닌 옥련이 할 수 있는 것은 오로지 이 음모 속에서도 꿋꿋이 구완서와의 혼인 언약을 지켜내는 것뿐이다. 심지어 『혈의 누』에서 여성인 옥련에게 부여되었던 탁월한 지성은 남성보다 열위의 능력으로 재조정된다. 예컨대, 김관일은 자기 부녀에게 영어를 가르쳐 달라는 서일순 남매의 부탁에 답하며, 굳이 남녀의 지적 능력을 비교한다. "연구력은 여자가 남자만 못하며" 다만 "기억력은 여자가 남자만 못지아니한데," 옥련이 자신보다 영어를 잘하는 것은 혀의 부드러움과 어려서 영어를 배웠기 때문일 뿐 (연구력을 필요로 하는) 문법은 자신이 옥련보다 낫다는 것이다.[38] 일본과 미국에서 옥련을 구완서와 동등하게, 때로는 그보다 우위에 서도록 한 옥련의 지적 능력이

---

38 (김관일) "대체 연구력은 여자가 남자만 못하나, 기억력은 여자가 남자만 못지아니한네, 어학은 혀가 부드러운 것이 제일이라. 여자가 남자보다 말을 잘 배워. 옥련이는 어려서 배운 말이라 서양 사람의 발음과 별로 다를 것 없어. 문법을 배우려면 내게 배우는 것이 날걸. 허허허." 「모란봉」, 앞의 책, 157~158쪽.

사소한 것으로 치부되면서, 그리고 옥련을 공적 공간으로 인도해줄 구완서와의 결혼이 10년 후로 유예되면서, 옥련에게 남은 길은 "고향에 온 지가 반년이 넘도록 평양 북문 안 길가의 게딱지같은 집 속에서 먼지와 연기만 들이마시고 들어앉"(147쪽)아 있는 것뿐이다.

옥련의 가치 또한 아무 데도 쓸 데 없는 학식이 아니라 구완서에 대한 '개결(介潔)'과 '절개'(159쪽) 같은 덕목들로 매겨진다. 『혈의 누』에서 이노우에 부인의 개가를 문명한 풍습으로 소개했던 작가는, 이제 "옥련이가 죽으면 구완서가 수절할 리는 없으나, 만일 구완서가 죽으면 옥련이가 정녕 수절할"(131쪽) 것이라는 세평을 통해 옥련의 절개를 옹호한다. 한때 봉건적 유교 질서의 가장 거침없는 비판자였던 이인직이기에, 옥련의 '절개'에는 유교적 '정렬(貞烈)'이 아니라 다만 구완서에 대한 '신의(信義)'[39]라는 의미가 부여되지만, 이러한 전치(轉置)가 가능하다는 것이야말로 전통과 근대를 관통하는 가부장적 질서의 온존과 공모를 보여줄 뿐이다. 교육을 받지 못해 '비열'하고 '고루'한 야만(土蠻)의 구여성과 문명 교육을 받아 '군자를 보익'하고 '자녀를 양육'하는 신여성을 대비시켰던 이인직의 여성담론 구도에서, 문명교육을 받은 비혼여성들의 자리는 애초에 존재하지 않았던 것이다.

2) 버림받은 민족/민중 공동체와 미친 여자들: 장옥련과 본평부인

『모란봉』의 서사가 중단되었기에 옥련의 미래를 알 수 없으나, 불

---

39 (옥련) "나는 미가녀(未嫁女)라 구완서를 위하여 절개 지킬 의리는 없고, 다만 믿을 신 자를 지키는 터이라. 만일 구완서가 먼저 파약을 할 지경이면 내 속이 쓰리더라도 어디든지 시집을 가려니와, 내가 먼저 파약은 못하겠소." 「모란봉」, 앞의 책, 173쪽.

길한 예언들은 산재한다. 가령 서일순과의 혼인을 강요하는 모친을 향해 옥련이 했던 말이 그렇다.

> "장옥련이가 미쳤는데, 김옥련이는 아니 미칠 줄 아시오?"(171쪽)

장옥련은 『모란봉』의 서사공간이 미국에서 조선으로 바뀌었을 때 돌연 등장했던 인물이다. "평양은 하나나 옥련이는 둘이라. 하나는 김옥련이요, 하나는 장옥련이라."(102쪽) 장옥련은 첩의 모함으로 본처인 어머니를 잃고 자신 역시 가출하여 죽으려다 미쳐버린다. 소설은 그 장면을 이렇게 서술한다.

> 옥련이가 밤중에 뛰어 나설 때 마음에는 귀신이 덮치더라도 겁날 것 없고, 호랑이가 달려들더라도 겁날 것 없고, 다만 부랑한 남자의 손에 붙들릴까 겁이 나는 마음뿐이라. 무엇에 겁이 나든지 겁에 띄기는 일반이라. 무엇을 보든지 옥련이가 그 물건을 사람의 형상으로 조직하여 생각하고, 내 몸에 침범하려는 형상으로 의심하는 터이라 …(중략)… 청춘의 몸을 강물에 던지러 나가던 옥련이가 목숨은 살았으나 어두운 밤 장승 밑에서 죽은 시체만 못한 병신이 되었는데, 누가 보든지 인물이 일색이요 옷도 깨끗이 입은 계집아이라. 어느 귀인의 집 작은아씨로 볼 터이나, 그러나 정신이 들락날락 하는 미친 계집아이라.(111~112쪽)

장옥련의 가출은 여러 모로 김옥련의 가출과 비교된다. 김옥련은 자신을 키워주던 이노우에 부인이 변심하자 물에 빠져 죽기 위해 두 번이나 가출을 감행했다. 그러나 첫 번째는 '순검'에게 발견되어 다시 집으로 돌아오고, 두 번째는 꿈에 나타난 친모의 만류에 마음을 돌이킨다. 이때 집으로는 돌아가지 못하고 막연히 기차를 탔다가 만난 것이 구완서였다. 요컨대, 김옥련의 가출은 조력자들(순검, 꿈 속의 친모, 구완서)을 만나 안전을 보장받고, 심지어 더 큰 문명 세계로 나아가는 계기가 된다. 옥련이 7세 때 청일전쟁으로 집을 떠나게 되었던 것 역시 이러한 연속적 계기들 중 하나였다. 반면 장옥련의 가출은 가차 없이 '처벌'된다. 죽기 위해 집을 나선 장옥련을 광기로 몰아간, 죽음보다 더 큰 공포는, "부랑한 남자의 손에 붙들"리는 것이었다. 어둠 속의 모든 형체는 그녀의 "몸에 침범하려는 형상"으로 오해된다. 그 공포 속에서 결국 '미친 여자'가 된 장옥련은, 한때 김옥련과 혼동됨으로써 서사를 '기괴한' 방향으로 탈선시키다가 텍스트에서 소리 없이 사라진다.

그런데 장옥련을 통한 서사의 탈선은 단순히 작가의 미숙함을 보여주는 데 그치지 않는다. 서사의 공간이 일본이나 미국에서 조선으로 바뀌었을 때 급작스럽게 삽입된 장옥련의 서사는, 독자들에게 이것이야말로 바로 조선의 '현실'임을 경고하는 듯하다. 김옥련이 누렸던 모든 행운과 교육, 남녀동등의 권리들은 시간적, 공간적으로 머나먼 '문명' 세계의 이상일 뿐, 조선의 현실에서 허용되는 것은 아니라는 경고 말이다. 『모란봉』의 장옥련 서사란 작가의 새삼스러운 퇴행이라기보다 이인직이 『귀의 성』, 『치악산』 계열 소설들에서 줄곧 그려냈던 조선의 '현실'일 뿐이다. 그렇기에 장옥련 서사는 샌프란시스코에서 평양으로 공간 이동한 김옥련이 왜 규방에 들어앉아 구완서만을 오매불망 기다릴 수밖에 없는지를 정당화하는 서사적 장치였다. 샌프란시스코 공원에서 자신의 '이상적 자아'와 황홀하게 대면했던 김옥련은, 현실의 공간을 견고하게 지배하는 아버지의 법(가부장적 질서) 아래에서 왜소하게 쪼그라든 난쟁이로 살아가거나, 서서히 미쳐

갈 것이다. 이런 점에서 "장옥련이가 미쳤는데, 김옥련이는 아니 미칠 줄 아시오?"라는 옥련의 항변은, 작가의 의도를 초과하는 예언적 울림을 갖는다.

그런데 이인직의 소설들에는 또 한 명의 '미친 여자'가 등장한다. 바로 『은세계』에서 최병도의 부인이자 옥순이, 옥남이의 어머니로 나오는 본평부인이다. 미친 채 방 안에 갇힌 본평부인의 모습은 『은세계』에서 가장 그로테스크하고도 핍진한 묘사가 두드러지는 부분이다.

> 앞뒤에 쌍창문 척척 닫쳐 두고 문 뒤에는 긴 널빤지를 두 이 자 석 삼자로 가로질러서 두 치 닷 푼씩이나 되는 못을 척척 박아서 말이 문이지 아주 절벽같이 만들어 놓고 안마루로 드나드는 지게문으로만 열고 닫게 남겨 둔 것은 최본평 집 안방이라. 그 방 속에는 세간 그릇 하나 없고 다만 있는 것은 귀신같은 사람 하나뿐이라. 머리가 까치집같이 헙수룩하고 얼굴은 몇 해 전에 씻어 보았던지 때가 켜켜이 끼었는데, 저렇게 파리하고도 목숨이 붙어 있나 싶을 만하게 뼈만 남은 위인이 혼지 앉아서 중얼거리는 사람은 본평부인이라.
>
> 무슨 곡절로 지게문만 남겨놓고 다른 문은 다 봉하였던고? 본평부인이 광증이 심할 때에는 벌거벗고 문밖으로 뛰어나가려 하기도 하고, 옥순이도 몰라보고 방망이를 들고 때리려 하기도 하는 고로, 옥중에 죄인 가두듯이 안방에 가두어 두고 수작하는 노파 이삼 인이 옥사장 같이 지켜 있고 다른 사람은 그 방에 드나들지 못하게 하는 터인데, 적적하고 캄캄한 방 속에 죄 없이 갇혀 있는 사람은 본평부인이라.[40]

---

40 이인직, 「은세계」, 권영민 외 편, 『한국신소설선집』 1, 서울대학교출판부, 2003, 59~60쪽.

앞선 연구들은 본평부인의 광기가 최병도가 불의한 탐관오리들에게 억울하게 맞아 죽은 원한으로 발병하고, 옥순·옥남 남매와의 재회를 통해 치유되는 것으로 설명해왔다.[41] 그런데 주목할 점은 본평부인의 발병 시점이 최병도의 죽음이 아니라 옥남의 출산 직후이며, 옥남과의 재회를 통한 치유의 효력 역시 옥남이 의병들에게 끌려가는 결말로 인해 훼손된다는 점이다.[42]

한편, 『혈의 누』와 『은세계』의 여성인물들(옥련, 옥순)과 남성인물들(구완서, 옥남)이 고향이나 어머니에 대해 보이는 정서적 태도의 차이도 눈길을 끌어왔다. 옥남이 "천하를 한집같이 알고 사해를 형제 같이 여겨서 …(중략)… 고향 생각을 잊어버린" 반면, 옥순은 "여자의 편성으로" "고국을 바라보고 오장이 살살 녹는 듯한 근심하는 마음"(「은세계」,

---

41 근대계몽기 서사들에 나타난 여성인물의 광기에 대해서는 몇 가지 흥미로운 해석들이 있어왔다. 박진영은 1910년대 번안소설에 나타난 여성의 광기가 타락한 여성에게 내려진 윤리적 심판이자 속죄의 통과의례였다고 해석한다. 권보드래는 신소설의 남성과 여성 인물의 광기가 다르게 발현되는 양상에 주목하여 여성들의 발광은 정혼자, 배우자와의 폭력적 분리에 따른 것이기에 이들과의 재회를 통해 극적으로 회복된다고 분석한다. 서연주는 자신을 표현할 언어를 갖지 못한 어머니들의 광기가 딸들에게 학업 성취의 책임을 고취한다고 분석하면서, 여성의 광기를 가부장제 사회에서 자신의 존재 의미를 묻는 질문으로 자리매김한다. 박성호는 광기의 일종인 신소설 여성들의 화병은 외부의 충격으로 긍정적 가치체계가 일시적으로 훼손될 때 일어나며 질서가 회복되는 서사의 결말에서 자연스럽게 해소되는 일종의 통과의례라고 본다. 본고는 신소설 일반보다는 이인직의 특정한 소설들을 대상으로 선행연구들과는 다른 해석을 제시하고자 한다. 박진영, 「1910년대 번안소설과 '실패한 연애'의 시대」, 『상허학보』 15, 상허학회, 2005; 권보드래, 「신소설의 성, 계급, 국가－여성 주인공에 있어 젠더와 정치성의 문제」, 『여성문학연구』 20, 한국여성문학연구회, 2008; 서연주, 「신소설에 나타난 여성인물의 광기」, 『여성문학연구』 34, 한국여성문학학회, 2015; 박성호, 「신소설 속 여성인물의 정신질환 연구－화병을 중심으로」, *Journal of Korean Culture* 49, 2020.

42 (봉두돌빈이 여러 사람들이 아우성을 지르며).. "풍우같이 달려들어 옥남의 남매를 잡아가는데, 본평 부인은 극락전 부처님 앞에 엎드려서 옥남의 남매를 살게 하여 줍시사, 하는 소리뿐이라." 「은세계」, 앞의 책, 91쪽.

74쪽)이 변치 않는다. 옥순이 "공부는 그만 하고 고국에 돌아가서 어머니 생전에 병구완이나 하여 드리"기를 원할 때, 옥남은 "문명한 나라에 와서 문명한 신학문을 배웠으니 문명한 생각으로 문명한 사업을 하지 아니하면 못"쓴다고 훈계한다. 문명한 생각과 사업이란 "개혁당이 되어서 나라의 사업을 하는 것"이며 그것이 곧 "부모에게 효성하는"(76쪽) 길이라는 것이다. 가족과 고향을 향한 감정적 연대에 집착하는 옥순과 '문명'과 '나라 사업'이라는 이성적, 공적 가치를 중시하는 옥남의 대비는 『혈의 누』의 옥련과 구완서에게도 발견된다. 옥련은 일본과 미국을 떠도는 중에도 항상 고향과 어머니를 그리워하며, 일본에서 자살하려할 때조차 자신의 시체나마 대동강으로 흘러가기를 기원한다.(「혈의 누」, 36쪽) 옥련이 공부를 중단하고 구완서보다 먼저 귀국한 것 역시 러일전쟁 소식에 어머니를 걱정하는 마음이 앞섰기 때문이다.[43]

『혈의 누』에서 『은세계』로 이어지는 이인직의 정치사상과 행적을 고려할 때, 남녀 인물들의 이러한 대비는 이인직이라는 작가 자신의 내적 분열로도 읽힐 수 있다. 문명 지식의 학습을 통한 '자강'이야말로 대한이 나아갈 길임을 주장했던 이인직은 1907년 고종 퇴위를 전후하여 자강을 통한 독립노선을 포기한 채 일본 제국의 통치를 수긍한다. 『은세계』에서 최병도와 옥남의 서사는 인민의 '생명과 재산'(민

43 이에 대해 김미정은 "그녀(옥련-인용자)는 부모와 함께 지내던 기억을, 개화론자들에게는 야만에 불과할 것을 원초적 행복으로 보존함으로써 1894년 이후의 찬탄할 만한 성취를 내적으로 부정한다. 그렇기 때문에 그녀의 소외는 잃어버린 전통적 관계들에 대한 충성이기도 하다"라는 해석을 제시한 바 있다. 나는 이런 해석에 동의하면서도 이인직의 정치사상과 관련하여 그 의미를 김미정의 논의와는 다른 방향으로 확장해볼 것이다. 김미정, 「갑오년의 사회 이론-〈혈의 누〉를 읽는다」, 『문화와 사회』 17, 문학과지성사, 2014, 52쪽.

권)을 보호하지 못하는 조선의 망국을 정당화하고 일본의 '3종 보호국'(실질적인 식민지)을 문명의 이상적 통치로 정당화했다. 그러나 옥남이 의병들에게 행한 연설이 공감을 얻지 못하고, 옥남이 결국 의병들에게 끌려가는 것으로 종결 혹은 중단된 서사는, 1908년 시점에서 작가가 설파하는 '민권' 옹호론이 정작 민중들 자신과는 괴리된 공허한 구호였음을 보여준다.[44] 1908년은 문명·개화를 통한 자강이라는 기치 아래 연합해 있던 세력들 중 일부가 일제 식민통치의 토착관료층으로 편입되는 한편, 이에 반발한 여타 세력들이 인민 일반을 조선 '민족'으로 새롭게 호명하기 시작한 시점이었다. 이인직은 뚜렷하게 전자의 입장에 서있었고, 『은세계』는 바로 그러한 정치적 선택을 정당화하는 서사로 기획되었다.

그러나 '문명'과 '민권'의 이름으로 포장된 자신의 정치적 선택이 실제로는 식민통치에 대한 투항이며, 그런 한에서 조선에서 살아가는 인민 일반(피식민 민족)의 이해를 대표하지 못한다는 점을 이인직을 모르지 않았을 것이다. 이런 맥락에서 옥련과 옥순의 고향과 어머니에 대한 애착은 그가 배신한 인민의 공동체, 이제 막 '민족'이라는 이름으로 호명되기 시작한 공동체에 대한 귀속감정의 또 다른 표현이 아니었을까. 국망의 당위와 식민통치 옹호를 공허하게 읊어대는 옥남과 달리 어머니의 고통에 대한 연민과 공감, 구제를 앞세웠던 옥순의 서사가 한결 핍진하게 다가오는 것은 이 때문일 것이다. 실성한 본평부인이

---

44 『은세계』의 민권론적 정치사상과 문명·개화론이 인민 일반과 괴리되었던 점에 대해서는 윤영실, 「〈은세계〉의 정치성과 인민의 대표/재현이라는 문제」, 『구보학보』 24, 구보학회, 2020에서 상술하였다. 이 글의 마지막에 본평부인의 광기에 대해 짧게 덧붙였는데, 본고에서는 이를 좀 더 보완하여 풀이하고자 한다.

울부짖다 실진하던 모습을 눈에 보이듯 회상하는 옥순의 '이야기'(「은세계」, 76쪽)는 "문명한 나라에 와서 문명한 신학문을 배웠으니 문명한 생각으로 문명한 사업을 하지 아니하면 못씁니다"라는 옥남의 훈계에 묻혀버리고 말지만, 버림받은 '어머니'(민족)에 대한 죄의식을 동반한 감정은 작가 자신에게도 망령처럼 떨쳐지지 않는 잉여였을 것이기에 말이다.

4. 맺음말: 젠더와 식민지적 모순의 교차와 그 너머

장지연과 이인직이라는 남성작가들의 텍스트는 근대 계몽기 여성-국민론이 가부장적 가족 질서와 충돌하거나 식민지적 상황에서 굴절되는 양상을 잘 드러낸다. 여성을 국민으로 호명하는 내셔널리즘의 획일성을 비판하는 것만으로는 젠더 모순과 식민지적 모순이 복잡하게 교차하는 다양한 양상들을 포착하기 어렵다. 여성들은 네이션이라는 대타자와 동일시함으로써, 가부장적 가족 질서를 벗어나 남성과 평등한 일원으로 주체화할 가능성을 발견하기도 했다. 여성을 국민 내지 국민의 어머니로 '계몽'하면서도 가부장적 가족 질서를 유지하기 원했던 남성주체들은 이 불온한 가능성을 제어하기 위해 서사의 '비혼여성들'을 가족 질서 안으로 포섭하거나 '미친 여자'로 처벌하기 위한 다양한 봉쇄의 전략을 마련했다. 그러나 '미친 여자'란 가부장적 질서를 벗어난 여성들에 대한 '처벌'의 징표이기 이전에 언제나-이미 그 질서를 초과하는 여성들 자신의 욕망의 표현이기도 하다. 한편, 남성작가들은 국가의 주권적 주체가 되기를 포기함으로써 잃어

버린 위신을 가부장적 가족질서의 강화를 통해 회복하고자 했지만, '미친 여자'는 그들이 배신한 민족-공동체의 고통 받는 형상으로서 망령처럼 서사에 출몰하기도 했다.

영웅들이 사라지고, 권위 있는 가장이 부재하고, 수난 받는 여성들만이 위태롭게 존재하던 서사들의 시대를 지나, 이광수의 『무정』에 이르러서야 남성주체는 '민족'을 대표하며 서사의 중심으로 복귀할 수 있었다. 그러나 식민지 민족으로의 일체화가 영채로 형상화된 여성들의 또 다른 수난을, 이에 대한 남성주체의 '무정'을, 얼룩처럼 지니고 있음도 누차 지적되었다.[45] 이처럼 가부장적 질서는 전통과 근대, 동양과 서양, 제국과 식민지의 분할마저 관통하는 연속성을 띠고 편재하는 듯하다. 그러나 우리는, 가부장적 질서의 편만하고 촘촘한 그물망을 넘어 수많은 탈주선들을 그렸던 여성들을 기억해야 할 것이다. 김란사나 김마리아 같은 유명의 여성들 뿐 아니라, 1898년 「여권통문」을 썼던 '이소사'와 '김소사', 『애국부인전』과 『혈의 누』를 읽으며 남성작가들의 의도를 초과하는 꿈을 키워갔음에 분명한 여성독자들, 그리고 가족의 안팎에서, 국민/민족의 안팎에서, 은밀하게 때로는 격렬하게, 그물 밖으로 탈주하고 있었던 세상의 모든 '미친 여자'들을 말이다.[46]

45 차미령, 「〈무정〉에 나타난 '사랑'과 '주체'의 문제」, 『한국학보』 110, 일지사, 2003; 이혜령, 「〈무정〉의 그 많은 기생들-이광수의 민족공동체 또는 식민지적 평등주의」, 김현주 외 편, 『두 조선의 여성: 신체·언어·심성』, 혜안, 2016, 91~120쪽.

46 정한나, 「'무명'과 '무자격'에 접근하기 위하여-기록되지 않은 피식민 여성(들)의 이름(들)에 관한 시론」, 『동방학지』 191, 연세대 국학연구원, 2020.

형평운동과 천도교, 그리고 고려혁명당

성주현

1. 머리말

3·1운동 이후 제국일본의 식민지조선에 대한 통치의 방식은 무단통치에서 이른바 문화통치로 전환되었다. 문화통치는 식민지조선의 민족운동을 무마 내지 진정시키고 수탈경제를 강화하기 위한 식민기구의 정비와 보강, 그러나 무엇보다도 국제사회에 있어서 고립을 면하기 위한 고육지책의 선택이었다. 그럼에도 불구하고 식민지조선에서는 청년운동을 포함하여 다양한 사회운동이 활발하게 전개되었다. 그중의 하나가 형평운동이었다.

형평운동은 1923년 진주에서 형평사(衡平社)가 조직되어 1935년 대동사(大同社)로 조직체를 변경하기까지 백정들의 신분차별 철폐를 통한 인권운동이다. 백정은 고려시기만 하여도 주로 농업에 종사하는 농민층이었지만 조선시대에는 도살업, 유기제조업, 육류판매업 등을 주로 하며 생활하는 천민층으로 사회적으로 차별을 받았다. 백정의 사회적 평등을 요구하는 형평운동은 1923년 4월 25일 진주에서 형평사가 조직되면서 시작되었다. 형평사는 12년 동안 사회적 편견과 제국일본의 탄압 등 고비가 없지 않았지만 백정들에 대한 차별철폐, 생존권 수호와 교육 등 백정계층의 이익옹호를 위해 적극적으로 활동하였다.

형평운동에 대한 연구는 1960년대 후반 김의환에 의해서 처음 시도되었으며,[1] 1990년대부터 본격적으로 관심을 가졌다. 1980년대 이전의 연구는 주로 형평운동이 목적, 조직, 운동의 전개과정 등을 중심으로 전반적인 활동을 분석하였다.[2] 이에 비해 1980년대 이후에는 형평운동의 개별 사건이나 부문 활동, 지역 활동 등 연구주제를 보다 세분화하여 다양하게 연구되었다.[3] 그렇지만 여전히 종교와 관련된 연구는

---

1 金義煥, 「日帝治下의 衡平運動攷－賤民(白丁)의 近代로의 解消過程과 그 運動」, 『鄕土서울』 31, 서울특별시사편찬위원회, 1967; 김의환, 「日帝下의 衡平運動」, 『韓國思想』 9, 韓國思想硏究會, 1968; 김의환, 「평등사회를 위하여=형평운동」, 『한국현대사 8』, 신구문화사, 1969.

2 1980년대 이전의 대표적인 연구는 다음과 같다.
陳德奎, 「衡平社運動의 自由主義的 改革思想에 대한 認識」, 『韓國政治學會報』 10, 한국정치학회, 1976; 池川英勝, 「朝鮮衡平運動の史的展開－後期運動を通じて」, 『朝鮮學報』 88, 朝鮮學會, 1978; 姜正泰, 「일제하의 형평운동, 1923~1935－급진파와 온건파의 대립을 중심으로」, 고려대학교 대학원 석사학위논문, 1981; 嚴燦鎬, 「일제하 형평운동에 관한 연구」, 강원대학교 대학원 석사학위논문, 1989; 高淑和, 「일제하 형평사에 대한 일 연구」, 이화여자대학교 대학원 석사학위논문, 1893; 金仲燮, 「1930년대 형평운동의 형성과정」, 『동방학지』 59, 연세대학교 국학연구원, 1988.

3 1990년대 이후에 진행된 연구 성과는 다음과 같다.
高淑和, 「'醴泉事件'을 통해 본 日帝下의 衡平運動」, 『한민족독립운동사논총』, 수촌박영석교수화갑기념논총간행위원회, 1992; 김중섭, 「일제침략기 형평운동의 지도세력－그 성격과 변화」, 『동방학지』 79, 연세대학교 국학연구원, 1992; 姜昌錫, 「衡平社運動硏究」, 『東義史學』 7·8, 동의대학교 사학회, 1993; 조미은, 「조선형평사의 경제활동 연구」, 성신여대 대학원 사학과 석사학위논문 1993; 井口和起, 「朝鮮の衡平運動と日本の水平運動」, 『部落』 45-13, 部落問題硏究所, 1993; 友永健三, 「アジアの反差別運動と衡平運動」, 『朝鮮の身分解放運動』, 解放出版社, 1994; 金仲燮, 「衡平運動の指向と戰略」, 『朝鮮の身分解放運動』, 解放出版社, 1994; 金俊亨, 「晋州地域における衡平運動の歷史的背景」, 『朝鮮の身分解放運動』, 解放出版社, 1994; 高淑和, 「日帝下における社會運動と衡平運動」, 『朝鮮の身分解放運動』, 解放出版社, 1994; 趙美恩, 「서울에서의 朝鮮衡平社 活動」, 『鄕土서울』 55, 서울特別市史編纂委員會, 1995; 趙彙珏, 「衡平社의

아직 미진한 편이다. 형평운동과 종교와의 관계성에 대한 연구는 보천교가 유일하다.[4] 보천교는 조우제를 통해 형평사 창립을 축하하는 메시지를 전하는 한편 운동비용을 지원하는 등 간접적으로 형평운동을 지지하였다는 점을 밝힌 바 있다. 천도교 역시 형평운동과 관련하여 직간접적으로 참여하거나 지원 내지 지지한 바 있다. 1927년 말경 천도교청년당 핵심 간부인 소춘 김기전은 경남지역을 순회하면서 서북지방과 다른 점을 언급하면서 "衡平社員 同德[5]이 적지 아니한 것"[6]이라고 밝힌 바 있듯이, 형평운동의 본고장이라고 할 수 있는 경남지역의 천도교인들이 형평사에 가입하여 활동하고 있었다. 이외에도 이동

民權運動 研究」, 『國民倫理研究』 34, 韓國國民倫理學會, 1995; 고숙화, 「日帝下 衡平社 研究」, 이화여대 대학원 사학과 박사학위논문, 1996; 김일수, 「일제강점기 '예천형평사 사건'과 경북 예천지역 사회운동」, 『안동사학』 8, 안동사학회, 2003; 이혜경, 「충남지방 형평운동 연구」, 충남대학교 교육대학원, 2003; 이나영, 「형평사 운동의 역사적 평가」, 동의대학교 대학원 석사학위논문, 2005; 김언정, 「한말·일제하 여성 백정의 경제 활동과 '형평여성회'」, 고려대학교 대학원 석사학위논문, 고려대학교 대학원, 2005; 김재영, 「1920년대 호남지방 형평사의 창립과 조직」, 『역사학연구』 26, 호남사학회, 2006; 김재영, 「일제강점기 형평운동의 지역적 전개」, 전남대학교 대학원 박사학위논문, 2007; 김재영, 「1920년대 호남지방 형평사의 활동」, 『역사학연구』 29, 호남사학회, 2007; 김재영, 「형평사와 보천교」, 『신종교연구』 21, 한국신종교학회, 2009; 박세경, 「1920년대 朝鮮과 日本의 身分解放運動-衡平社와 水平社를 중심으로」, 『일본근대학연구』 23, 한일일본근대사학회, 2009; 李龍哲, 「衡平社의 성격변화와 쇠퇴」, 『한국근현대사연구』 62, 한국근현대사학회, 2012; 전흥우, 「일제강점기 강원지역 형평운동(衡平運動)」, 『인문과학연구』 38, 강원대학교 인문과학연구소, 2013; 최보민, 「1925년 예천사건에 나타난 반형평운동의 함의」, 『사림』 58, 수선사학회, 2016; 김재영, 「일제강점기 호서지방의 형평운동」, 『충청문화연구』 18, 충남대학교 충청문화연구소, 2017.
그리고 단행본으로는 김중섭, 『형평 운동 연구』, 민영사, 1994; 김중섭, 『형평운동』, 지식산업사, 2001; 고숙화, 『형평운동』(한국독립운동의 역사 32권), 한국독립운동사편찬위원회·독립기념관 한국독립운동사연구소, 2008 등이 있다.

4 김재영, 「형평사와 보천교」, 『신종교연구』 21, 신종교학회, 2009.

5 同德은 천도교인 사이에 사용하는 呼稱이다.

6 小春, 「隆興期에 入한 慶尙道 教況」, 『新人間』 21, 1928.2, 41쪽.

구(李東求), 유공삼(柳公三), 서광훈(徐光勳) 등 형평운동의 지도부에도 천도교인들이 참여하여 활동한 바 있다. 뿐만 아니라 이들은 고려혁명당 조직에도 적극적으로 참여한 바 있다.

이에 따라 본고에서는 백정들의 인권을 위한 형평운동과 천도교의 관련성에 대하여 살펴보고자 한다. 첫째는 형평운동의 모태라고 할 수 있는 신분차별 철폐를 주장한 동학(천도교)의 평등사상, 둘째는 형평운동의 전개 과정에서 참여한 천도교 및 천도교인의 활동, 셋째는 형평사와 천도교, 정의부가 결성한 고려혁명당에 대해서도 살펴보고자 한다.

2. 백정의 사회적 차별과 천도교 평등사상

앞에서 언급하였듯이 형평운동은 사회적으로 신분차별을 받아왔던 백정들의 인권운동이라 할 수 있다. 백정은 기원에 대해서는 여러 가지 설이 있지만 일반적으로 고려시기만 해도 '良人(農民)'의 신분이었지만,[7] 조선시대 이후 천민 계층에 속하였다. 『태조실록』에 의하면 "재인(才人)과 화척(禾尺)은 이곳저곳으로 떠돌아다니면서 농업을 일삼지 않으므로 배고픔과 추위를 면하지 못하여 상시 모여서 도적질하고 소와 말을 도살하게 되니, 그들이 있는 주군(州郡)에서는 그 사람들을 호적에 올려 토지에 안착(安着)시켜 농사를 짓도록 하고 이를

---

7 河泰奎, 「高麗時代 百姓의 概念과 그 存在形態－高麗 平民身分 理解를 위한 試論」, 『國史舘論叢』 20, 국사편찬위원회, 71쪽.

어기는 사람은 죄주게 할 것"[8]이라고 하여, 도살업을 하는 천민 화척[9]을 별도로 관리하였다. 이후 세종 때 화척을 '백정'이라고 개칭하였다.[10] 이에 따라 도살(屠殺), 수육판매(獸肉販賣), 제혁(製革), 유죽세공(柳竹細工), 골세공(骨細工) 등을 생업으로 삼았던 백정은 생활권도 일반사회로부터 격리되었으며 사회적 대우와 지위도 엄격하게 구별되었다. 백정에 대한 사회적 대우는 차상찬(車相瓚)[11]이 『개벽(開闢)』에 소개한 바 있는데, 다음과 같다.

> 생활차별: 백정은 如何히 실력이 잇슬지라도 衣食住에 만족한 생활을 할 수가 업섯다. 즉 가옥으로는 瓦家, 의복으로는 絹帛을 절대 不許하며 頭에 笠子, 網巾, 宕巾과 足에 革鞋를 不許하고 외출할 時에는 蓬頭亂髮에 但히 平凉子를 着하야 一見에 백정인 줄을 알게 하얏스며 보통의 人前에서 喫煙, 飮酒를 不得함은 물론이고 自家에서도 杯盤, 宴會 등을 盛設치 못하얏다.
>
> 예법차별: 백정은 葬式에도 喪輿를 用치 못하며 묘지도 보통인과 同一구역에 混在치 못하고 혼례시에도 馬, 輿 등을 乘치 못하며 又 여자는 결혼 초부터 結髮을 不許하고(비네쪽을 못하고, 둘레머리를 함) 家廟도 絕對不許하얏다.
>
> 교육차별: 백정은 自來로 보통인과 가티 교육을 不許하얏다.
>
> 씨명차별: 백정이야말로 참 姓도 분명한 者가 별로 업고 名도 보통인과

---

8 『太祖實錄』 2권, 태조 1년 9월 24일조(국사편찬위원회 한국사데이터베이스).

9 禾尺은 버드나무의 細工이나 屠牛를 專業으로 하던 賤民이었다.

10 『世宗實錄』 22권, 세종 5년 10월 8일조(국사편찬위원회 홈페이지). "재인과 화척(禾尺)은 본시 양인으로서, 업이 천하고 칭호가 특수하여, 백성들이 다 다른 종류의 사람으로 보고 그와 혼인하기를 부끄러워하니, 진실로 불쌍하고 민망합니다. 비옵건대, 칭호를 백정(白丁)이라고 고쳐서 …(하략)"

11 차상찬(車相瓚)은 천도교청년당 당원으로 '車賤子'는 그의 필명이다.

가티 짓지 못하얏다.

민적차별: 백정은 인간의 數에도 入치 안이하얏다.

거주차별: 백정은 특히 居住를 제한하얏다.

체형차별: 보통의 인민은 笞刑을 行할 時에 臺上에 置하고 行하나 백정은 笞刑을 行할 時에도 직접 地上에서 行하얏다.[12]

차상찬이 언급하고 있는 바와 같이, 백정은 봉건적 위계질서와 행동규범이 고착화되었던 조선시대에 대표적으로 차별받던 신분이었다. 백정은 태어나면서부터 죽음에 이를 때까지 차별과 억압을 받으며 살았다. 나이에 상관없이 모든 양인(良人)에게 존댓말을 써야 했으며, 양인들은 백정을 반말로 하대(下待)하였다. 가옥이나 의복, 결혼과 장례, 교육, 작명, 민적, 체형(體刑)에 이르기까지 차별하는 관습이 일반화되었다. 남자의 경우 외출을 하려면 머리에 패랭이라고 부르는 평량자(平凉子)를 써서 백정의 신분을 드러내도록 하였다. 여자의 경우도 비녀를 하지 못하고 둘레머리를 해야만 했다. 일반 사람들 앞에서 담배를 하거나 술도 마실 수 없었고 집안에서도 잔치나 연회를 할 수 없었다. 뿐만 아니라 민적에도 오를 수가 없어 사람으로도 취급을 받지 못하였고,[13] 주거도 제한을 받았다.

이와 같이 사회적, 국가적으로 백정을 차별하였던 봉건적 신분제는 1894년 동학농민혁명이 전개되면서 철폐의 요구가 사회적으로 확산되었다. 동학농민혁명 당시 요구하였던 폐정개혁 12개조에 의하면

---

12 車賤子, 「白丁社會의 暗憺한 生活狀을 擧論하야 衡平戰線의 統一을 促함」, 『개벽』 49, 1924.7, 41~43쪽.

13 조선후기에는 호적에 편입되고 국가 지배의 영역 안에 있었지만 사회적으로는 여전히 천시되었다.

一. 奴婢文書를 燒却할 事
一. 七班賤人의 待遇는 改善하고 白丁 頭上에 平壤笠은 脫去할 事[14]

이라 하여, 노비와 백정에 대한 신분을 개선할 것을 주장하였다. 동학농민군이 노비와 백정에 대한 신분 차별철폐를 제시한 것은 동학에 내포되어 있는 평등사상 즉 인간존중사상에서 비롯되었다.

1860년 4월 5일 경주 현곡면(見谷面) 가정리(柯亭里) 용담정(龍潭亭)에서 수운(水雲) 최제우(崔濟愚)가 창명한 천도교(동학)은 무엇보다도 봉건적 사회질서인 신분제를 극복하고자 하였다. 최제우는 모든 사람이 천주를 모시고 있다는 '시천주(侍天主)'를 언급한 바 있다. 즉 "나는 도시 믿지 말고 한울님을 믿었어라. 네 몸에 모셨으니 사근취원하단 말가"[15]라고 하여, 모든 사람이 천주를 모시고 있으며 그러므로 누구나 평등하다고 하였다. 또한 "부(富)하고 귀(貴)한 사람 이전 시절 빈천(貧賤)이오. 빈(貧)하고 천(賤)한 사람 오는 시절 부귀(富貴)로세"[16]라고 하여, 신분이 태어날 때부터 정해져 있지 않다고 하였다. 이는 당시의 성리학 이데올로기의 신분제를 전면으로 부정하는 것이었다. 이와 같은 인식에 따라 동학을 창명한 수운 최제우는 실제적으로 신분제 철폐를 몸소 실현한 바 있다. 즉 수운 최제우는 동학을 창명한 후 첫 실천으로 자신의 집에 있는 두 여자 몸종의 신분을 해방시켰다. 뿐만 아니라 몸종 한 사람은 수양딸로, 또 한 사람은 며느리로 삼았다.[17] 이와 같은 실천적 동학은 "사람 섬기기를 한울과 같이 하라 하

14 吳知泳, 『東學史』, 永昌書館, 1940, 126~127쪽.
15 「敎訓歌」, 『龍潭遺辭』.
16 위의 책.

니, 이는 사람을 한울과 같이 공경하고 사람을 평등으로 알게 하는 것"[18]이었다.

수운 최제우에 이어 동학의 최고책임자가 된 해월(海月) 최시형(崔時亨)은 봉건적 신분제의 해체를 사회화시키고자 노력하였다. 수운 최제우는 자신의 집안에 있던 몸종을 해방시켰지만, 해월 최시형은 동학 교단으로 확산시켰으며, 나아가 보다 철저하게 실현해나가고자 하였다. 1865년 10월 28일 수운 최제우의 탄신향례(誕辰享禮)를 마치고 "사람은 하늘이라 평등(平等)이요 차별(差別)이 없나니, 사람이 인위(人爲)로써 귀천(貴賤)을 구별(區別)함은 곧 천의(天意)에 어기는 것이니, 제군(諸君)은 일체(一切) 귀천의 차별을 철폐(撤廢)하여 선사(先師)의 뜻을 잇기로 맹서(盟誓)하라"[19]라고 역설하였다. 조선의 봉건적 신분제인 양천제(良賤制)는 인위적으로 구별한 것이기 때문에 이를 철폐하라는 스승 최제우의 가르침을 잊지 말 것을 당부하였다. 이는 신분 차별철폐를 동학교인을 통해 사회적으로 확산시키려는 의도라고 할 수 있다. 즉 해월 최시형은 "우선 도인(道人)된 자(者)는 적서(嫡庶)의 구별을 주지 말라"고 명령하였다. 수운 최제우 개인의 집에서 교인 전체로 확대한 것이다. 이는 단순히 선언적 차원이 아니라 실천적 의미를 내포하고 있다. 이는 다음의 사례에서 확인할 수 있다.

1891년 호남지역에 동학의 교세가 확장됨에 따라 좌도(左道)와 우도(右道)로 분할하여 남계천(南啓天)과 윤상오(尹相五)를 각각 책임자로

---

17 이돈화, 『천도교창건사』 제2편, 천도교중앙종리원, 1935, 44쪽.

18 이돈화, 『천도교창건사』 제1편, 20쪽.

19 이돈화, 『천도교창건사』 제2편, 7쪽.

임명하였다. 그런데 이로 인해 교인들 간에 분쟁이 일어났다. 그 원인은 윤상오와 남계천의 출신 때문이었다. 윤상오는 양인 출신이었고, 남계천은 천민 출신이었다. 남계천이 관할하는 교인 중 김낙삼(金洛三) 등 1백여 명이 천민 출신 남계천을 지도자로 인정할 수 없다는 것이었다. 이에 대해 해월 최시형은 다음과 같이 설유(說諭)하였다.

> 들으라. 大神師[20] 가로되, 吾道는 後天開闢이오 更定胞胎之運이라 하였으니 先天에 썩어진 門閥의 高下와 貴賤의 等分이 무슨 關係가 있느냐. 그럼으로 先師인 즉 두 女婢를 일찍 解放하여 한 사람으로는 養女로 삼고 한 사람은 子婦를 삼았으니, 先師의 門閥이 諸君과 같이 못하랴. 敢히 먼저 이 마음을 깨치고 資格에 따라 指揮에 좇으라.[21]

동학은 인위적으로 규정한 문벌의 높고 낮음과 귀하고 천함의 나누는 봉건적 신분제는 '썩은 것'이라고 하였다. 동학의 후천개벽은 문벌의 고하(高下)와 귀천의 분등(分等)을 철폐하는 것이 본질이라고 하였다. 무엇보다도 스승 최제우의 실현적 사례를 통해 이를 강조하고 실천할 것을 당부하였다. 문벌과 귀천에 의한 것이 아니라 '자격(資格) 따라 지휘(指揮)하는' 즉 '개인의 능력'을 중시하였다. 이러한 인식에 따라 해월 최시형은 천민 출신 남계천을 호남좌우도편의장(湖南左右道便議長)으로 임명하여 조직의 안정을 도모하였다.

이와 같은 동학의 신분 차별의 철폐는 백범(白凡) 김구(金九)의 동학 입도 과정에서 잘 드러나고 있다. 김구는 역적죄인 김자점(金自

20 大神師는 水雲 崔濟愚에 대한 尊稱語이다.

21 이돈화, 앞의 책, 44쪽.

點)[22]의 후손으로 멸문지화를 피하여 해주읍 인근에 이주하여 살고 있었다. 자신이 표현한 바와 같이 '상(常)놈'[23]으로 지냈다. 18세가 되던 해 동학에 관심을 가지고 오응선(吳膺善)을 찾아갔다. 이후 동학의 입도 과정을 『백범일지(白凡逸誌)』에서 다음과 밝히고 있다.

> 나는(오응선: 필자주) 東學敎人인 때문에 先生의 敎訓을 받아 貧富貴賤에 差別待遇가 없습니다. 조금도 미안하여 마시고 찾으신 뜻이나 말씀하시오, 나는(김구: 필자주) 이 말만 들어도 別世界에 온 것 같았다. …(중략)… 天主를 모시고 體天行道한다는 말이 第一 緊着하고 常놈된 怨恨이 骨髓에 사무친 내에게 東學에 入道만 하면 差別待遇를 撤廢한다는 말이나 …(중략)… 동학에 입도할 마음이 불길같이 일어난다.[24]

김구는 동학교인으로부터 공대어(恭待語)로 대접받고, 동학이 빈부귀천에 의한 차별대우를 철폐한다는 말을 듣고 동학에 입도하였다. 이후 동학을 포교하여 팔봉접주(八峯接主)로 이름을 날렸다. 뿐만 아니라 반봉건 신분제를 철폐하는 동학농민혁명에도 참여하였다.[25]

이처럼 신분 해방을 주창하는 동학은 일반 계층뿐만 아니라 당시 차별받던 천민 계층에서도 크게 영향을 주었으며, 이들은 동학을 적극 수용하였다. 나아가 동학농민혁명에도 적극 참여하여 신분 차별의 봉

---

22 조선 중기의 문신(1588~1651)으로 字는 成之, 號는 洛西이다. 인조반정 때에 공을 세워 벼슬이 영의정에 이르렀다. 효종이 즉위한 후 파직당하자, 이에 앙심을 품고 조선이 北伐을 계획하고 있음을 청나라에 밀고하여 역모죄로 처형되었다.

23 常놈은 흔히 '쌍놈'이라 하여, 일반 양민보다 천하게 취급하였다.

24 백범학술원, 『金九自敍傳 白凡逸志』, 나남출판, 2002, 26~27쪽.

25 백범 김구와 동학에 대해서는 성주현, 「백범 김구와 동학」, 『백범과 민족운동 연구』 11, 백범학술원, 2015를 참고할 것.

건적 사회를 변혁시키고자 하였다. 관변기록과 유생들이 남긴 기록에 의하면 "상천(常賤)이 아닌 것이 없으며, 사노(私奴) 관속(官屬)의 하례(下隸), 반종(班種)의 패가낭자(敗家浪子)들",[26] "도한(屠漢), 재인(才人), 역부(驛夫), 야장(冶匠), 승도(僧徒) 등 평소에 가장 천대(賤待)되었던 사람들을 모아 접(接)을 별설(別設)하였고"[27] 라고 하여, 천민 계층에서 적극적으로 동학농민혁명에 참여하였음을 밝히고 있다. 특히 동학농민혁명 지도자 김개남(金開男)과 손화중(孫化仲)은 도한(屠漢) 즉 백정 등을 포함한 천민들을 모아 독립부대를 운영하기도 하였다.[28] 김개남이 이끄는 동학농민군은 가장 위협적이고 전투력이 강하였다.

이처럼 시천주의 인간존중사상으로 당시 사회적 인식이었던 적서차별과 빈부귀천을 철폐하고자 한 동학은 1894년 1월 동학농민혁명으로 이어졌으며, 노비문서를 소각하고 백정의 신분을 해방하려는 의지가 폐정개혁으로 발현되었다. 동학농민혁명 당시 폐정개혁을 통해 백정 신분 해방의 요구는 갑오개혁에 반영되어 문벌 타파와 신분제 철폐 등을 법률로 공포하였으며,[29] 백정의 신분도 해방되었다. 동학의 만민평등사상과 동학농민혁명의 폐정개혁은 갑오개혁에서 백정의 신분이

---

26 「慶尙右道東學黨擾亂 景況과 이에 대한 意見」, 『駐韓日本公使館記錄』 1, 국사편찬위원회 한국사데이터베이스(http://db.history.go.kr/item/level.do?setId=1&itemId=jh&synonym=off&chinessChar=on&page=1&pre_page=1&brokerPagingInfo=&position=0&levelId=jh_001_0050_0010)

27 黃玹, 『梧下紀聞』 3, 96쪽.

28 정창렬저작집간행위원회, 『갑오농민전쟁』(정창렬 저작집 Ⅰ), 도서출판 先人, 2014, 228쪽.

29 『고종실록』 32권, 고종 31년 7월 2일조. "驛人倡優皮工竝許免賤事"; 김중섭, 「한국의 백정과 일본의 피차별 부락민의 비교 연구」, 『현상과인식』 38, 한국인문사회과학회, 2014, 106쪽.

해방되는데 크게 영향을 미쳤다고 할 수 있다.

3. 형평운동과 천도교와의 연계성

앞서 언급한 바와 같이 1894년 제도적으로 백정의 신분이 해방되었지만, 일반 사회에서는 여전히 백정에 대한 차별이 유지되었다. 백정에 대한 사회적 차별은 형평사가 조직되는 1920년대까지 지속되었다. 이와 관련하여 차상찬은 당시 백정의 생활실태에 대해 다음과 같이 지적한 바 있다.

> 法制上으로는 비록 백정의 차별대우를 폐지하얏다 할지라도 사회상 대우에 至하야는 조속히 개선되지 못한다. 즉 民籍上에는 尙今까지 직업란에 특히 일반인과 구별하는 의미로 「屠漢」이라 기입하고 又는 「農業(白丁)」이라 附記하며 보통의 인민이 절대로 혼인을 안이함은 물론이고 학교에서도 왕왕히 子弟의 입학을 거절하는 事가 有하며 관리 임용에도 威信, 기타 주위의 사정으로 容易히 채용치 안이한다. 특히 양반계급이 심하고 백정 부락이 多한 南鮮地方이 尤甚하다. 그러나 압박이 심하면 반동이 또한 심한 것은 당연의 事라. 아모리 屢 백년간을 굴복하야 노예 중에도 又 奴隷의 대우를 受하던 백정이라도 血이 有하고 淚가 有한 인류인 이상에야 엇지 人道上에 許치 못할 학대를 영구히 甘受하리오.[30]

즉 법제상으로는 백정의 차별대우를 폐지하였지만, 혼인을 거부하

---

30 車賤子, 「白丁社會의 暗憺한 生活狀을 擧論하야 衡平戰線의 統一을 促함」, 『개벽』 49, 45쪽.

거나 백정 자제들의 학교 입학 거부, 관리 임용 거부 등 여전히 백정에 대한 차별이 남아 있었다. 일반 사회에서 백정에 대한 인식은 오랜 세월의 관습으로 하루아침에 쉽게 개선되지 못하였다. '기생이 백정과 어울리는 것은 큰 수치'[31]라고 할 정도로 천한 계층 사이에서도 차별을 당하였다.

이처럼 차별을 받아오던 백정의 인권운동은 1923년 4월 25일 진주에서 형평사를 창립하면서 첫 고동을 울렸다. 형평사 창립에 대한 경위는 기록마다 조금씩 차이를 보이고 있는데,[32] 『매일신보』에 의하면 창립 경위와 관련하여 다음과 같이 밝히고 있다.

> 진주(晉州)에 사는 강상호(姜相鎬), 신현수(申鉉壽), 천석구(千錫九) 등 삼씨는 저번에 그 고을에 있는 백정(白丁)의 부락을 방문하였더니, 그 촌민들은 여러 가지로 남에게 모욕 받는 것을 호소하며 자기들은 하여 하던지, 나의 사랑하는 자손에게까지는 과연 백정이란 천대를 받게 할 수 없다 하며 눈물을 흘리며 한탄하는지라, 이에 칠십여 명 되는 진주 백정은 일치단결하여 모처에 모여가지고 여러 가지로 토의한 결과 형평사(衡平社)라는 것을 조직하고 지난 이십오일에 발기총회(發起總會)를 열고 다수한 회원이 모여 규칙을 만들고 임원을 선거하며 유지 방법과 취지 선전에 대한 협의를 하였으며[33]

이 기사에 의하면, 강상호,[34] 신현수, 천석구[35]가 백정이 사는 지역

31 『매일신보』, 1922.5.11.

32 1934년 『치안상황』에 의하면 李學贊이 자식들의 교육문제로 강상호, 신현수, 천석구에게 백정의 고충을 호소하였고 이들의 찬동과 張志弼 등과 함께 창립되었다고 하였다.

33 『매일신보』, 1923.5.2.

34 강상호는 천도교인 강영호의 형이다.

에 방문하였는데, 백정들의 천대에 대한 호소, 자신들의 자손에게는 백정의 천대를 물려주지 않겠다고 눈물로 호소함과 동시에 백정 70여 명이 일치단결하여 형평사를 조직하였다. 즉 백정에 대한 사회적 차별과 이를 자식들에게는 물려주지 않겠다는 의지로 형평사를 조직하였는데, 핵심 인물은 강상호, 신현수, 천석구 등 3명이었다. 창립총회에서 위원에 강상호·신현수·장지필(張志弼)·이학찬(李學贊), 간사에 하금석(河金石)[36]·박호득(朴好得)을 각각 선출하였다.[37] 이후 빠른 속도로 지사 내지 분사가 전국적으로 조직되었다. 1923년에만 80여 개의 지사 또는 분사가 결성되었고, 1925년에는 150여 개에 달하였다. 조직체를 대동사로 전환하는 1935년까지 187개의 지사와 분사가 조직되었다.[38]

형평사가 조직되고 백정들의 인권운동 전개 과정에서 천도교와 천도교인은 직간접적으로 지지하거나 지원, 참여하였다. 형평운동의 전반적인 측면에서 볼 때 천도교인의 참여는 두드러지지는 않았지만, 일정한 역할을 하였다고 본다. 천도교인으로써 형평운동에 참여한 인물은 이동구, 유공삼, 서광훈 등이 대표적이다. 이외에도 천도교인 내지 천도교는 형평운동에 직간접적으로 지원하였다. 이들이 형평운동에 참여한 것은 앞서 살펴본 바와 같이 천도교의 평등사상과 종지

---

35 천석구는 천도교에서 운영하는 개벽사 진주지국을 운영하였다.

36 『매일신보』와 『조선일보』의 창립총회 기사에는 하금석으로 되어있지만, 이후에는 하석금으로 나오고 있다.

37 『조선일보』 1923년 4월 30일자. 이외에 이사는 河允祚·李鳳基·李斗只·河景淑)·崔明五·劉小萬·劉億萬, 재무에 鄭贊祚, 서기에 張志文이 선임되었다.

38 고숙화, 앞의 논문, 93쪽 〈표 3-2〉 참조.

인 인내천이라는 사상적 맥락과 닿고 있기 때문이다.

형평사가 조직되었다는 소식을 접한 천도교청년당은 『개벽』을 통해 소식을 전하는 한편 적극 지지하였다. 우선 「진주만록(晉州漫錄)」을 통해 형평사의 창립축하식 소식을 알렸다.

> 衡平社의 甁立 祝賀式 누구가 모르리요. 우리 全朝鮮에 散在한 約 40萬의 兄弟되는 白丁이란 그들은 억울하개도 無理하게도 이 社會에서 賤待虐待를 바다왓섯다. 그들의 마음은 늘 쓸리엿스며 그들의 주먹은 늘 떨니여섯다. 그 中에서도 그들이 第一 憤慨한 것은 敎育上에 差別이엇다. 언제나?? 어느 날에나 하며 그들은 熱心으로써 時機의 到來- 아니 時局의 變幻만을 기대리고 잇섯다. 그리하던 中에 문득 큰 소래는 들리엿다. 이것은 一時의 一局部에서 울리여 오는 소래도 아니오, 洋의 東西를 뒤덥허오는 크고 또 큰 소래이엇다. 人道正義니 人類差別撤廢니 婦女解放이니 勞動運動이니 社會革命이니 하는 그러한 소래이엿다. 그 中에도 가장 힘잇게 그네들의 耳膜을 打動하는 것은 오즉 職業이 無貴賤 人權平等이란 그것이엿다. 이때부터 그들의 가슴은 울넝거리며 주먹은 쥐여젓다. 그 度數는 漸漸 强緊하고도 熱的이엿다. 이 눈치를 먼저 알어채인 姜相鎬, 申鉉壽, 千錫九 其外 有志 몃 分의 發起로 最初 晋州로부터 慶南 各郡, 後로 13道 全面에 謹告書를 發하야 聯合한 바 40萬의 그들은 1人도 남김업시 聲援面起함에 이에 衡平社를 組織하고 隣接 各郡에 出張까지 하야 大大的 宣傳의 結果 意外의 好成績을 내이엿다.[39]

형평사의 창립을 '40만 백정의 무귀천 인권평등'으로 평가하였으며, "조선 형평운동 만세"로 적극 지지하였다. 5월 13일 창립축하식에

39 「六號通信」, 『開闢』 36, 1923.6, 51쪽.

서 강달영(姜達永)의 축사가 있었는데, 강달영은 천도교 진주교구 전제원(典制員)으로 활동한 바 있는 천도교인 출신이었다.[40] 또한 형평사 조직의 중심인물인 천석구는 『개벽』 진주분매소 주임으로 활동하였다는 점에서 천도교와 관련이 있는 것으로 추정된다.[41] 창립축하식 소식을 전하면서 감상적이 아니라 '衡平運動으로서 貫徹할 究竟의 目的과 그 目的을 貫徹할 가장 自信있는 計劃'을 분명하게 보여줄 것을[42] 당부하였다.[43] 형평사가 창립 1년 만에 분규가 발생하였을 때 천도교청년당 중앙집행위원인 차상찬은 "나는 今月 內에 開한다는 兩派妥協會(衡平本社와 革新同盟)에서 문제가 원만히 해결되야 兩派가 同一한 步武으로 전진하기를 望한다"[44]고, 격려한 바 있다.

천도교는 형평사가 전국대회와 창립기념식을 개최할 때 중앙대교당과 기념관을 주요 행사 장소를 제공하였다. 당시 일반사회에서는 형평사를 지원하거나 후원하는 단체에 대해 상당한 저항 즉 '반형평운동'이 전개될 정도였다. 진주에서 형평사 창립에 적극 후원하였던

---

40 『天道教會月報』 57, 1915.7, 44쪽 및 『天道教會月報』 74, 1916.9, 38쪽. 이후 강달영은 천도교(구파)와 민족연합전선을 형성하여 신간회를 설립하는데 중요한 역할을 하였다. 이에 대해서는 성주현, 「1920년대 천도교의 협동전선론과 신간회」, 『식민지시기 종교와 민족운동』, 도서출판 선인, 2012를 참조할 것.

41 『개벽』 58, 1925.4, 21쪽. 『개벽』의 지방 지사나 분사는 대부분 천도교 지방 조직을 통해 설치되었다.

42 「六號通信」, 위의 책, 59~60쪽.

43 '감상적'이라는 것은 언론을 통해 형평사 창립과정을 "그 社의 中心人物되는 某氏의 눈물의 感想이란 것을 보면 「사람 待遇를 哀乞하는 以外에는 아모러한 생각도 업노라" 고 한 것에 대한 평이다. 이에 대해 "運動으로서의 到遠할 最終의 目的에 對한 充分한 意識을 가지게 할 必要"가 있다고 한 것이다.

44 車賤子, 「白丁社會의 暗憺한 生活狀을 擧論하야 衡平戰線의 統一을 促함」, 앞의 책, 45쪽.

각종 단체와 개인에 대해 일반인들 형평사와 관계한 자에 대해서는 백정과 같이 대우할 것, 진주청년회(晉州靑年會)와 노동공제회(勞動共濟會)에는 형평사와 관계치 말 것을 압박하였다.[45] 조선총독부도 형평사 창립에 대해 부정적으로 인식하였다.[46] 이와 같은 상황에서 천도교는 중앙대교당과 수운출세백주년기념관을 주요 행사의 장소로 적극 제공하였다. 형평사에서 추진한 전국 행사 장소의 상황을 살펴보면 〈표 1〉과 같다.

〈표 1〉 형평사의 주요행사 개최 장소 현황

번호	행사명	장소	시기	비고
1	창립행사		1923년	
2	1주년 기념행사	천도교 중앙대교당	1924년 4월 24일	동아 1924.04.27
3	형평사 통일대회	대전 대전좌	1924년 8월 15일	동아 1924.08.19
4	제3회 정기총회	시천교당	1925년 4월 24일	동아 1925.04.26
5	제4회 전국대회	시천교당	1926년 4월 24일	동아 1926.04.25
6	제5회 정기총회	시천교당	1927년 4월 25일	동아 1927.04.27
7	제6회 정기대회	천도교 수운출세백주년기념관	1928년 4월 24일	조선 1928.04.25
8	제7회 정기대회	천도교 수운출세백주년기념관	1929년 4월 24일	동아 1929.04.25

45 『동아일보』, 1923.5.30.

46 『매일신보』, 1923.5.2. 『매일신보』는 사설 「白丁族屬의 衡平運動」에서 "衡平運動의 趣旨에는 無限한 同情을 起하나 그러나 目下 朝鮮社會의 實際狀況으로는 衡平運動이 起치 아니하면 不可할 何等의 實因이 無한 것을 認하며 併히 그들이 淺薄한 煽動者流에게 誤하여 平地에 波動을 起하는 것은 遺憾으로 思하는 바이라. 少하여도 그들의 運動은 時代로부터 三十年을 遲後한 것이 아니냐 하는 結論에 到達할 것이다."라고 밝히고 있다.

9	제8회 정기대회	천도교 수운출세백주년기념관	1930년 4월 24~25일	동아 1930.03.25
10	제9회 정기대회(전체대회)	천도교 수운출세백주년기념관	1931년 4월 24~25일	동아 1931.04.22
11	제10회 전체대회	천도교 수운출세백주년기념관	1932년 4월 24일	동아 1932.04.25
12	제11회 정기대회	운니동 본부 회관	1933년 4월 24~25일	동아 1933.04.25
13	제12회 전체대회	천도교 수운출세백주년기념관	1934년 4월 24일	조선 1934.04.25. 매일 1934.04.25
14	제13회 전체대회	중앙기독교청년회관	1935년 4월 24일	동아 1935.04.25

〈표 1〉에 의하면, 형평사는 1923년 창립 이후 대동사로 전환되기 전해인 1935년까지 매년 4월 24일 및 25일에 창립기념식과 정기대회(전체대회)를 개최하였다. 이들 행사는 대부분 시천교, 천도교, 기독교 등 종교단체의 교당, 기념관, 회관 등에서 진행되었다. 그중 천도교와 관련된 장소에서 7회, 시천교 관련 장소에서 3회, 기독교 관련 장소에서 1회 등 모두 11회가 개최되었다. 전체적으로 볼 때 14회 중 7회를, 종교와 관련해서 보면 11회 중 7회 등 절반 이상을 천도교와 관련된 곳에서 행사를 진행하였음을 알 수 있다. 이로 볼 때 천도교가 형평운동에 적극적으로 장소를 제공하였다고 할 수 있다.

서울뿐만 아니라 지방의 천도교 조직도 형평운동과 관련하여 창립 행사 등 각종 행사의 장소로 제공하였다. 익산(益山)형평분사의 전신인 동인회(同人會)는 1923년 5월 11일 이리 천도교당에서 창립총회를 개최한 바 있으며,[47] 김제(金堤)형평분사의 전신인 서광회(曙光會)는 1923년

47 『동아일보』, 1923.5.18.

5월 28일 김제 천도교당에서 창립총회를 개최하였다.[48] 이외에도 순창(淳昌)형평분사도 천도교당에서 창립되었다.[49] 형평지사·분사의 창립 장소를 천도교당을 활용한 것은 주로 형평사 창립 초기였으며, 이는 형평사가 회관이나 마땅한 곳으로 확보하지 못하였기 때문이다. 이외에 형평지사·분사의 창립은 청년회관, 공회당 등을 주로 활용하였다.

머리말에서 언급한 바와 같이 '형평사원 중에는 천도교인 적지 않았다'고 밝힌 바 있듯이, 직접 형평운동에 참여한 인물이 적지 않다. 그중 대표적인 천도교인이 이동구(李東求; 李東九)와 유공삼(柳公三), 서광훈(徐光勳) 등이다. 이동구는 강원도(江原道) 횡성(橫城) 출신으로 1886년 10월 태어났다. 아호(雅號)는 이소(而笑)이다. 1903년에 천도교에 입교하였으며,[50] 1914년 7월경 천도교 횡성교구(橫城敎區) 공선원(共宣員)으로 선임되었다.[51] 『천도교대헌』에 의하면 공선원은 교구의 천민보록(天民寶錄) 및 교빙(敎憑)과 기타 각급 서류를 장리(掌理)하는 직책이었다.[52] 이에 따르면 이동구는 횡성교구(橫城敎區)의 교인 명부(名簿), 교인증(敎人證), 공문수발(公文受發) 등 서무(庶務)를 담당하였다. 3·1운동 당시에는 의사원(議事員)으로 활동하였다.[53] 3·1운동 당시 독립운동자금 모금으로 서대문형무소(西大門刑務所)에서 1년간

48 『동아일보』, 1923.5.26. 및 6.6.

49 『동아일보』, 1923.10.3.

50 「의견서」, 『3·1운동과 국권회복단』(한민족독립운동사자료집), 국사편찬위원회 한국사데이터베이스.

51 『천도교회월보』 49, 1914.8, 41쪽.

52 『天道敎大憲』, 1906.

53 「의견서」, 『3·1운동과 국권회복단』(한민족독립운동사자료집), 국사편찬위원회 한국사데이터베이스.

옥중생활을 하였다.[54] 경성헌병분대(京城憲兵分隊)에서 조사한 의견서에 의하면 이동구의 활동을 다음과 같이 밝히고 있다.

> 제一. 피고는 지금으로부터 16년 전 天道敎에 入敎하여 현재 議事員職에 있는 자인데, 大正 8년 3월 1일 내란죄의 首魁인 天道敎 敎主 孫秉熙가 조선독립선언서를 발표하였으므로 일찌기 日·韓併合에 대한 불만을 품고 排日思想을 가지고 있던 피고는 이 좋은 기회를 놓칠세라 조선의 독립은 이때라 하여 기회를 엿보던 차에 3월 15일에 鄭廣朝가 天道敎中央總部에서 孫秉熙의 뜻을 계승하여 어디까지나 독립을 꾀할 것은 이때이나 운동비를 각 교도로부터 모집하지 않으면 충분한 활동을 할 수가 없으니 모집하라는 명을 내리자 江原道 일원의 敎區長 및 신도 일부들에게 건축비라고 빙자하여 운동비를 모집할 것을 명한 자이다.
>
> 제二. 피고 李東求는 사실은 운동비이지만 건축비라고 빙자하여 3천 원을 모집하여, 피고 鄭廣朝의 命을 받아 독립운동을 위해 北間島에서 雄飛하고 있는 排日 조선인의 수령인 李東暉의 집에 洪一昌을 파견해 비용으로 1천 8백 원을 주어 4월 중순경 출발시킨 후 같은 달 25·6일경 피고 金天一이라는 자에게 1천 2백 원을 주어 北間島에 파견해 어디까지나 孫秉熙의 뜻을 관철하도록 운동한 자이다.[55]

이동구는 3·1운동 일어나자 서울에서 태극기 20매와 독립선언서 40매를 횡성교구에 전달하였다.[56] 횡성교구에서는 이를 군내 각처에

54 『동아일보』, 1933.10.10.; 『조선중앙일보』, 1933.10.11.; 「사건송치서」, 『3·1운동과 국권회복단』(한민족독립운동사자료집), 국사편찬위원회 한국사데이터베이스.

55 「의견서」, 국사편찬위원회 한국사데이터베이스.

배포하였으며, 3월 말과 4월 초에 만세시위를 전개하였다. 이동구는 횡성지역의 3·1운동을 주도하지는 않았지만, 앞의 인용문에서 확인할 수 있듯이 강원도 일대 천도교인으로부터 독립운동자금 3천 원을 모금하여 이동휘(李東輝) 등에게 전달하였다.

서대문형무소에서 출감된 후 이동구는 천도교중앙총부의 의사원으로 선임되었고, 1920년 6월부터 2개월간 횡성교구를 포함하여 강원도 지역의 교황을 시찰하였다.[57] 그리고 천도교청년회에도 참여하였다. 1920년 11월 19일에는 천도교청년회 김기전(金起纏)과 함께 강원도 평강군(平康郡) 천도교당에서 강연회를 가진 바 있으며,[58] 1921년 1월 간의원(幹議員)으로 선임되어 11월 15일까지 활동하였다.[59] 이 기간 동안에는 횡성청년구락부(橫城青年俱樂部)에서 주최하는 특별강연회에서 「우리 청년의 사명」이라는 제목으로 강연하였다.[60] 1921년 들어 천도교는 보혁의 갈등으로 양분되었다. 이동구는 오지영(吳知泳)을 중심으로 한 혁신파에 속하여 활동하였다. 이에 따라 1921년 4월에는 특별위원회 13도 위원,[61] 10월에는 의정원 특별위원,[62] 1922년 1월 의정원 전형위원[63] 등으로 활동하였다.

---

56 「申在根 외 판결문」; 『독립운동사』 2, 독립운동사편찬위원회, 1983, 575쪽; 『강원도 항일독립운동사』(Ⅲ), 광복회 강원도지부, 1992, 352쪽.

57 『매일신보』, 1920.6.5.

58 『매일신보』, 1920.11.26.

59 『천도교청년회회보』 3, 1921.12, 13쪽 및 『천도교청년회회보』 4, 1922.11, 11쪽.

60 『동아일보』, 1921.6.19.

61 조선총독부 경무국, 「最近ノ天道敎ト其分裂ヨリ合同ヘノ過程」, 『齋藤實文書』 10, 1930. 12, 450~451쪽.

62 金正明, 『朝鮮獨立運動』 1권 분책, 680쪽.

63 趙基周, 『天道敎宗令集』, 천도교중앙총부, 1980, 171~173쪽.

천도교의 실질적 최고책임자이며 3·1운동을 이끌었던 손병희(孫秉熙) 사후 1922년 6월 5일 보혁 갈등을 해소하기 위해 합동교인대회를 개최할 때 혁신파의 교섭위원으로 참여하였다.[64] 그러나 보혁(保革) 갈등은 봉합되지 못하고 결렬됨에 따라 혁신파 세력은 분립하여 별도로 교단을 조직하였다. 이에 따라 오지영 등은 1923년 3월경 천도교연합회(天道敎聯合會)를 조직하고 독자적으로 활동하였다.[65]

유공삼(柳公三)은 전남(全南) 고흥(高興) 출신으로 1897년에 출생하였다.[66] 천도교 입교 시기는 알 수 없으나 1920년 10월경 천도교 고흥교구(高興敎區) 공선원에 피선되었다.[67] 유공삼 역시 1922년 6월 천도교단의 보혁 갈등으로 내분이 있자 이동구와 함께 혁신파에서 활동하였다. 혁신파가 1923년 조춘(早春) 천도교연합회를 별립(別立)할 때 참여하였다.[68]

천도교연합회에서 활동하던 이동구와 유공삼이 형평운동에 참여한 것은 1925년 전후였다. 이들이 형평운동에 참여하게 된 배경은 천도교연합회의 천도교에 대한 인식이었다. 혁신적 인식을 가지고 있던 천도교연합회는 기존 천도교의 중앙집권적 위계[69]를 타파하고 개인

---

64 「秘天道敎新舊兩派ノ紛爭解決」, 『高警』 第1916號.

65 吳知泳 저, 李圭泰 校註, 『동학사』, 文宣閣, 1974, 402쪽; 「天道敎ノ內訌ニ關スル件」, 1922.3.16.

66 「왜정시대인물사료」 1권, 『한국근현대인물자료』, 국사편찬위원회 한국사데이터베이스(http://db.history.go.kr/item/level.do;jsessionid=915ABDBD2E0F2ACC01E674CD1FCBE0F6?levelId=im_108_00998)

67 『천도교회월보』 123, 1920.11, 101쪽.

68 吳知泳 저, 李圭泰 校註, 위의 책, 402쪽; 「天道敎ノ內訌ニ關スル件」, 1922.3.16.

69 천도교는 당시 중앙의 中央摠部, 지방의 敎區로 이어지는 中央集權制로 운영되었다. 중앙총부의 결정이 지방 교구로 전달하는 上下復命의 구조를 가지고 있었다.

본위와 지방교회 중심의 교회운영을 추구하였다. 지방 교구를 중심으로 하는 협의체 즉 연합회를 구성하여 운영하고자 하였다. 이에 따라 천도교연합회는 공약삼장에서 "인간본위의 도덕을 천명할 일, 대중해방에 노력할 일, 계급적 차별제를 타파하고 평등생활의 실현을 도모할 일"을 주장하였다.[70] 즉 계급적 차별제의 타파와 평등생활의 실현을 구현하려고 한 이념에 따라, 이동구와 유공삼은 백정들의 사회적 차별을 없애려고 하는 형평운동에 적극 참여하였다. 이동구는 1924년, 유공삼은 1926년경에 형평운동에 참여하였다.

1924년 8월 15일 대전에서 개최한 형평사 통일대회에서 내홍을 겪고 있던 두 형평사 조직[71]을 '조선형평사중앙총본부'로 통합한 후 다음날 8월 16일 개최한 임시대회에서 이동구는 중앙집행위원으로 선출되면서 본격적으로 형평운동에 참여함으로써,[72] 중앙 조직의 지도자로 활동하게 된다. 이후 1925년 4월 24일 서울 견지동(堅志洞) 시천교당(侍天敎堂)에서 개최된 형평사 전국대회에서 의장을 맡아서 대회를 진행하고[73] 상무집행위원(庶務部, 有給)으로 선출되었다.[74] 이어 장

---

70 吳知泳 저, 李圭泰 校註, 위의 책, 1974, 402쪽.

71 형평사는 창립 이후 총본부의 소재지 문제로 형평사연맹총본부(진주파)와 형평사혁신총동맹(서울파)로 분화되었다.

72 『동아일보』, 1924.8.19. 당시 신문에는 '李而笑'로 되어 있다.

73 「衡平社大會ニ關スル件」(1925.4.25.), 『검찰사무에 관한 기록』 2; 국사편찬위원회 한국사데이터베이스(http://db.history.go.kr/item/level.do?setId=7&itemId=had&synonym=off&chinessChar=on&page=1&pre_page=1&brokerPagingInfo=&position=2&levelId=had_132_0540)

74 「衡平社員懇親會ニ關スル件」(1925.4.27.), 『검찰사무에 관한 기록』 2; 국사편찬위원회 한국사데이터베이스(http://db.history.go.kr/item/imageViewer.do?levelId=had_132_0580)

지필(張志弼), 서광훈(徐光勳)과 함께 홍천분사 지방대회의 시찰위원으로 활동하였다.[75]

또한 이동구는 중앙상무집행위원으로 있으면서 각지에서 개최하는 형평사 행사에 참가하여 의장으로 회의를 진행하는 한편 개회사, 회의 결정에 영향을 미치기도 하였다. 6월 16일에는 형평사 충남(忠南)대회에 참가하여 결의사항을 당국과 교섭하였으며,[76] 6월 25일에는 대구에서 개최된 경북도 형평사대회에서도 개회사를 하였으며,[77] 8월 4일 대전에서 형평사원 자제의 학업에 종사할 자를 위해 개최된 형평사 전조선학우회(全朝鮮學友會)에도 참가하였다.[78] 8월 9일 예천(醴泉)분사 창립 2주년 기념행사에 참여하였다가 장지필, 김남수(金南洙)와 함께 일반인에게 폭행을 당해 중상을 입기도 하였다.[79] 이후 이동구는 만주로 망명하여 최동희와 교류하면서 정의부와 함께 고려혁명당조직에 참여하는 한편 장지필과 서광훈 등 형평사 세력을 고려혁명당에 참여시키는데 기여하였다.[80]

---

75 「衡平社常務執行委員會ニ關スル件」(1925.5.16.), 『검찰사무에 관한 기록』 2; 국사편찬위원회 한국사데이터베이스(http://db.history.go.kr/item/imageViewer.do?levelId=had_132_0760)

76 『時代日報』, 1925.6.7.

77 『時代日報』, 1925.6.28.

78 『동아일보』, 1925.8.8.

79 『동아일보』, 1925.8.16; 「醴泉衡平社事件對策集會ニ關スル件」(1925년 8월 20일), 『검찰사무에 관한 기록』 2; 국사편찬위원회 한국사데이터베이스(http://db.history.go.kr/item/imageViewer.do?levelId=had_132_2490). '예천형평사사건'에 대해서는 김일수, 「일제강점기 '예천형평사 사건'과 경북 예천지역 사회운동」, 『安東史學』 8, 2003을 참조할 것. 『동아일보』에 의하면 "결박하여 기둥에다 메어단 후 몹시 난타하여 지금부터는 이전과 같이 백정(白丁)이 되겠다는 항복을 받은 후"라고 하여, 이동구가 습격한 주민들에게 폭행을 당하였다고 기술하고 있다.

유공삼은 흥양(興陽)형평지사의 대표로 1926년 4월 25일 개최한 형평사 정기대회에서 중앙집행위원으로 선출되었다.[81] 일제의 정보에 의하면 유공삼은 "사회주의에 찬성하여 계급을 타파한다고 선전하면서 형평운동에 종사하고 있다"[82]고 파악하였다. 유공삼은 형평운동에 참여하기 앞서 1925년 4월 조선일보 고흥지국(高興支局) 대표로 전조선기자대회(全朝鮮記者大會)에 참석하였으며,[83] 조선노농총동맹(朝鮮勞農總同盟)에도 가입하여 활동한 것으로 보인다.[84] 1925년 10월 4일 전남동부청년연맹(全南東部青年聯盟)이 고흥(高興)에서 개최한 순회강연에서 사회를 맡은 바 있는데,[85] 이로 볼 때 고흥청년운동에도 관여한 것으로 보인다. 또한 유공삼 역시 고려혁명당에 참여한 바 있다.

---

80 이에 대해서는 曺圭泰, 「1920년대 천도교연합회의 변혁운동－항일정신 및 동학이념의 추구와 관련하여」, 『한국근현대사연구』 4, 한국근현대사연구회, 1996; 김정인, 「천도교 혁신파와 고려혁명당」, 『천도교 근대민족운동 연구』, 한울, 2009, 193~214쪽 참조

81 「衡平社中央執行委員ニ關スル件」(1926.4.26.), 『검찰사무에 관한 기록』 2; 국사편찬위원회 한국사데이터베이스(http://db.history.go.kr/item/imageViewer.do?levelId=had_133_0110)

82 「왜정시대인물사료」 1권, 『한국근현대인물자료』, 국사편찬위원회 한국사데이터베이스(http://db.history.go.kr/item/level.do?setId=1&itemId=im&synonym=off&chinessChar=on&page=1&pre_page=1&brokerPagingInfo=&position=0&levelId=im_108_00998)

83 「全朝鮮記者大會ニ關スル件」(1925.4.17.), 『검찰사무에 관한 기록』 1; 국사편찬위원회 한국사데이터베이스(http://db.history.go.kr/item/level.do?setId=16&itemId=had&synonym=off&chinessChar=on&page=1&pre_page=1&brokerPagingInfo=&position=0&levelId=had_131_0160)

84 「朝鮮勞農總同盟通文ニ關スル件」(1925.11.18.), 『검찰사무에 관한 기록』 1; 국사편찬위원회 한국사데이터베이스(http://db.history.go.kr/item/level.do?setId=16&itemId=had&synonym=off&chinessChar=on&page=1&pre_page=1&brokerPagingInfo=&position=1&levelId=had_131_2270). 유공삼은 조선노농총동맹에서 중앙집행위원 선거투표에서 1표를 획득하였다.

85 『시대일보』, 1925.10.11.

이동구와 유공삼 외에 형평운동의 핵심인물인 서광훈 역시 천도교인이었다. 1930년 4월 7일 천도교연합회의 청년단체인 천도교유신청년회(天道敎惟新靑年會)는 제8회 정기대회를 개최하고 부흥(復興)을 위해 명칭을 천도교혁신청년동맹(天道敎革新靑年同盟)으로 개칭하고 임원을 개선하였는데, 이때 서광훈은 서무부와 외교부를 겸직하였다.[86] 서광훈이 형평운동에 참여한 것은 1924년 5월 4일 임시총회에서 경성지사 서기로 선임되면서부터였다.[87] 이후 중앙집행위원,[88] 형평청년총연맹 상무위원[89]으로 활동하였다. 서광훈은 형평운동 외에도 한양청년연맹(漢陽靑年聯盟)의 집행위원[90]과 정위단(正衛團)의 총무,[91] 노공단(勞工團) 의장,[92] 영화문예 월간 잡지 『시조(時潮)』의 주간[93] 등을 지냈으며, 고려혁명당에도 참여하였다.

한편 머리말에서 언급한 바 있듯이, 경남지역 천도교인 중에는 형평운동에 참여한 사례가 있다고 밝힌 바 있다. 경남지역 중 천도교 통영교구의 박태근[94], 박태우[95], 김근조[96], 장양수[97] 등이 형평운동에

---

86 『동아일보』, 1930.4.11.; 「天道敎革新靑年同盟ノ件」(1930.6.25.), 『사상에 관한 정보철』 6; 국사편찬위원회 한국사데이터베이스(http://db.history.go.kr/item/imageViewer.do?levelId=had_144_1470)

87 『시대일보』, 1924.5.7.; 「왜정시대인물사료」 1권.

88 『중외일보』, 1929.3.1.; 『중외일보』, 1930.3.7.; 김중섭, 앞의 책, 민영사, 1994, 215쪽.

89 『시대일보』, 1926.4.29.; 『중외일보』, 1926.12.6.

90 『시대일보』, 1926.4.29.

91 「왜정시대인물사료」 1권.

92 『중외일보』, 1929.9.7.

93 『시대일보』, 1925.8.9.

94 朴泰根은 천도교청년당원으로 1926년 11월 1일 통영종리원에서 주최하는 강연회에 「開闢運數와 天道敎」라는 주제로 각각 강연한 바 있다.(「온 땅 온 사람의 歡迎 속에서 천도교의 큰 외침이 울려 動하던 十一月 一日 布德宣傳 當日에 關한 報告」, 『新人間』

참여한 것을 확인할 수 있다. 박태근은 통영형평사 창립 4주년에 취지서 설명을 한 바 있으며,[98] 박태우는 1925년 12월 형평사원의 생활이익을 도모하기 위해 형평사원의 생활상태를 조사하기 위한 특파원,[99] 김근조는 통영형평사 창립 10주년을 맞아 임원진을 개편할 때 상무위원으로 선임되었으며,[100] 장양수는 박태우와 함께 형평사원의 생활조사 특파원[101]과 창립 9주년 기념식에서 사회를 맡아 활동한 바 있다.[102]

앞서 살펴본 바와 같이 이동구와 유공삼 등처럼 중앙본부에서, 박태근 등과 같이 지방에서 직접 형평운동에 참여한 경우도 있지만 형평운동을 간접적으로 지원하거나 지지하는 사례도 없지 않았다. 남원(南原)의 박기영(朴琪永)[103]은 1926년 7월 28일 남원분사 창립대회에서 "비분강개한 감상담"이라는 강연하여[104] 형평사 활동을 후원하였다.

8, 1926.12, 27쪽) 박태근은 이에도 1927년 천도교청년당 중앙포덕대원 13인에 선정되어 경상남북도 일대에서 활동한 바 있으며(『新人間』 12, 1927, 5, 67~68쪽), 천도교청년당 통영부대표(『신인간』 19, 1917.12, 50쪽) 등으로 활동하였다.

95 朴泰祐는 천도교청년당원으로 1926년 11월 1일 통영종리원에서 주최하는 강연회에 「天道教의 使命」이라는 주제로 각각 강연한 바 있다.(「온 땅 온 사람의 歡迎 속에서 천도교의 큰 외침이 울려 動하던 十一月 一日 布德宣傳 當日에 關한 報告」, 『新人間』 8, 1926.12, 27쪽)

96 金根祚는 천도교청년당원으로 金淇正事件에 연류되어 대구형무소에서 감옥 생활을 한 바 있다.(小春, 「隆興期에 入한 慶尙道 教況」, 『新人間』 21, 1928.2, 40쪽)

97 張良守는 천도교청년당 통영부 농민부 위원으로 선임되었다.(「黨地方部 代表及 委員의 任免」, 『新人間』 23, 1928.4, 69쪽)

98 『동아일보』 1927.5.4.

99 『시대일보』 1925.12.20.

100 『중앙일보』 1932.4.30.

101 『시대일보』 1925.12.20.

102 『동아일보』 1931.4.30.

103 朴琪永은 천도교 南原宗理院에서 설치한 강습소에서 최우등생으로 졸업하였다.(『남원군종리원 동학사』)

이상으로 형평운동에 참여하거나 후원, 지지한 천도교인과 천도교 관련 내용을 살펴보았다. 형평운동에 참여한 천도교인은 1922년 이후 천도교의 분화로 별립한 천도교연합회에 속한 이들로 이동구, 유공삼, 서광훈 등과 통영형평사처럼 천도교 신파에 속한 박태근, 박태우, 김근조, 장양수 등이 있다. 이들이 형평운동에 참여한 것은 개인 본위와 차별제의 타파, 인간평등 등을 지향한 천도교의 이념 때문이었다. 그 실현 방안으로 형평사에 참여하였다고 할 수 있다. 이들 3인은 형평사의 중앙집행위원, 상무위원 등을 핵심 직책을 맡으면서 형평운동의 지도자로서 역할을 하였으며, 박태근 등은 통영지역에서 형평운동에 참여하였다. 또한 천도교의 중앙과 지방 조직은 형평사의 전국대회와 창립행사에 필요한 장소를 제공하였다. 지방의 천도교는 초기인 창립대회를, 중앙의 대교당은 중기 이후 전국대회를 개최하는 장소로 활용되었다. 그렇지만 김기전이 언급한 바와 있는 형평사에 참여한 천도교인이 많았다고 하였음에도 통영지역 이외에는 아직 밝혀진 바가 거의 없다는 점이다. 이에 대해서는 앞으로 보다 많은 관심과 연구가 필요하다고 판단된다.

4. 형평사와 천도교, 고려혁명당

1920년대 초 만주지역의 독립운동 단체는 수십 개에 이르는 난립을 보이고 있으나, 이들 단체는 나름대로 독자적 또는 부분적으로 연합하

---

104 『조선일보』, 1926.8.2.

여 항일운동을 전개하였다. 그러나 1920년대 중반을 넘기면서 정의부(正義府), 신민부(新民府), 참의부(參議府)의 3부로 정립되었으며, 이후 이들 단체들은 보다 효과적인 항일운동을 전개하기 위해 유일당운동(唯一黨運動)이 추진되기도 하였다. 그럼에도 불구하고 3부 통합운동[105]은 큰 성과를 거두지 못하였다. 더욱이 1925년 6월 조선총독부 경무국장 삼시관송(三矢官松)과 중국의 동삼성(東三省) 장작림(張作霖) 사이에 한인 독립운동을 탄압하기 위해 이른바 '삼시협정(三矢協定)'이 맺어지자 항일독립운동은 큰 타격을 입게 되었다. 이러한 시기에 형평사와 천도교, 그리고 정의부가 연합하여 1926년 4월 5일 만주에서 고려혁명당(高麗革命黨)을 조직되었다.

3·1운동 이후 천도교는 보혁 갈등이 있었다. 최동희(崔東曦), 오지영(吳知泳) 등을 중심으로 하는 혁신파(革新派)와 정광조(鄭廣朝), 최린(崔麟) 등을 중심으로 하는 보수파(保守派)로 내분을 겪고 있었다. 당시 혁신파에 참여하였던 인물로는 최동희(崔東曦), 김봉국(金鳳國), 이동락(李東洛), 이동구(李東求), 송헌(宋憲), 유공삼(柳公三) 등이 있는데 이들은 후에 고려혁명당의 주요 인사로 활동하고 있다. 혁신파의 핵심인물인 최동희[106]는 천도교 혁신운동을 위해 3·1운동으로 형기를 마친 이종훈(李鍾勳), 홍병기(洪秉箕) 등과 꾸준히 접촉하였다.[107] 이와는 별도로 최동희는 1922년 7월 14일 민족혁명을 추진할 비밀조직으로 교

---

105 正義府, 新民府, 參議府의 3부 통합운동은 윤병석, 「1928·9년 正義·新民·參議府의 統合運動」, 『사학연구』 21, 한국사학회, 1969를 참조.

106 崔東曦는 천도교 2세 교조인 해월 최시형의 손자이다.

107 성주현, 「일제강점기 만주지역 천도교인의 민족운동 연구」, 경기대 대학원 석사학위 논문, 2000, 103쪽.

단 내에 고려혁명위원회(高麗革命委員會)를 결성하였다. 고려혁명위원회의 임원은 고문 이종훈, 위원장 홍병기, 부위원장 겸 외교부장 최동희, 비서 송헌, 해외조직부장 이동락, 국내조직부장 이동구, 해외선전부장 김광희(金光熙), 국내선전부장 김봉국, 재정부장 박봉윤(朴奉允), 위원에 지동섭(池東燮)·김치보(金致甫)·강창선(康昌善)·김홍종(金洪鍾)·강도희(姜道熙)·김문벽(金文闢)·이동욱(李東郁)·강명혁(姜明赫)·김병식(金炳植)·손두성(孫斗星) 등이었다.[108] 이들 중 혁명의 완수를 위해 최동희, 김광희, 강도희, 김홍종, 이동구, 이동락, 김봉국 등은 연해주와 만주로 건너갔다. 천도교인으로 형평사에서 활동하던 이동구는 1925년 예천형평사사건 이후 만주로 건너갔다.

만주에서 활동하던 최동희는 1925년 6월 중국의 동북군벌과 조선총독부 사이에 맺어진 삼시협정(三矢協定)으로 독립운동이 어렵게 되자 새로운 방안을 모색하고 있던 이일심(李一心), 정규선(鄭奎瑄), 양기탁(梁起鐸), 정이형(鄭伊衡) 등과 협의를 통해 '일본제국주의의 현 제도를 파괴하고 혁명으로 조선의 독립을 쟁취'하기 위하여 정의부원(正義府員), 천도교인(天道敎人), 형평사원(衡平社員)으로 구성된 공고한 고려혁명당을 결성하기로 하였다.[109] 이에 따라 최동희는 1925년 6월 경 길림(吉林)에서 서울에 있는 김봉국(金鳳國)에게 혁명운동을 전개하자는 취지의 서신을 보내었으며, 김봉국은 이 내용을 송헌(宋憲) 등에게 전달하였다.[110]

---

108 문일민, 『韓國獨立運動史』, 愛國同志援護會, 1956, 234쪽.

109 「高麗革命黨事件의 硏究」, 고등법원 검사국, 1928, 10쪽; 『우강 양기탁 전집』 제2권 민족운동편, 우강양기탁선생전집편찬위원회, 2002, 466쪽.

110 「高麗革命黨事件判裁判記錄」(新義州地方法院: 1928.4.20), 『쌍공 정이형 회고록』, 국

최동희는 1925년 8월 자신과 함께 천도교 내에서 혁신운동을 하였던 천도교연합회와 형평사의 인물들을 가입시키기 위해 천도교연합회의 간사(幹事)이면서 형평사(衡平社)의 간사인 이동구를 불렀다.[111] 이동구는 1925년 10월 경 길림 하얼빈(合爾賓)에 도착하여 최동희를 만나 그에게서 고려혁명당의 결성계획을 듣고, 장춘(長春)에서는 천도교연합회원과 형평사원을 혁명당에 가입하도록 하라는 최동희의 권유를 받고 동년 12월 경 귀국하여 김봉국과 송헌을 만나 천도교, 형평사, 만주의 정의부원과 합동하여 혁명단체를 조직할 것을 협의하였다. 그리고 이동구은 형평사 중앙총본부 간부인 오성환(吳成煥)에게도 같은 내용을 알리고 고려혁명당에 참여할 것을 권유하였다.[112]

이동구는 만주에서 추진하는 고려혁명당 조직을 위한 회합에 천도교 측의 대표로 김봉국을 파견키로 하였으며, 자신도 천도교 측 대표로 백견(白絹)에 서명날인(書名捺印)하여 김봉국에게 교부하였다.[113] 이 시기 만주 길림에서는 1926년 2월 15일, 16일 양기탁(梁起鐸), 주진수(朱鎭洙), 이일심(李一心), 최동희, 고활신(高豁信), 현정경(玄正卿) 등 6명이 모여 고려혁명당 발기회를 갖고, 고려혁명당의 조직방법, 선언, 강령, 규칙의 제정, 내외에 특파원의 파견, 창립대회 소집 건 등을 협의하였다.[114]

길림에서 활동하던 이동구는 1926년 2월 다시 국내로 들어와 서울

가보훈처, 1996, 133쪽.

111 宋相燾, 『騎驢隨筆』, 국사편찬위원회, 1971, 369쪽; 『우강 양기탁전집』 제2권, 488쪽.

112 「高麗革命黨事件裁判記錄」, 124쪽; 「高麗革命黨事件의 硏究」, 10쪽.

113 「고려혁명당사건 재판기록」, 133~134쪽.

114 「고려혁명당사건의 연구」, 12쪽; 『우강 양기탁전집』 제2권, 468쪽.

와룡동(臥龍洞)에 본부를 두고 있던 천도교연합회(天道教聯合會)의 사무실에서 김봉국, 송헌, 이동락에게 고려혁명당의 결성계획을 알렸으며 이들 모두 찬동하였다.[115] 김봉국은 1926년 4월 견지동(堅志洞)의 홍병기(洪秉箕)를 찾아가 고려혁명당의 조직에 관한 내용과 자신도 고려혁명당의 당원으로 입당하였다는 말을 듣고 입당을 승인하였다.[116] 이동구는 서울 와룡동 형평사중앙총본부로 찾아가 오성환(吳成煥)에게 고려혁명당에 참여할 것을 권유하여 허락을 받았다.[117] 국내에서 일을 마친 이동구는 형평사의 오성환의 대리대표로 하고, 천도교연합회 대표인 송헌의 대리대표 김봉국, 이동락과 함께 두만강을 건너 1926년 3월 22, 23일경 만주 길림에 도착하였다.[118]

국내의 천도교연합회와 형평사의 대표들이 길림에 도착하자 고려혁명당의 조직은 본격적으로 진행되었다. 1926년 2월 25일 발기회에 참여하였던 6인 이외에 김봉국, 김광희(水山), 이동락, 이동구, 이규풍(李奎豊) 등 총 11명이 회합하여 고려혁명당의 선언·강령, 당규·당약 등을 의논하고, 맹약등제정위원(盟約等制定委員)으로 이규풍, 이동락, 김광희를 선정하였다.[119] 3월 26일 최동희, 양기탁, 오동진(吳東振), 정원흠(鄭元欽), 고할신(高轄信), 이일심, 주진수(朱鎭壽), 김광희, 이규풍, 현정경(玄正卿), 현익철(玄益哲), 곽종육(郭鍾毓), 이성계(李成桂), 김필희(金弼熙) 등은 양기탁의 방에서 고려혁명당의 결성을 위한 준비모

115 「고려혁명당사건 재판기록」, 124쪽 및 134쪽.
116 「고려혁명당사건 재판기록」, 125~126쪽.
117 「고려혁명당사건 재판기록」, 124~125쪽.
118 「이동락 가출옥 관계 서류」, 155쪽.
119 「고려혁명당사건의 연구」, 12쪽; 『우강 양기탁 전집』 제2권, 468쪽.

임을 가졌다.[120] 이어 3월 29일에는 양기탁의 방에서 전기 11명이 회합하여 고려혁명당의 결당대회(結黨大會)를 가졌다. 그리고 이들은 양기탁을 의장, 고활신을 서기로 선정한 후, 선언, 강령, 당략, 당규, 맹약의 결정, 기타 간부, 정당원의 승인, 사무분담, 당기(黨旗), 당인(黨印), 당원장(黨員章), 당암호(黨暗號), 당기념일(黨紀念日), 통신의 장소, 당원 1만인 모집, 당 재정, 제3국제공산당과 중국국민당과의 연락, 외교위원, 당원 양성과 당의 연호(年號)에 관한 것을 결정하였다.[121] 당내에 집행기관으로 조직부(組織部), 선전부(宣傳部), 경리부(經理部), 검사부(檢査部)를 설치하고 각 부서별로 당원 모집에 노력했다.[122] 이날 고려혁명당 선언을 발표하였다.[123] 이어 4월 5일 길림성 영남반점에서 고려혁명당을 창당하였다.[124]

고려혁명당의 국내 조직은 이동구와 최동희, 김봉국 등 천도교인에 의해 주도적으로 전개되고 있다. 앞서 살펴보았듯이 최동희는 이동구를 당원으로 가입시키는 한편 1926년 3월(음) 길림성 화전현(樺甸縣)에서 이동욱(李東郁)을 만나 고려혁명당의 취지를 설명하고 가입할 것을 권유하여 입당케 하였다.[125] 이동구는 송헌과 이동락, 오성환을

120 「고려혁명당사건의 연구」, 12쪽; 『우강 양기탁 전집』 제2권, 468쪽.

121 「고려혁명당사건의 연구」, 12쪽 및 13쪽; 『우강 양기탁 전집』 제2권, 468쪽 및 169쪽.

122 「고려혁명당사건 재판기록」, 125쪽.

123 朝鮮總督府 警務局, 『조선치안상황』, 1927, 28~29쪽.

124 『한국독립운동사』, 애국동지원호회, 1956, 271쪽; 김창순·김준엽, 『한국공산주의운동사』 4, 청계연구소, 1988, 121쪽; 김창수, 「고려혁명당의 조직과 활동」, 『산운사학』 4, 산운학술문화재단, 1990, 164쪽. 4월 5일은 천도교의 창도기념일이다.

125 「고려혁명당사건 재판기록」, 125쪽; 「고려혁명당사건의 연구」, 7쪽; 『우강 양기탁 전집』 제2권, 463쪽.

가입시켰으며, 1926년 11월 길림성(吉林省) 하성현(河城縣)에 거주하는 유공삼을 만나 고려혁명당의 목적을 알려 주고 입당시켰다.[126] 또한 형평사의 서광훈(徐光勳), 장지필, 조귀용에게도 연락하여 고려혁명당의 목적을 설명하고 가입시켰다.[127] 김봉국은 고려혁명당의 창립 후 서울로 돌아와 1926년 4월 홍병기를 만나 고려혁명당이 조직된 사실을 알렸고, 홍병기도 입당하였다.[128]

고려혁명당은 창당된 지 불과 7개월 후인 1926년 12월 28일 이동락이 만주 장춘(長春)에서 일경에 체포됨에[129] 따라 조직이 와해되었다. 이동락 체포 이후 국내에서 조귀용(趙貴容), 장지필, 서광훈, 장지필, 이동욱, 홍병기, 만주에서 송헌, 김봉국, 이동구, 정원흠(鄭元欽), 방찬문(方贊文), 이원식(李元植), 이한봉(李漢鳳), 유공삼, 박기돈(朴基敦) 등 15명이 검거되어 신의주로 압송되었다.[130] 이들은 신의주로 압송되어 1심 재판과 2심 재판에서 최고 무기징역부터 징역 2년을 선고받았으며, 일부는 무죄로 풀려났다.[131] 고려혁명당에 참여하였던 천도교인과 형평사원은 아래 〈표 2〉와 같다.

126 「고려혁명당사건 재판기록」, 126쪽; 「고려혁명당사건의 연구」, 8쪽; 『우강 양기탁 전집』 제2권, 464쪽.

127 『중외일보』, 1927.11.4.; 「고려혁명당사건 재판기록」, 126쪽; 「고려혁명당사건의 연구」, 7쪽; 『우강 양기탁 전집』 제2권 463쪽.

128 「고려혁명당사건 재판기록」, 125~126쪽 및 135쪽; 「고려혁명당사건의 연구」, 7쪽; 『우강 양기탁 전집』 제2권, 463쪽.

129 『동아일보』, 1927.1.6. 및 1.15., 1.20.; 『중외일보』, 1927.11.4.

130 『동아일보』, 1927.1.23. 및 2.20.; 『중외일보』, 1927.11.4.

131 『동아일보』, 1928.10.24.; 『중외일보』, 1928.10.20.; 「고려혁명당사건 재판기록」. 정의부에 소속으로 참여한 鄭元欽(鄭伊亨)는 무기, 李元柱는 징역 8년, 方贊文은 징역 8년을 언도받았다.

〈표 2〉 고려혁명당에 참여하여 피검된 천도교인과 형평사원

구분	이름	주요경력	고려혁명당 직책	입당 관련	형량
천도교	金鳳國	천도교청년회 成川支會長	창당준비, 위원	최동희	4년
	李東郁(李東甫)	遂安敎區 傳敎師	위원	최동희	3년
	李東洛	平山敎區 共宣員	선전원	이동구	6년
	宋 憲	천도교청년회 中和支會長, 천도교연합회 상무간사	당원	이동구	3년
	洪秉箕	천도교 長老, 3·1운동 민족대표	당원	김봉국	2년
천도교및 형평사	李東求(李而笑)	천도교청년회 幹議員, 橫城敎區 共宣員 및 議事員, 형평사 중앙집행위원 및 상무위원	책임비서	최동희	5년
	柳公三	高興敎區 共宣員, 형평사 중앙집행위원	당원	이동구	3년
	徐光勳	천도교혁신청년동맹 서무부장 및 외교부장, 형평사 서기 및 중앙집행위원	당원	이동구	무죄
형평사	吳成煥	형평사 중앙집행위원	당원	이동구	3년
	張志弼	형평사 중앙집행위원	당원	이동구	무죄
	趙貴容(趙貴用)	天安支社 사원	당원	이동구	무죄
	朴基敦	江陵支社 사원	당원	이동구	무죄
정의부	鄭元欽(鄭伊亨)	正義府員	창당준비, 위원	최동희	무기
	李元植	正義府員	당원	정원흠	8년
	方贊文	正義府員	당원	정원흠	8년
	李漢鳳	正義府員	당원	정원흠	무죄

고려혁명당은 당원이 70여 명으로 알려지고 있는 바, 당시 일제에 검거되어 재판을 받은 인물은 〈표 2〉에 보듯이 16명이다. 천도교와

관련이 있는 인물은 8명이고, 형평사와 관련이 된 인물은 7명이다. 이들 중에는 천도교와 형평사 중복이 되는 인물이 이동구, 유공삼, 서광훈 등 3명이다. 이중 핵심인물은 이동구였다. 이동구는 해월 최시형의 손자이고 천도교 혁신파의 중심인물인 최동희와 교류하면서 고려혁명당 조직에 깊숙이 관여하였다. 천도교 혁신세력인 천도교연합회와 형평사에서 활동하였던 경력을 통해 천도교인과 형평사원을 민족해방투쟁의 첫 연합전선체라고 할 수 있는 고려혁명당에 참여할 수 있는 토대를 만들었다. 그리고 형평사가 백정들의 신분해방을 위한 인권단체가 아니라 항일독립을 지향하는 단체로 새롭게 평가하는데 기여하였다고 할 수 있다. 이러한 그의 역할에 당시 신문에서는 '산파역(産婆役)'이라고 평가하였던 것이다.[132]

5. 맺음말

이상으로 형평사와 천도교와의 관계에 대하여 살펴보았다. 이를 정리하면서 맺음말을 대신하고자 한다.

첫째는 동학의 평등사상이 백정의 신분해방에 영향을 미쳤다는 점이다. 형평운동은 사회적으로 신분차별을 받아왔던 백정들의 인권운동이었다. 백정은 조선시대 봉건적 위계질서와 행동규범이 고착화되었던 대표적으로 차별받는 신분이었다. 이러한 백정의 신분해방을 사회적으로 주창한 것은 1894년 동학농민혁명이었다. 동학농민혁명

132 『중외일보』, 1927.11.4.

폐정개혁 중의 하나인 "白丁 頭上에 平壤笠은 脫去할 事"는 백정의 신분해방에 직접적인 영향을 주었다. 동학농민혁명 이후 조선 정부는 이를 수용하여 법제적으로 백정의 신분차별을 철폐하였다. 동학농민혁명 당시 노비문서 소각과 백정의 차별철폐를 제시한 것은 동학의 만민평등사상에서 비롯되었다. 동학을 창명한 수운 최제우는 시천주(侍天主)를 내세우며 모은 사람은 다 천주(한울님)를 모시고 있다고 하였으며, 자신의 집안에 있던 두 여비(女婢)의 신분을 해방하고 며느리와 수양딸로 삼았다. 이어 동학의 최고책임자인 해월 최시형은 사인여천(事人如天)이라고 하여 사람을 천주(天主, 한울님)와 같이 섬겨야 한다는 가르침을 주었다. 뿐만 아니라 천민 출신을 지도자로 받아들일 수 없다는 교인들에 대해 반상(班常)과 적서(嫡庶)의 차별(差別)은 나라와 집안을 망하게 하는 것이라고 비판하면서 천민출신을 오히려 더 등용하였다. 이와 같은 동학의 평등사상은 동학농민혁명을 통해 백정의 신분을 해방시키는데 영향을 주었다.

둘째는 동학의 정통을 계승한 천도교와 천도교인이 형평운동에 직간접적으로 지원하거나 참여하였다는 점이다. 형평사 창립에 대해 조선총독부의 경계와 일반 사회로부터 저항이 적지 않았던 상황에서 천도교는 형평사를 적극 지지하는 한편 형평사 행사에 장소를 제공하였다. 지방의 경우에는 주로 형평사 창립대회에, 중앙에서는 전국대회와 창립기념 행사를 하는데 중앙대교당을 적극 제공하였다. 뿐만 아니라 천도교의 혁신세력인 천도교연합회의 중진인 이동구, 유공삼 등은 형평운동에 참여하였다. 이들은 천도교의 평등사상과 천도교연합회의 계급적 차별제의 타파를 이념으로 형평운동에 적극 참여하여 중앙집행위원, 상무위원 등으로 활동하였다. 이들 외에도 천도교인 중에는 형평사원이 많이 있다고 밝힌 바 있듯이 중앙의 임원은 아니지만 형평운동에 참여한 천도교인이 적지 않았음을 알 수 있다. 천도교인이 보다 적극적으로 형평운동에 참여하지는 않았다는 한계가 있지만 평등사상을 실현하는데 참여하였다는 점은 의미가 있다고 평가할 수 있다.

셋째는 형평사가 고려혁명당에 참여한 것은 천도교인의 역할이 컸다는 점이다. 고려혁명당은 1926년 4월 5일 만주의 독립운동단체 정의부, 천도교 혁신세력인 천도교연합회, 백정의 신분해방을 전개한 형평사가 연합하여 조직되었다. 이 과정에서 최동희 등 천도교 혁신세력의 역할이 적지 않았다. 특히 형평사의 오성환, 장지필 등이 고려혁명당에 참여한 것은 천도교인이며 형평사의 중진으로 활동한 이동구의 역할이 컸다. 이동구는 최동희와 만주에서 고려혁명당 조직을 직접 논의하였고, 천도교 혁신세력을 참여시키는 한편 형평사도 참여시키는데 결정적인 역할을 하였다. 형평사가 민족해방을 전면에 내세운 고려혁명당에 참여한 것은 백정들의 신분해방을 위한 인권단체로서 뿐만 아니라 항일독립을 지향하는 단체로 새롭게 평가하는데 기여하였다고 할 수 있다.

참고문헌

제1부 근대전환기 기독교의 유입과 사회문화적 역할

【근대전환기 기독교인의 공적 역할에 대한 이해】_

김창환·김컬스틴 지음, 정승현 옮김, 『세계기독교동향』, 주안대학교대학원출판부, 2020.

민경배, 『한국기독교회사』, 대한기독교출판사, 1982.

______, 『한국 민족교회 형성사론』, 연세대학교 출판부, 2008.

이만열, 『한국기독교와 민족통일운동』, 한국기독교역사연구소, 2001.

______, 『한국기독교 수용사 연구』, 두레시대, 1998.

서정민, 「초기 한국교회 대부흥의 이해－민족운동과의 관련을 중심으로」, 『한국기독교와 민족운동』, 종로서적, 1986.

한국기독교사연구회, 『한국기독교의 역사』 I, 기독교문사, 1989.

Hemphrey Fisher, "Conversion Reconsidered: Some Historical Aspects of Religious Conversion in Black Africa", *Africa* 43:1, 1973.

Karl Morrison, *Understanding Conversion*, Charlottesville: University Press of Virginia, 1992.

Lak-Geoon George Paik, *The History of Protestant Mission in Korea: 1832~1910*, Seoul: Yonsei University Press, 1929, pp.148~153.

Martha Huntley, *Carting, Growing, Changing: A History of the Protestant Mission in Korea*, New York: Friendship Press, 1984.

Park Chung-shin, *Protestantism and Politics in Korea*, Seattle: University of Washington Press, 2003.

Robin Horton, "African Conversion", *Africa* 41:2, 1971.

__________, "On the Rationality of Conversion: Part I", *Africa* 45(3), 1975.

__________, "On the Rationality of conversion: Part II", *Africa* 45(4), 1975.

Ryu, Dae-young, "The Origin and Characteristics of Evangelical Protestantism in Korea at the Turn of the Twentieth Century", *Church History* 77:2, 2008.

William Blair · Bruce Hunt, *The Korean Pentecost and the Suffering which Followed*, Edinburgh: banner of Truth Trust, 1977.

Allen Anderson, *An Introduction to Pentecostalism: Global Charismatic Christianity*, Cambridge: CUP, 2004.

Andrew C. Nahm, *Korea: Tradition & Transformation: A History of the Korean People*, Elizabeth, N.J.: Hollym, 1989.

Bong Rin Ro · Marlin L. Nelson eds. *Korean Church Growth Explosion*, Seoul: Word of life Press.

Chang Sung-jin, "Korean Bible Women: Their Vital Contribution to Korean Protestantism, 1895~1945", PhD thesis, University of Edinburgh, 2005.

Charles Allen Clark, *The Nevius Plan for Mission Work in Korea*, Seoul: CLS, 1937.

Choi Hyae-weol, *Gender and Mission Encounters in Korea: New Women, Old Ways*, Berkeley: University of California Press, 2009.

Choi Young-keun, "The Significance of Protestant Nationalism in Colonial Korea", *Korea Presbyterian Journal of Theology* 44:3, 2012.

Choi Youn-keun, "The Great Revival in Korea, 1903~1907: Between Evangelical Aims and the Pursuit of Salvation in the National Crisis", *Korean Journal of Christian Studies* 72, 2010.

Chou Fan-Lan, 'Bible Women and the Development of Education in the Korea Church', in Mark R. Mullins & Richard Fox Young eds. *Perspectives on Christianity in Korea and Japan*, Lewison, NY: The Edwin Mellen Press, 1995.

Hugh Heung-woo Cynn, *The Rebirth of Korea: The Awakening of the People, Its Causes, and the Outlook*, New York: Abingdon Press, 1920.

Jean and John Comaroff, *Of Revelation and Revolution: Christianity, Colonialism, and Consciousness in South Africa* I, Chicago & London: University of Chicago,

1991.

Kang Man-gil, *A History of Contemporary Korea*, Folkestone: Global Oriental, 2005,

Kang Wi-jo, *Religion and Politics in Korea Under the Japanese Rule*, Lewiston, New York: The Edwin Mellen Press, 1987.

Kenneth M. Wells, *New God, New Nation: Protestants and Self-reconstruction Nationalism in Korea, 1896~1937*, Honolulu: University of Hawai'i Press, 1990.

Kenneth S. Latourette, *A History of the Expansion of Christianity*, Vol VII, London: Eyre and Spottiswoode, 1945.

Kim Yong-bock, "Messiah and Minjung: Discerning Messianic Politics Over Against Political Messianism", *Minjung Theology: People as the Subjects of History*, NY: Orbis Books, 1981.

Larry D. Shinn, "Who Gets to Define Religion? The Conversion/Brain-washing Controversy", *Religious Studies Review* 19:3, 1993.

Lee Yeon-ok, *100 Years of the National Organization of the Korean Presbyterian Women*, trans. Park Myung-woo · Hong Ji-yeon, Seoul: Publishing House of the Presbyterian Church of Korea, 2011.

Lee-Ellen Strawn, "Korean Bible Women's Success: Using the Anbang Network and the Religious Authority of the Mudang", *Journal of Korea Religious* 3:1, 2012.

Lewis R. Rambo, "Current Research on Religious Conversion", *Religious Studies Review* 8, 1982.

_____________, *Understanding Religious Conversion*, New haven: Yale University Press, 1993.

Max Weber, *The Sociology of Religion*, trans. Ephraim Fischoff, Boston: Beacon Press, 1956.

Min, Kyoung-bae, "National Identity in the History of the Korean Church", *Korea and Christianity*, Seoul: Korean Scholar Press, 1996.

R. S. Sugirtharajah, *The Bible and the Third World*, Cambridge: CUP, 2001.

Robert W. Hefner ed., *Conversion to Christianity: Historical and Anthropological Perspectives on a Great transformation*, Berkeley: University of California

Press, 1993.

Robert W. Hefner, "Introduction: World Building and Rationality of Conversion', *Conversion to Christianity*, Berkeley, New York, Los Angeles and London: University of California Press, 1993.

Stephen Neill, *A History of Christian Mission*, London: Penguin, 1963, p.209.

Suh David Kwang-sun, "American Missionaries and a Hundred Years of Korean Protestantism", *IRM* 74:293, 1986,

The British and Foreign Bible Society, *Report of British and Foreign Bible Society*, 1907.

Timothy S. Lee, *Born Again: Evangelicalism in Korea*, Honolulu: University of Hawaii Press, 2010.

William N. Blair and Bruce Hunt, *The Korean Pentecost and The Sufferings Which Followed*, Edinburgh: The Banner of Trust, 1977.

【초기 한국 기독교 지도자들의 변혁 열망 속에서 나타난 문화적 갱신과 파괴의 긴장】_ 케네스 웰즈

김양수, 『한국단편문학의 놀리적 풀이1』, 한국교육평가원, 1993,

민경배, 『한국민족교회 형성사론』, 연세대학교 출판사, 1974.

이만열, 『한말 기독교와 민족운동』, 평민사, 1980.

전영택, 「기독교와 조선문자」, 『한글』 4:8, 1936.

______, 『전영택창작선집』, 늘봄, 2017.

존 칼빈 저, 김종흡 이외 옮김, 『기독교의 강요』 상·하, 예수마을, 2004.

주요한, 『안도산전』, 삼중당, 1979.

황성모, 「프로테스탄티즘과 한국」, 『한국근대화의 이념과 방향』, 동국대학교출판사, 1967.

John R. W. Stott, *Christian Counter-Culture: The Message of the Sermon on the Mount*, Westmont: Intervarsity Press, 1985.

Choi Hyae-weol, *Gender Politics at Home and Abroad: Protestant Modernity in Colonial-Era Korea*, Cambridge: Cambridge University Press, Online publication date: July 2020.

Hayden White, *Metahistory: The Historical Imagination in Nineteenth-Century Europe*, Baltimore & London: The Johns Hopkins University Press, 1973.

Lynn Hunt(ed.), *The New Cultural History*, Berkeley, Los Angeles & London: University of California Press, 1989.

Michael Edson Robinson, *Cultural Nationalism in Colonial Korea, 1920~1925*, Seattle & London: University of Washington Press, 1988.

Park Cung-shin, "Protestant Christians and Politics in Korea, 1884~1980s", Ph.D. thesis, University of Washington, 1987.

Richard Johnson ed., *Making Histories*, London: Hutchinson, in association with the Centre for Contemporary Cultural Studies, University of Birmingham, 1983.

T. S. Eliot, *Notes towards the Definition of Culture*, London: Faber and Faber, 1962.

【서구 근대 물질문화의 유입과 경험의 공간으로서 초기 선교사 사택】_ 이철

김을환, 『여기 참 사람이 있다: 신문인이 본 현대사』, 신태양사, 1960.

류대영, 『초기 미국 선교사 연구』, 한국기독교역사연구소, 2003.

송현강, 「레이놀즈의 목회 사역」, 『한국기독교와 역사』 33, 한국기독교역사연구소, 2010.

이승우, 「대구 근대주택에 내재된 서양건축문화: 동산동 선교사 주택을 중심으로」, 『한국사상과 문화』 69, 한국사상문화학회, 2013.

정창원, 「한국미션건축에 있어서 장로교 소속 개척선교사들의 건축 활동에 관한 사적 고찰」. 『건축역사연구』 13, 한국건축역사학회, 2004.

조선혜, 「노블 부인의 선교 생활 연구」, 미간행 신학박사학위논문, 감리교신학대학원, 2013.

최병헌, 『성산명견』, 한국고등신학연구원, 2010.

Baird, Annie L. A., "The Relation of the Wives of Missionaries to Mission Work", *Korea Repository* 2, 1895.

________________, *Daybreak in Korea*, New York: Fleming H. Revell, 1909.

________________, 싱신형 외 옮김. 『개화기 조선 선교사의 삶』. 선인, 2019.

Fenwick, Malcolm, *The Church of Christ in Corea*, New York: Hadder &

Stoughton, 1911.

Gale, J. S. "Happy Ye", *Korea Mission Field* 2. 1906.

George L. Paik, *The History of Protestant Mission in Korea 1832~1910*, Pyongyang, Korea: Union Christian College, 1929.

Gilmore, George W., *Korea from its Capital*, Philadelphia: Presbyterian Board of Publication and Sabbath-School Work, 1892.

Green, Robert W., 이동하 옮김, 『프로테스탄티즘과 자본주의: 베버 명제와 그 비판』, 종로서적, 1981.

Hall, Rosetta S., *With Stethoscope in Asia: Korea*, McLean, Va.: MCL Associates, 1978.

Hall, William, "Pioneer Missionary Work in the Interior of Korea", *Chinese Recorder and Missionary Journal* 25, 1894.

__________, "Missionary Work in Korea", *Chinese Recorder and Missionary Journal* 25, 1894.

Hunt, Everett N., *Protestant Pioneers in Korea*, New York: Orbis Books, 1980.

Kagin, Edwin, "In Difficulties", *Korea Mission Field* 5. 1909.

Lampe, Mrs. H. W., "After one year", *Korea Mission Field* 7. 1911.

Lewis, E. A., "A Holocaust of Fetishes", *Korea Mission Field* 2. May 1906.

McCully, Elizabeth A. *Corn of Wheat*, Toronto: Westminster Co, 1903.

McGill, William., *Annual Report of Methodist Episcopal Church: Korea*, 1894.

Noble, Mattie W., 『승리의 생활』, 조선야소교서회, 1927.

Noble, William A., "Rev. Noble's Report", *Annual Report of Methodist Episcopal Church,* 1894.

Reynolds, William, "The Native Ministry", *Korea Repository* 3. 1896.

Scranton, William, *Annual Report of Methodist Episcopal Church: Korea*, 1895.

Sharp, R. A. "Evangelistic Work of Chung Chung Province", *Korea Mission Field* 2. 1906.

The Independent 2, 22 May 1897.

Underwood, Lillias H., "Women's Work in Korea", *Korean Repository* 3. 1896.

________________, 김철 옮김, 『언더우드 부인의 조선생활』, 뿌리깊은나무, 1984.

__________________, 이만열 옮김, 『언더우드: 조선에 온 첫 번째 선교사와 한국 개신교의 시작 이야기』, IVP, 2015.
Whiting, Harriette, "The New Home." *Korea Mission Field* 3. 1907.
________________, "Our First Christmas at Chai Ryung", *Korea Mission Field* 3. 1907.

제2부 서구 과학과 철학의 도입, 그리고 변형

【기이한 근대: 『점석재화보』에 나타난 '격치'의 시각적 재현】_ 이성현

『莊子』, 「知北遊」.
『點石齋畫報』(大可堂版). 上海畫報出版社, 2001.
「기차와 철로의 이익과 해로움(輪車鐵路利弊論)」, 『申報』, 1887.2.19.
「독일 세무사 데트링이 총리아문에 철로개설을 요청하는 진정서(德稅務司璀琳稟總理衙門請開鐵路條陳)」, 『申報』, 1884.6.18.
徐光啟, 「刻幾何原本序」, 1605.
丁韙良, 「기차의 안전함을 살핌(火輪車安危考略)」, 『中西聞見錄』 18, 1874.2.
"Messrs. Fry's Chocolate & Cocoa Manufactory, Bristol", *Illustrated London News*, 1884.3.22.
"THE CHINESE ILLUSTRATED NEWS", *The North-China Herald and Supreme Court & Consular Gazette(1870~1941)*, Shanghai, 21 December 1888.
리처드 홈스, 전대호 옮김, 『경이의 시대: 낭만주의 세대가 발견한 과학의 아름다움과 공포』, 문학동네, 2013.
민정기, 이성현 등. 『중국 근대의 풍경』, 그린비, 2008.
이성현, 『점석재화보 연구』, 서울대 박사학위논문, 2019
엘리자베스 개스켈, 심은경 옮김, 『크랜포드』, 현대문화센터, 2013.
한성구, 「중국 근현대 "科學"에 대한 인식과 사상 변화」, 『중국인문과학』 31, 중국인문학회, 2005.
해리 하루투니언, 윤영실·서정은 옮김, 『역사의 요동』, 휴머니스트, 2006.
顧長聲, 『傳教士與近代中國』, 上海人民出版社, 1981.

金觀濤·劉青峰, 「從“格物致知”到“科學”·“生產力”– 知識體系和文化關係的思想史研究」, 『近代史研究所集刊』 46, 2004.
陳平原, 夏曉虹, 『圖像晚清』, 百花文藝出版社, 2006.
Ann C. Colly, “The ‘shaking, uncertain ground’ of Elizabeth Gaskell's Narrative”, *Nostalgia and Recollection in Victorian Culture*, New York: St. Martin's P, 1998.
Rania Huntington, “The Newspaper, Zhiguai, and the Sorcery Epidemic of 1876,” *Dynastic Crisis and Cultural Innovation: From the Late Ming to the Late Qing and Beyond*, Harvard University Asia Center, 2005.
Bai Qianshen, *Fu Shan's World: The Transformation of Chinese Calligraphy in the Seventeenth Century*, Harvard University Asia Center, 2003.
吳趼人, 『新石頭記』, 제11회, 中國哲學書電子化計劃: https://ctext.org/wiki.pl?if=en&chapter=187667
王韜, 「原學」, 『弢園文錄外編』, 中國哲學書電子化計劃: https://ctext.org/wiki.pl?if=en&chapter=277078

【이노우에 데츠지로 외 2, 『철학자휘』에 관한 고찰】_ 허지향

박균철, 「『철학자휘』 재판에서 개정 증보된 역어–초판과 공통되는 원어를 중심으로」, 『일본어문학』 11, 한국일본어문학회, 2001.
베네딕트 앤더슨 지음, 서지원 옮김, 『상상된 공동체: 민족주의의 기원과 보급에 대한 고찰』, 길, 2018.
사이토 마레시 지음, 허지향 옮김, 『한자권의 성립』, 글항아리, 2018.
허지향, 「문헌 해제: 『哲學字彙』」, 『개념과 소통』 11, 한림과학원, 2013.
E. J. EITEL, HAND-BOOK FOR THE STUDENT OF CHINESE BUDDHISM, LONDON: TRÜBNER, 1870.
小松英雄, 『日本語書記史原論·補訂版·新装版』, 笠間書院, 2006.
金敬雄, 「井上哲次郎の『訂増英華字典』における訳語の削減についての考察」, 『行政社会論集』 11:4, 福島大学行政社会学会, 1999.
那須雅之, 「ロプシャイト略伝」上·中, 『月刊·しにか』, 1998.10.
西山美智江, 「Prémare(1666-1736)のNotitia Linguae Sinicae, 1720」, 『或問』 14, 近代東西言語文化接触研究会, 2008.

武部良明, 「国語国字問題の由来」, 『岩波講座・日本語３』, 岩波書店, 1977.
宮田和子, 「井上哲次郎の『訂増英華字典』の典拠－増補訳語を中心に」, 『英学史研究』 32, 日本英学史研究, 1999.
齋藤希史, 「近代漢字圏の成立－翻訳と巻文脈」, 한국일본연구단체 제2회 국제학술대회발표문에서 인용, 2013년 8월 23일, 가천대학교 주최.
酒井直樹, 『過去の声: 18世紀日本の言説における言語の地位』, 以文社, 2002.
柴田昌吉・子安峻, 『附音挿図英和字彙』, 日就社, 1873.
沈國威, 『近代日中語彙交流史：新漢語の生成と受容(改訂新版)』, 笠間書院, 2008.
杉本つとむ, 『辞書・字典の研究Ⅱ』, 八坂書房, 1999.
何群雄編, 『初期中国語文法学史研究資料: J. プレマールの「中国語ノート」, 三元社, 2002.
朝倉友海, 『「東アジアに哲学はない」のか』, 岩波書店, 2014.
矢野文雄, 『譯書讀法・全』, 報知社発兌, 1883.
安田敏朗, 『漢字廃止の思想史』, 平凡社, 2016.
長志珠絵, 『近代日本と国語ナショナリズム』, 吉川弘文館, 1998.
大友信一, 「蘭学者はどのように工夫して西洋語を音訳したか」, 『辞書・外国資料による日本語研究』, 和泉書院, 1991.
大友信一, 「津山洋学資料館蔵『字韻集』『華音集要』なるもの: その背景と評価」, 『洋学資料による日本文化史の研究』 一, 吉備洋学資料研究会, 1988.
井上哲次郎, 「英華字典叙」, 『訂増英華字典』(上智大学所蔵), 1883-1884.
井上哲次郎, 『井上哲次郎自伝 三十年祭記念』, 冨山房, 1973.
井上哲次郎, 『懐旧録』, 春秋社松柏館, 1943.
井上哲次郎, 元良勇次郎, 中島力造, 『英独仏和哲学字彙』, 丸善株式会社, 1912.
井上哲次郎, 「文字と教育の関係」(1894), 『国語国字教育史料総覧』国語教育研究会, 1969.
今西順吉, 「わが国最初のインド哲学講義(三): 井上哲次郎の未公刊草稿」, 『北海道大学文学部紀要』 78, 1993.
石田幹之助, 『欧人の支那研究』 現代史学大系第8巻, 共立社書店, 1932.
自治館, 『国語改良意見』, 自治館出版, 1900.
福澤諭吉, 「文字之教」, 『福澤諭吉全集第三巻』, 国民図書株式会社, 1926.
飛田良文, 「『哲学字彙』の成立と改訂について」, 『英独仏和哲学字彙 覆刻版』, 名著普及会, 1980.
飛田良文·宮田和子,『十九世紀の英華·華英辞典目録: 翻訳語研究の資料として』, ICU語学科飛田研究室, 1997.
平井昌夫,『国語国字問題の歴史』, 昭森社, 1948.

제3부 근대 주체로 등장한 여성과 백정

【근대전환공간에서 새롭게 부상한 여성주체: 여권통문을 선언한 여성들】_윤정란

「官廳事項」,『황성신문』, 1900. 1. 26.
「교비정지(校費停止)」,『황성신문』, 1900. 1. 19.
「校舍典日」,『황성신문』, 1901. 9. 14.
『구한국외교문서』 18, 아안 2, 1683, 1684, 1686, 1692, 1693, 1696, 1708.
「금년예산표」,『독립신문』, 1899. 2. 1.
「남녀유별」,『독립신문』, 1899. 3. 4.
「녀인교육」,『독립신문』, 1898. 9. 13.
「녀즁호걸」,『독립신문』, 1898. 9. 29.
「녀학교 관뎨」,『독립신문』, 1899. 5. 27.
「녀학교 ᄉᆞ건」,『독립신문』, 1899. 10. 3.
『대한계년사』 상(광무2. 10. 29).
「대한매일신보」 1906. 3. 31.
『독립신문』, 1898. 9. 27.
「리화 학당 셜명」,『독립신문』, 1898. 12. 9.
「마탈여교(馬奪女校)」,『황성신문』, 1903. 5. 13
「만민츙애」,『독립신문』, 1898. 11. 7.
「별보」,『황성신문』, 1898. 12. 3.
「부인 긔회」,『독립신문』, 1898. 9. 26.
「부인상쇼」,『독립신문』, 1898. 10. 12.
「부인샹쇼」,『독립신문』, 1898. 10. 13.
「부인츙애」,『독립신문』, 1898. 10. 8.

「부인회 셜명」, 『독립신문』, 1898. 12. 10.
「부인회 쇼문」, 『독립신문』, 1898. 12. 7.
「부인회연셜」, 『독립신문』, 1898. 10. 7.
「三죵학도」, 『독립신문』, 1899. 2. 27.
「아랑능독(兒娘能讀)」, 『황성신문』, 1899. 10. 4.
「여교경비의 청지(女校經費의 請支)」, 『황성신문』, 1900. 1. 24.
「여교사설(女校私設)」, 『황성신문』, 1899. 2. 24.
「여교유장(女校有長)」, 『제국신문』, 1903. 4. 28.
「여교유장(女校有長)」, 『황성신문』, 1903. 4. 25.
「여교재청(女校再請)」, 『황성신문』, 1899. 6. 7.
「여교청원(女校請願)」, 『황성신문』, 1899. 5. 4.
「여교청의(女校請議)」, 『황성신문』, 1899. 5. 24.
「여ᄌ교육」, 『독립신문」, 1899. 3. 1.
「예산결정(預筭決定)」, 『황성신문』, 1899. 1. 18.
「외국인의연」, 『독립신문』, 1898. 10. 7.
「의사장례」, 『독립신문』, 1898. 12. 2.
『일신』 1901. 4-6.
「잡보」, 『독립신문』, 1897. 1. 5.
「잡보」, 『독립신문』, 1898. 6. 9.
「잡보」, 『독립신문』, 1898. 9. 15.
「잡보」, 『제국신문』, 1898. 9. 6.
「잡보」, 『제국신문』, 1898. 10. 12.
「잡보」, 『제국신문』, 1898. 10. 13.
「잡보」, 『제국신문』, 1898. 10. 20.
「잡보」, 『제국신문』, 1898. 11. 2.
「잡보」, 『제국신문』, 1898. 11. 10.
「잡보」, 『제국신문』, 1898. 12. 9.
「잡보」, 『제국신문』, 1900. 2. 27.
『제국신문』, 1898. 12. 3.
『주의(奏議)』 39, 1901. 1. 23.
「청설자교(請設姿校)」, 『황성신문』, 1898. 10. 19.

「적녀교장(吊女校長)」, 『황성신문』, 1903. 3. 19.
「학교 지축」, 『독립신문』, 1899. 5. 4.
「학사일광(學舍日廣)」, 『황성신문』, 1898. 12. 9.
「허이조방(許移朝房)」, 『황성신문』, 1903. 5. 25.
김영정, 「한말 사회진출 여성의 유형과 활동양상」, 『한국문화연구원 논총』 34, 1979.
박용옥, 「1896~1910 부녀단체의 연구」, 『한국사연구』 6, 1971.
______, 『한국 근대여성운동사 연구』, 한국정신문화연구원, 1984.
손병규, 「1900년대 '광무호적'의 '士'와 '民籍'의 '兩班' 기재」, 『대동문화연구』 81, 성균관대학교 출판부, 2013.
한국여성연구소 여성사연구실 지음, 『우리 여성의 역사』, 청년사, 1998.
한국여성연구회 여성사분과 편, 『한국여성사』, 풀빛, 1992.

【1910년 전후 장지연과 이인직의 여성서사와 식민지적 굴절】_ 윤영실

권영민 외 편, 『한국신소설선집』 1, 서울대학교출판부, 2003.
단국대학교 동양학연구소 편, 『장지연전서』 2·4, 단대출판부, 1981.
『대한매일신보』, 『황성신문』, 『매일신보』.
허재영 외 옮김, 『근대 수신교과서』 1, 소명출판, 2011.

구장률, 「신소설 출현의 역사적 배경－이인직과 「혈의 누」를 중심으로」, 『동방학지』 135, 연세대 국학연구원, 2006.
고재석, 「이인직의 죽음, 그 보이지 않는 유산」, 『한국어문학연구』 42, 한국어문학연구학회, 2004.
권보드래, 「가족과 국가의 새로운 상상력－신소설의 여성 주인공을 중심으로」, 『한국현대문학연구』 10, 한국현대문학회, 2001.
______, 「신소설의 성, 계급, 국가－여성 주인공에 있어 젠더와 정치성의 문제」, 『여성문학연구』 20, 한국여성문학회, 2008.
김경남, 「근대 계몽기 가정학 역술 자료를 통해 본 지식 수용 양식」, 『인문과학연구』 46, 강원대 인문과학연구소, 2015.
김경애, 「신소설의 '여성 수난 이야기' 연구」, 『여성문학연구』 6, 한국여성문학회, 2011.
김경연, 「근대계몽기 여성의 국민화와 가족-국가의 상상력: 『믹일신문』을 중심으로」, 『한국문학논총』 45, 한국문학회, 2007.
김경희, 「제국 일본의 '국민' 형성과 여성 차별－후쿠자와 유키치의 여성관을 중심으로」, 『일어일문학연구』 110, 한국일어일문학회, 2019.
김기림, 「개화기 호남 유림의 여성 인식－송사 기우만을 중심으로」, 『한국고전연구』 30, 한국고전연구학회, 2014.
김미정, 「갑오년의 사회 이론－〈혈의 누〉를 읽는다」, 『문화와 사회』 17, 문학과지성사, 2014.
김소영, 「대한제국기 '국민' 형성과 여성론」, 『한국근현대사연구』 67, 한국근현대사학회, 2013.
김수경, 「개화기 여성 수신서에 나타난 근대와 전통의 교차」, 『한국문화연구』 20, 이화여대 한국문화연구원, 2011.
김언순, 「개화기 여성교육에 내재된 유교적 여성관」, 『페미니즘 연구』 10:2, 한국여성연구소, 2010.
김재용, 「〈혈의 누〉와 〈모란봉〉의 거리－이인직의 개작의식과 정치적 입장의 상관성」, 김재용·윤영실 편, 『한국 근대문학과 동아시아 1: 일본편』, 소명출판, 2017.
김정수, 「만청 여성 전기와 '국민' 상상의 형성」, 『중국문학』 69, 한국중국어문학회, 2011.
노연숙, 「20세기 초 동아시아 정치서사에 나타난 '애국'의 양상」, 『한국현대문학연구』 28, 한국현대문학회, 2009.
다지리 히로유끼, 『이인직 연구』, 국학자료원, 2006.
______________, 「이인직의 창작의식과 방법론에 대한 고찰－마쯔모토 군페이의 영향관계를 중심으로」, 『국어국문학』 171, 국어국문학회, 2015.
박노자, 「의기(義妓) 논개 전승－전쟁, 도덕, 여성」, 『열상고전연구』 25, 열상고전연구회, 2007.
박상석, 「〈애국부인전〉의 연설과 고서설적 요소－그 면모와 유래」, 『열상고전연구』 27, 열상고전연구회, 2008.
박성호, 「신소설 속 여성인물의 생신실환 연구－화병을 중심으로」, *Journal of Korean Culture* 49, 한국어문학국제학술포럼, 2020.

박애경, 「근대 초기 공론장의 형성과 여성주체의 글쓰기 전략」, 『한국고전문학여성연구』 31, 한국고전여성문학회, 2015.

박진영, 「1910년대 번안소설과 '실패한 연애'의 시대」, 『상허학보』 15, 상허학회, 2005.

반재유, 「장지연의 〈삼강의 일사〉 연구－작가 고증과 편찬의식을 중심으로」, 연세대 근대한국학연구소 국내학술대회 자료집, 2010.

배정상, 「위암 장지연의 '애국부인전'연구」, 『현대문학의 연구』 30, 한국문학연구학회, 2006.

산드라 길버트·수전 구바, 박오복 옮김, 『다락방의 미친 여자』, 이후, 2009.

서신혜, 「〈일사유사〉 여성 기사로 본 위암 장지연의 시각, 그 시대적 의미」, 『한국고전여성문학연구』 8, 한국고전여성문학회, 2004.

서여명, 「매개로서의 여성과 번역－『여자독본』의 창작문제 및 『여자신독본』의 한국 편역에 대하여」, 2019년 7월 연세대학교 근대한국학연구소 국제학술대회 자료집.

서여명, 「여성 영웅의 등장과 국민 만들기－신소설 〈애국부인전〉」, 『중국을 매개로 한 애국계몽서사 연구: 1905~1910년의 번역작품을 중심으로』, 인하대 국문과 박사논문, 2010.

서연주, 「신소설에 나타난 여성인물의 광기」, 『여성문학연구』 34, 한국여성문학학회, 2015. 4.

송명진, 「역사·전기소설의 국민여성, 그 상상된 국민의 실체－〈애국부인전〉과 〈라란부인전〉을 중심으로」, 『한국문학이론과 비평』 46, 한국문학이론과 비평학회, 2010.

송인자, 「개화기 남녀 수신교과서의 지향점 분석」, 『한국문화연구』 13, 이화여대 한국문화연구소, 2007.

윤영실, 「〈은세계〉의 정치성과 인민의 대표/재현이라는 문제」, 『구보학보』 24, 구보학회, 2020.

______, 「〈혈의 누〉와 〈만세보〉 논설을 통해 본 이인직의 정치사상－자강론과 연방국가론을 중심으로」, 『한국근대문학연구』 21, 한국근대문학회, 2020.

이선경, 「이인직 신소설의 상호텍스트성 연구－여성수난서사를 중심으로」, 『비평문학』 57, 한국비평문학회, 2015.

이영아, 「신소설의 개화기 여성상 연구」, 서울대 석사논문, 2000.

_____, 「신소설에 나타난 육체 인식과 형상화 방식 연구」, 서울대 박사논문, 2005.
이혜령, 「〈무정〉의 그 많은 기생들—이광수의 민족공동체 또는 식민지적 평등주의」, 김현주 외 편, 『두 조선의 여성: 신체·언어·심성』, 혜안, 2016.
장노현, 「신소설 여성인물의 탈주 양상과 가치유형」, 『비평문학』 58, 한국비평문학회, 2015.
장윤선, 「청말 '여국민' 양성론의 전개」, 『중국근현대사연구』 51, 중국근현대사학회, 2011.
정지영, 「'논개와 계월향'의 죽음을 다시 기억하기—조선시대 '의기(義妓)'의 탄생과 배제된 기억들」, 『한국여성학』 23:3, 한국여성학회, 2007.
정한나, 「'무명'과 '무자격'에 접근하기 위하여—기록되지 않은 피식민 여성(들)의 이름(들)에 관한 시론」, 『동방학지』 191, 연세대 국학연구원, 2020.
조경란, 「국민국가 형성과 여성정체성의 문제—청말 민국초 여성담론을 중심으로」, 『철학과 현실』, 철학문화연구소, 2004.
조경원, 「개화기 여성교육론의 양상 분석」, 『교육과학연구』 28, 제주대 교육과학연구소, 1998.
_____, 「대한제국 말 여학생용 교과서에 나타난 여성교육론의 특성과 한계」, 『교육과학연구』 30, 제주대 교육과학연구소, 1999.
조윤정, 「자선하는 부인과 구제된 소녀—신소설의 우연성과 여성 표상의 양가성」, 『한국현대문학연구』 60, 한국현대문학회, 2020.
조혜란, 「근대 전환기 소설에 나타난 유교적 이념의 모호성—강릉추월전의 효열 귀신을 중심으로」, 『국어국문학』 180, 국어국문학회, 2017.
차미령, 「〈무정〉에 나타난 '사랑'과 '주체'의 문제」, 『한국학보』 110, 일지사, 2003.
표세만, 「이인직 문학의 주변—동경정치학교와 마쓰모토 군페이를 중심으로」, 『한민족어문학』 83, 한민족어문학회, 2019.
홍인숙, 『근대계몽기 여성 담론』, 혜안, 2009.

【형평운동과 천도교, 그리고 고려혁명당】_ 성주현

『개벽』
『남원군종리원 동학사』

『동아일보』
『매일신보』
『세종실록』
『시대일보』
『신인간』
『오하기문』
『용담유사』
『조선일보』
『주한일본공사관기록』
『중외일보』
『천도교청년회회보』
『천도교회월보』
『태조실록』
吳知泳,『東學史』, 永昌書館, 1940.
李敦化,『天道敎創建史』 제2편, 천도교중앙종리원, 1935.

姜正泰,「일제하의 형평운동, 1923~1935－급진파와 온건파의 대립을 중심으로」, 고려대학교 대학원 석사학위논문, 1981.
姜昌錫,「衡平社運動 硏究」,『東義史學』 7·8, 동의대학교 사학회, 1993.
高淑和,「'醴泉事件'을 통해 본 日帝下의 衡平運動」,『한민족독립운동사논총』, 수촌박영석교수화갑기념논총간행위원회, 1992.
고숙화,「日帝下 衡平社 硏究」, 이화여대 대학원 사학과 박사학위논문, 1996.
______,「일제하 형평사에 대한 일 연구」, 이화여자대학교 대학원 석사학위논문, 1893.
______,「日帝下における社會運動と衡平運動」,『朝鮮の身分解放運動』, 解放出版社, 1994.
______,『형평운동』(한국독립운동의 역사 32권), 한국독립운동사편찬위원회·독립기념관 한국독립운동사연구소, 2008.
金義煥,「日帝治下의 衡平運動攷－賤民(白丁)의 近代로의 解消過程과 그 運動」,『鄕土서울』 31, 서울특별시사편찬위원회, 1967.
金仲燮,「1930년대 형평운동의 형성과정」,『동방학지』 59, 연세대학교 국학연구원, 1988.

김언정, 「한말·일제하 여성 백정의 경제 활동과 '형평여성회'」, 고려대학교 대학원 석사학위논문, 2005.

김의환, 「日帝下의 衡平運動」, 『韓國思想』 9, 韓國思想硏究會, 1968.

______, 「평등사회를 위하여=형평운동」, 『한국현대사 8』, 신구문화사, 1969.

김일수, 「일제강점기 '예천형평사 사건'과 경북 예천지역 사회운동」, 『안동사학』 8, 안동사학회, 2003.

김재영, 「1920년대 호남지방 형평사의 창립과 조직」, 『역사학연구』 26, 호남사학회, 2006.

______, 「1920년대 호남지방 형평사의 활동」, 『역사학연구』 29, 호남사학회, 2007.

______, 「일제강점기 형평운동의 지역적 전개」, 전남대학교 대학원 박사학위논문, 2007.

______, 「일제강점기 호서지방의 형평운동」, 『충청문화연구』 18, 충남대학교 충청문화연구소, 2017.

______, 「형평사와 보천교」, 『신종교연구』 21, 한국신종교학회, 2009.

金俊亨, 「晋州地域における衡平運動の歷史的背景」, 『朝鮮の身分解放運動』, 解放出版社, 1994.

김중섭, 「일제침략기 형평운동의 지도세력－그 성격과 변화」, 『동방학지』 79, 연세대학교 국학연구원, 1992.

______, 「한국의 백정과 일본의 피차별 부락민의 비교 연구」, 『현상과인식』 38, 한국인문사회과학회, 2014.

______, 「衡平運動の指向と戰略」, 『朝鮮の身分解放運動』, 解放出版社, 1994.

______, 『형평 운동 연구』, 민영사, 1994.

______, 『형평운동』, 지식산업사, 2001.

李龍哲, 「衡平社의 성격변화와 쇠퇴」, 『한국근현대사연구』 62, 한국근현대사학회, 2012.

박세경, 「1920년대 朝鮮과 日本의 身分解放運動－衡平社와 水平社를 중심으로」, 『일본근대학연구』 23, 한일일본근대사학회, 2009.

백범김구기념사업회, 『金九自敍傳 白凡逸志』, 나남출판, 2002.

성주현, 「백범 김구와 동학」, 『백범과 민족운동 연구』 11, 백범학술원, 2015.

嚴燦鎬, 「일제하 형평운동에 관한 연구」, 강원대학교 대학원 석사학위논문, 1989.

友永健三,「アジアの反差別運動と衡平運動」,『朝鮮の身分解放運動』, 解放出版社, 1994.

이나영,「형평사 운동의 역사적 평가」, 동의대학교 대학원 석사학위논문, 2005.

이혜경,「충남지방 형평운동 연구」, 충남대학교 교육대학원, 2003.

전흥우,「일제강점기 강원지역 형평운동(衡平運動)」,『인문과학연구』 38, 강원대학교 인문과학연구소, 2013.

井口和起,「朝鮮の衡平運動と日本の水平運動」,『部落』 45:13, 部落問題研究所, 1993.

趙美恩,「서울에서의 朝鮮衡平社 活動」,『鄕土서울』 55, 서울特別市史編纂委員會, 1995.

조미은,「조선형평사의 경제활동 연구」, 성신여대 대학원 사학과 석사학위논문 1993.

趙彙珏,「衡平社의 民權運動 研究」,『國民倫理研究』 34, 韓國國民倫理學會, 1995.

池川英勝,「朝鮮衡平運動の史的展開－後期運動を通じて」,『朝鮮學報』 88, 朝鮮學會, 1978.

陳德奎,「衡平社運動의 自由主義的 改革思想에 대한 認識」,『韓國政治學會報』 10, 한국정치학회, 1976.

최보민,「1925년 예천사건에 나타난 반형평운동의 함의」,『사림』 58, 수선사학회, 2016.

국사편찬위원회 한국사데이터베이스(http://db.history.go.kr)

찾아보기

| ㄱ |

| ㄴ |

| ㄷ |

| ㄹ |

| ㅁ |

| ㅂ |

초출일람

제1부

근대전환기 기독교의 유입과 사회문화적 역할

세바스찬 김 — 없음.

케네스 웰즈 — 없음.

이철 — 「서구 근대 물질문화의 유입과 경험의 공간으로서 초기 선교사 사택 연구」, 『숭실사학』 45, 숭실사학회, 2020.

제2부

서구 과학과 철학의 도입, 그리고 변형

이성현 — 「점석재화보 연구」, 서울대학교 박사학위논문, 2018.

허지향 — 「井上哲次郎らの『哲學字彙』(1881)に関する歴史的考察」, 『東アジアの思想と文化』 6, 東アジア思想文化研究會, 2014.

제3부

근대 주체로 등장한 여성과 백정

윤정란 — 「한국근대여성운동의 역사적 기원지-'여권통문' 결의 장소 발굴」, 『여성과 역사』 30, 한국여성사학회, 2019.

윤영실 — 「1910년 전후 여성서사의 '비혼녀'와 '미친 여자들': 장지연과 이인직의 여성-국민담론과 식민화 이후의 변화들」, 『사이間SAI』, 국제한국문학문화학회, 2020.

성주현 — 「天道教と衡平社」, 『部落解放研究』 212, 部落解放·人權研究所, 2020.

저자 소개(원고 수록순)

세바스찬 김(Sebastian. C. H. Kim)

장신대 석사, 풀러신학대학원 신학석사, 영국 캠브리지대 신학부 박사
전) 영국 캠브리지대 연구교수, 요크세인트대 석좌교수
현) 풀러신학대학원 로버트 와일리 석좌교수
논문 및 저서) *Debates on Religious Conversion, Theology in the Public Sphere, History of Korean Christianity*(공저), *Christianity as a World Religion*(공저) 외.

케네스 웰즈(Kenneth Wells)

캔터베리대학교 역사학 석사, 호주국립대학 철학박사
현) 캔터베리대학교 교수
논문 및 저서) *Belief and Practice in Imperial Japan and Colonial Korea, New God· New Nation: Protestants and Self-Reconstruction Nationalism in Korea, 1896-1937.*

이철(李哲, Lee, Chull)

숭실대 전자공학과 졸업, 한신대신학대학원, 프린스톤신학대학원 석사, 보스톤대학교 박사
현) 숭실대 기독교학과 교수
논문 및 저서)『사회 안에 교회 교회 안에 사회』,『욕망과 환상: 한국 교회와 사회에 관한 문화사회학적 탐구』,『숭실의 순교자』(공저) 외.

이성현(李成賢, Lee, Seong-hyun)

영남대 중문과 졸업, 서울대 중문과 석박사.
현) 서울대, 서울시립대 강사.
논문 및 저서)『점석재화보 연구』,「역사적 假晶과 역사적 中間物」,『주르날 제국주의: 프랑스 화보가 본 중국 그리고 아시아』(역서),『중국 근대의 풍경』(공저) 외.

허지향(許智香, Heo, Ji-hyang)

충북대 철학과 졸업, 일본 리츠메이칸대 석박사
전) 일본 학술진흥회 특별연구원, 도쿄대 인문사회계연구과 특별연구원
현) 리츠메이칸대 전문연구원
논문 및 저서) 『philosophyから「哲學へ」』, 「경성제국대학 '철학, 철학사 제1' 강좌교수 아베 요시시게의 학문과 현실」 외.

윤정란(尹貞蘭, Youn, Jung-ran)

숭실대 사학과 졸업, 숭실대 사학과 석박사
전) 서강대 종교연구소 선임연구원
현) 숭실대 한국기독교문화연구원 HK교수
논문 및 저서) 『한국전쟁과 기독교』, 『한국기독교여성운동의 역사』 외.

윤영실(尹寧實, Youn, Young-shil)

연세대 영문과 졸업, 서울대 국문과 석박사
전) University of Toronto의 Postdoctoral Researcher, 京都大學校 人文科學研究所 外國人共同研究員, 연세대 근대한국학연구소 HK연구교수
현) 숭실대 한국기독교문화연구원 HK교수
논문 및 저서) 『육당 최남선과 식민지의 민족사상』, 『20세기 전환기 동아시아 지식장과 근대한국학 탄생의 계보』(공저) 외.

성주현(成周鉉 Sung, Joo-hyun)

경기대 사학과 석사, 한양대 사학과 박사
현) 숭실대 한국기독교문화연구원 HK연구교수, 1923 제노사이드 연구소 부소장
논문 및 저서) 『식민지시기 종교와 민족운동』, 『일제하 민족운동 시선의 확대』, 『재일코리안운동의 저항적 정체성』(공저), 『근대 신청년과 신문화운동』 외.

메타모포시스 인문학총서 12

서구와 동아시아의 조우

근대전환공간에서 만들어진 사회문화현상

2021년 3월 26일 초판 1쇄 펴냄

지은이 세바스찬 김·케네스 웰즈·이철·이성현·허지향·윤정란·윤영실·성주현
발행인 김흥국
발행처 보고사

책임편집 이순민
표지디자인 손정자

등록 1990년 12월 13일 제6-0429호
주소 경기도 파주시 회동길 337-15 보고사
전화 031-955-9797(대표), 02-922-5120~1(편집), 02-922-2246(영업)
팩스 02-922-6990
메일 kanapub3@naver.com / bogosabooks@naver.com
http://www.bogosabooks.co.kr

ISBN 979-11-6587-144-4 94300
979-11-6587-140-6 94080(세트)

정가 22,000원

이 저서는 2018년 대한민국 교육부와 한국연구재단의 지원을 받아 수행된 연구임(KRF-2018S1A6A3A01042723)